英语学科教学
与教师教育研究

杨岸青　李淑琼　赵　雪　张军丽　主　编

天津大学出版社
TIANJIN UNIVERSITY PRESS

内容提要

本书所收录的论文内容涉及5个部分，第一部分为基础教育英语学科教学与教师教育论坛概述；第二部分为英语师范专业思政与课程思政研究；第三部分为英语师范专业课程教学研究；第四部分为英语教师教育与发展研究；第五部分为基础教育英语学科教学研究。书中不仅涵盖了我国英语学科教学与教师教育研究的热点话题，还包括了英语学科教学与教师教育理论和实践研究，有较高的理论价值，且观点新颖，对遗存状态及未来发展等问题进行了系统研究。

图书在版编目(CIP)数据

英语学科教学与教师教育研究 / 杨岸青等主编. -- 天津 : 天津大学出版社, 2024.5

ISBN 978-7-5618-7709-8

Ⅰ. ①英… Ⅱ. ①杨… Ⅲ. ①英语课－教学研究－小学 Ⅳ. ①G623.312

中国国家版本馆CIP数据核字(2024)第082358号

出版发行 天津大学出版社
地　　址 天津市卫津路92号天津大学内（邮编:300072）
电　　话 发行部:022-27403647
网　　址 www.tjupress.com.cn
印　　刷 北京盛通数码印刷有限公司
经　　销 全国各地新华书店
开　　本 787 mm×1 092 mm　1/16
印　　张 14
字　　数 349千
版　　次 2024年5月第1版
印　　次 2024年5月第1次
定　　价 50.00元

前　言

《英语学科教学与教师教育研究》是北京联合大学师范学院英语语言文学系教师以及部分北京市中小学一线英语教师和教研员在繁重的教学工作之余开展英语教育教学研究、英语教师教育研究、英语学科专业建设研究所取得的一些成果。

《英语学科教学与教师教育研究》主要涵盖以下方面内容:基础教育英语学科教学与教师教育论坛概述、英语师范专业思政与课程思政研究、英语师范专业课程教学研究、英语教师教育与发展研究和基础教育英语学科教学研究。基础教育英语学科教学与教师教育论坛概述主要介绍了首届和第二届论坛的主题、主要议题和论坛主要成果。英语师范专业思政与课程思政研究主要探讨了立德树人、三全育人、教书育人在英语教学和英语教师教育中的理论和实践。英语师范专业课程教学研究主要探讨了英语师范专业学科教学理论、教学技能和教学方法。英语教师教育与发展研究主要探讨了教师专业发展的理论诉求,英语教师眼界知识内涵解析与价值阐释,基于教育国际化背景下教师共同体的实践,基础教育英语教师教学能力的提升与发展。基础教育英语学科教学研究主要探讨和研究了中小学英语语言知识和语言技能教学、基于英语学习活动观的单元整体教学设计、"双减"背景下基于教学资源开发的英语课堂提质增效、核心素养下的小学英语主题单元教学的实践以及"翻转课堂"在英语教学中的应用。

《英语学科教学与教师教育研究》由杨岸青、李淑琼、赵雪、张军丽主编,李淑琼负责全书的策划、统稿和审稿。本书得到了天津大学出版社的大力支持,在此表示衷心感谢。

由于编者水平有限和编写时间仓促,书中难免有错误之处,敬请专家、教师和读者不吝赐教,以推动英语学科教学与教师教育研究,交流英语语言教育教学经验,在培养英语专业师范生以及推动英语学科专业建设、提高英语学科教学水平、加强英语教师教育方面发挥更加重要的作用。

编者

2022 年 2 月

目　录

首届基础教育英语学科教学与英语教师教育论坛综述

李淑琼 ①

为探索新时代我国基础教育英语学科教学改革与发展,探索基础教育英语教师教育与发展新路径,建设高素质、专业化的基础教育英语教师队伍，2020 年 10 月 31 日,由北京联合大学师范学院英语语言文学系和科研处联合主办的首届基础教育英语学科教学与英语教师教育论坛在云端举行。国内英语师范教育、英语教师教育和基础教育英语学科教学专家莅临论坛主讲。

北京联合大学师范学院副院长林强教授致开幕词,宣讲了论坛主题。这次论坛的主题是基础教育英语学科教学与英语教师教育与发展。主要议题有新时代师范英语课程思政,新时代基础教育英语教师教育与发展,基础教育英语课程改革的理念与方向,小学英语学科教学改革、发展与创新。英语语言文学系主任杨岸青教授从城市型、应用型大学培养方案制定原则探索角度就师范专业认证背景下英语(师范)专业人才培养研究进行了发言。

北京师范大学外文学院外语教育与教师教育研究所所长王蔷教授从英语学科核心素养、英语课程目标的转型、重组课程内容、优化教学途径、重视评价理念和方式的改革、师范

① [作者简介] 李淑琼(1962—),男,汉族,湖南人,副教授,英语教师教育教研室主任,双硕士学位,研究方向为英语学科教学和英语教师教育。

教育面临的挑战等方面阐释了中小学英语课程改革的理念与方向，并对"义务教育课程方案"修订和新版义务教育学科课程标准基本精神进行了介绍。

北京师范大学外文学院院长苗兴伟教授强调，为全面保障和提升师范类专业人才培养质量，培养党和人民满意的高素质专业化创新型教师队伍，普通高等学校师范类专业根据"以评促建，以评促改，以评促强"的指导思想陆续开展了师范类专业认证工作。为进一步落实立德树人根本任务的要求，对接基础教育的新目标、新方案、新教学和新高考，师范类专业认证工作在"学生（师范生）中心，产出导向，持续改进"的认证理念基础上，突出以3个目标和3个支撑为主线、以3个达成为底线的认证逻辑，重查重证，强调"说、做、证"一致，并以此对师范类专业人才培养质量状况作出评判。

华东师范大学外语学院副院长杨延宁教授围绕新形势下的基础英语教育师资培养话题，对目前基础英语教育现状和英语师资培养路径进行了分析，并分享了华东师范大学英语教师教育经验。

西北师范大学外国语学院院长曹进教授从课程思政教育体系建设、实践笃行实现自我发展、技术支撑构建课程思政"融媒"平台、外语课程思政体系等方面畅谈了师范高校外语课程思政建设与教学实践，并分享了西北师范大学外国语学院课程思政具体做法。

湖南第一师范学院外国语学院院长刘祥清教授从课程思政与立德树人的相互关系出发，畅谈了英语课程思政的时代内涵，并通过英语教学实例阐述了英语课程思政的呈现形式。

宁波大学教师教育学院陈柏华教授针对"基于思维能力培养的小学英语课堂问题设计：深度学习的视角"这一主题，从什么是小学英语的课堂问题、小学英语课堂问题分析、反思与前瞻3个方面进行了分析。

北京教育学院石景山分院英语教研员孙波老师从内涵、价值、路径3个方面，通过自己培养青年教师的亲身实践畅谈了小学英语青年教师情境式培养研究。

北京市海淀区中关村第一小学蒋东伟老师从英语教学中培养跨文化意识的动因与依据、跨文化意识的概念与界定、浸润文化内涵的教学设计与实施、教学感悟4个方面畅谈了小学英语课堂跨文化意识培养的实践研究。

中国人大附中北京经济技术开发区学校张思敏老师从英语学习活动观的内涵理解、英语学习活动的分类、基于英语学习活动观的小学英语教学实践、启示与反思4个方面，通过具体英语教学实例讲述了如何实践英语学习活动观，激活小学英语课堂。

北京联合大学师范学院科研处周华丽处长出席论坛，英语语言文学系党支部书记赵雪老师、系副主任张军丽老师、教研室主任李淑琼老师出席论坛并发言。全国英语师范教育和英语教育界的同人跨越空间、相聚云端，相约首届基础教育英语学科教学与英语教师教育论坛。

本次论坛聚焦基础教育英语学科教学与英语教师教育与发展，研究和探讨了新时代师范英语课程思政，基础教育英语课程改革的理念与方向，师范类专业认证的新变化与新要求，小学英语学科教学改革、发展与创新，新时代基础教育英语教师教育与发展。本次论坛开阔了英语师范生培养和英语学科教学新视野，坚定了英语教育信念，为提升英语教育教学水平，推动英语教师专业化发展增添了动力。

基础教育英语学科教学与英语教师教育论坛的宗旨是探讨和研究基础教育英语教师教育与发展新路径,建设高素质、专业化的基础教育英语教师队伍,打造和构建英语师范教育和英语教师教育学术平台,提高英语师范教育和英语教师教育学术素养,营造英语师范教育和英语教师教育学术氛围。论坛为专题形式系列活动,每年举办一次。本次论坛取得了丰硕成果,论坛圆满成功。

第二届基础教育英语学科教学与教师教育论坛综述

李淑琼 ①

2021 年 10 月 31 日,第二届基础教育英语学科教学与教师教育论坛在云端举行。国内英语师范教育、英语教师教育和基础教育专家和老师莅临论坛并作主旨发言。北京联合大学师范学院副院长林强教授为论坛致开幕词,宣讲了论坛主题。这次大会的主题是新文科新师范背景下基础教育英语学科教学与英语教师教育。主要议题有新文科背景下师范类院校外语专业人才培养体系建设,新文科背景下师范英语专业课程思政,新师范背景下外语学科的守正创新与特色发展,新师范背景下英语教师核心能力与专业发展,新时代基础英语教育的理念与方法。

北京师范大学外国语言文学学院院长苗兴伟教授做了关于"新文科背景下师范类院校外语专业人才培养体系建设"的主旨发言。苗教授强调,在新文科建设背景下,师范类院校外语专业应面向国家、地区教育改革发展和教师队伍建设重大战略需求,优化专业结构,提升专业建设质量,创新人才培养模式,构筑高素质、专业化、创新型师范人才培养体系,提高师范类专业外语人才培养质量。苗教授结合师范类院校外语专业的特色,探讨了新文科背景下师范类院校外语专业学科发展的机遇与挑战和师范类专业外语人才培养体系的建设。

北京师范大学外国语言文学学院程晓堂教授以"新时代基础英语教育的理念与方法"

① [作者简介] 李淑琼(1962—),男,汉族,湖南人,副教授,英语教师教育教研室主任,双硕士学位,研究方向为英语学科教学和英语教师教育。

为题，从当下基础英语教育的背景和形势出发，以“教育为什么总是在改革”为开头语，剖析了教育改革的目的、原因及必然性。从新时代基础英语教育的新境界、理念与目标、基础英语教育的3个超越、考试与教学协同的基础英语教育、创新英语教学途径与方法五大模块阐述了新时代基础英语教育的理念与方法，并从5个方面强调英语教学应该与核心素养的发展融为一体。

华东师范大学外国语学院院长袁筱一教授作了关于“师范院校外语学科的守正创新与特色发展”的发言，指出外语学科是所有师范院校的基础学科之一，这也就意味着师范院校的外语学科往往背负着传统。然而，在中国发展的各个历史阶段，国家的战略调整、复杂的国际形势又会深刻影响到外语学科内涵的变化和发展。从外语学科的三大传统方向，即文学、语言学、翻译学，到今天作为新增长点的比较文学与跨文化以及国别与区域研究，外语学科的内涵在不断扩展之中。作为综合性高校的我们应当选择面面俱到还是有所为、有所不为？这是一个值得思考的问题。此外，师范院校的外语学科往往还肩负着回应国家教育政策改革关切的使命：这既是传统，同时也是我们区别于其他学校外语学科的特色所在。因而，如何在守正创新与特色发展中求得平衡，这是师范院校外语学科的必答题。

华中师范大学外国语学院院长罗良功教授以“外语教师的核心能力与培养路径”为题发言，强调在科教兴国理念的指导下，在《中国教育现代化 2035》等中央文件精神的推动下，教师教育改革势在必行。就外语教师教育而言，教师的核心能力成为外语教师教育的关键突破口，因而有必要对外语教师的核心能力进行重新思考。针对当前诸多高校过于强调外语教师的师范技能这一现状，他认为外语教师教育仍然应该突出外语专业能力的核心地位。罗良功教授就外语专业能力的内涵、作为核心地位的原因进行论证，并对外语师范专业核心能力的培养路径提出了建议。

西北师范大学外国语学院院长曹进教授作了关于“使命 格局 举措：新师范背景下的外语人才培养”的主旨发言。曹教授强调在新师范的大时代背景下，外语教育专业人才培养需要重新进行战略定位。新师范背景下的外语专业人才培养需要以立德树人为核心目标，以“会语言、通国家、晓文化、会传播”为核心能力，有效提升外语教学的实用性与针对性。在外语人才培养过程中，需要以学生的长期发展为导向，坚持培养理念、课程体系设计、课程开发、学习资源、教学信息化、学习标准、教师发展、社会服务等不同层面的持续改善，从而持续提升外语人才培养的能力和质量，进而打造新师范外语专业人才培养的中国模式。

华南师范大学外国语言文化学院院长谷红丽教授以“守正与创新：新时代背景下英语学科教师教育的困惑与思路”为题，指出在新时代背景下，我国的高等教育和基础教育理念都在不断变化，各种政策相继出台。“新文科”建设理念对各个学科的建设和发展都提出了新的要求。师范院校英语学科的建设和发展也必然会受到这些理念的影响。不少师范院校的英语学科也在积极应变。可以说，新时代师范类外语学科遇到了新的机遇和挑战。比如，如何打破单一学科的发展理念，实现跨学科发展？作为师范类院校的英语学科，我们应该坚守什么？又该在哪些方面进行创新呢？她认为，在新时代学科发展背景下，我们应该守住学科的“师范性”本色，以培养卓越的面向未来的英语教师为宗旨，在人才培养的关键性环节进行创新。

首都师范大学外国语学院副院长赵婴博士作了关于“依托网络的英语师范专业跨文化

交际教学”发言。赵婴博士指出，依托网络的跨文化交流拓展了语境交互空间，弥补了传统课堂缺乏真实语境的缺陷，为跨文化交际教学的范式创新提供了信息化视角。首都师范大学英语师范专业与海外高校合作，在跨文化交际教学中引入网络交流，使用视频会议、文字聊天等实时及非实时交流工具实现中外学生直接对话，协作完成教学任务，共同达成教学目标。中外学生文化背景的差异形成天然信息沟，使交流具有实际意义。真实语境中的网络交流能够有效促进师范生使用多种交流策略，增强英语交际意愿，增强跨文化意识及提升信息素养。

北京联合大学师范学院英语语言文学系主任杨岸青教授作了关于“新师范背景下‘英语戏剧选读’课程思政融入路径设计与实施”的发言。杨岸青教授在新时期高校思政教育工作受到高度重视的大背景下，对新师范视角下“英语戏剧选读”课程思政的融入路径设计和实施进行探索，以课程思政的视角挖掘英语戏剧作品的思政元素，并利用教学手段的改革创造性地将戏剧和教育统一起来，将师范教育注重思想教育和教学方法养成有机地融合起来，使学生真正做到“学以致用”，从学习戏剧转变为将戏剧手段融入未来的小学英语教学之中，将他们打造成为卓越英语师范生，成为具有新思想和高素质的综合应用型人才。

对外经贸大学附属小学书记、校长王红老师作了关于“教育国际化背景下教师学习共同体的实践研究”主旨发言。王红校长指出，教师是人类灵魂的工程师，是人类文明的传承者，承载着传播知识、传播思想、传播真理，塑造灵魂、塑造生命、塑造新人的时代重任，教师是教育改革与发展的决定性因素，其专业化发展水平直接决定着教育质量。学校基于教育国际化背景，构建了“阅读文化”“课程研究”“惠心资源”3个教师学习共同体，提升教师能力，促进学校未来的内涵发展。

北京教育学院石景山分院英语教研员孙波老师以“基于北京版教材的小学英语语音教学实践研究”为题，阐述了自然拼读能力在英语学习过程中的重要性，介绍自然拼读教学的实例，展示了如何给学生营造一个良好的复现环境，分享了通过周周、月月回顾，做到自然拼读人人通关，夯实自然拼读能力，最终帮助学生成为流利的英文阅读者，为学生今后的持续学习打下坚实的基础。

中国人大附中北京经济技术开发区学校英语教师、区首席小学英语兼职教研员张思敏老师就“单元整体教学视角下小学英语教材使用策略研究”作了发言。张思敏老师强调要把握小学英语教材使用过程中存在的主要问题及其原因，根据具体情况，结合英语单元教学制订出相应的培养计划。通过英语单元教学的设计与实践，一方面提升学生对于英语学习的兴趣与能力，另一方面提升学生对于教材的理解与自主使用能力。形成系统的单元整体教学视角下小学英语教材使用策略，对小学英语教材使用过程的方向与手段进行完善。打磨具有代表性的教学案例，为今后其他科目开展教材使用研究与单元教学提供模板。

对外经贸大学附属小学陈钰文老师以“基础教育英语教师教学能力的提升与发展”为题，认为在义务教育阶段开设英语课程对青少年的未来发展具有重要意义。英语课程承担着培养学生基本英语素养和发展学生思维能力的任务。英语课程还承担着提高学生综合人文素养的任务，学生通过英语课程开阔视野，丰富生活经历，形成跨文化意识，形成良好的品格和正确的人生观与价值观。由于小学英语教学施教对象是小学生，他们有其发展特性，这就对教师的教学能力提出了更高的要求。陈钰文老师从英语教师应该具备的语言能力与语言教学能力、文化意识能力、自主发展能力 3 个方面进行论述，依托对外经济贸易大学附属小学教学资源提升教师的教学能力，促进教师发展。

北京联合大学师范学院科研处周华丽处长出席论坛，英语语言文学系主任杨岸青教授、党支部书记赵雪老师、系副主任张军丽老师、教研室主任李淑琼老师出席论坛并发言。全国英语师范教育和英语教育界的同人跨越空间、相聚云端，相约第二届基础教育英语学科教学与英语教师教育论坛。

本次论坛聚焦新文科新师范背景下基础教育英语学科教学改革与英语教师教育与发展。研究探讨了新文科背景下英语专业课程思政和师范类院校外语专业人才培养体系建设，新师范背景下师范院校外语学科的守正创新与特色发展，新师范背景下外语教师的核心能力与培养路径和外语人才培养；研究探讨了教育国际化背景下教师学习共同体的实践，新时代背景下英语学科教师教育的困惑与思路，依托网络的英语师范专业跨文化交际教学；研究探讨了新时代基础英语教育的理念与方法，基于北京版教材的小学英语语音教学实践研究和单元整体教学视角下小学英语教材使用策略。本次论坛开阔了英语师范生培养和英语学科教学新视野，坚定了基础教育英语学科教学和英语教师教育信念，为提升英语教育教学水平，推动基础教育英语教师专业化发展增添了动力。

基础教育英语学科教学与教师教育论坛的宗旨是探讨和研究发展新路径，建设高素质、专业化基础教育英语教师队伍，打造和构建英语师范教育和英语教师教育学术平台，提高英语师范教育和英语教师教育学术素养，营造英语师范教育和英语教师教育学术氛围。论坛为专题形式系列活动，每年举办一次。本次论坛取得了丰硕成果，论坛圆满成功。

英语师范专业
思政与课程思政研究

"英国文学选读"课程思政教学设计初探

张军丽 ①

(北京联合大学师范学院英语语言文学系,北京 100011)

[摘要]以往"英国文学选读"课程的教学多围绕提高学生的文学素养和文本释读能力展开,通过各历史时期助学课件、作家作品的助学课件、文学流派和文学术语教授文学文法知识;主要通过引导学生阅读欣赏优秀的文学作品,深入理解文学作品的主旨、人物塑造、艺术特色和文化内涵,以提高学生的鉴赏能力。英美文学的德育功能和价值引领功能没有得到重视,导致学生可能了解和熟知了很多英美作家、作品和文学流派,但对相同历史时期的中国文学的脉络和作家作品却知之甚少,对中国文学和文化的博大精深缺乏了解,不同程度上助长了"崇洋媚外"的不良习气,在工作和对外交往中无法正确全面地传播中国文学和文化的形象和特点。为此,"英国文学选读"课程拟在教学内容中有机融入中国元素,以彰显我国的悠久历史、璀璨文化和经典作品;在教学方法上,采用启发式→讨论式→探究式教学方法,在引导学生了解英国文学发展脉络和释读英国文学作品的同时,探究发现中国文学、历史和文化等方面的优秀成果。

[关键词]英国文学;课程思政;教学设计

一、引言

以往高校对学生德育方面的教育主要依靠思政类课程,专业类课程则侧重知识的传授和能力的提高,对学生在德育方面的引领没有发挥应有的作用。目前"课程思政"建设蔚然成风,所有专业课程都要思考如何在教学方案设计和课堂教学中同步提高"知识传授、能力提升和价值引领"的实现度;如何在形成性评价和终结性评价中体现"价值引领"或者"育德功能"指标以实现"育德效果"。中华民族能屹立于世界民族之林依靠的是五千年绵延不绝的中华文化,文学是文化的重要组成部分,文学在陶冶情操、丰富知识和提高能力方面的作用不言而喻。"英国文学选读"课程主要讲授的是英国上千年积累的文学和文化成果,如何在一门讲授外国文学的课程中融入"课程思政",发挥本门课程的德育功能,是任课教师的聚焦所在。任课教师拟将英国文学中最具有代表性的文学作品和各文学时期背景介绍作为课程思政内容的载体,探索在进行经典作品赏析和文学时期背景介绍时加入具有对比意义

① [基金项目] 本文是北京联合大学 2019 年度教育教学研究与改革项目"英国文学选读(Ⅰ/Ⅱ)"课程思政教学设计的成果之一。

[作者简介] 张军丽(1974—),女,山东荣成人,副教授,硕士,主要从事英美文学和英语教学方面的研究。

的中国文学和文化因素,帮助学生在鉴赏英国文学作品、提高文本释读能力的同时,更广泛、更深入地涉猎和分析中国文学作品及其背后所折射出的中华文化和中华民族优秀品质,增强学生评判性思维能力和继承和发扬中国文化的自觉意识。在当代时代背景下,师范院校教师不仅要学为人师、行为世范,努力践行社会主义核心价值观,也要为培养既具备良好的专业知识和能力,也拥有崇高思想觉悟的基础教育师资作出贡献。本文以此为背景,通过中英文学时代背景和经典作品的对比,将中国灿烂的历史和优秀的文学作品和文化思想引入"英国文学选读"课程的教学中,通过对比分析,加深和拓展学生对中国文学和文化的理解,进而领悟中华文明绵延不断的力量源泉。

二、总体设计思路

"英国文学选读"课程学习内容涵盖上至古英语时期下至20世纪中叶英国文学的发展史和不同时期的主要文学流派以及代表作家和代表作品。本文拟从教学内容和方法、教学目标和教学创新3个方面进行总体设计,以实现在有限的课时内完成英国文学史的基本脉络梳理、重点作家作品的赏析和释读、思政元素的有机融入。

1. 教学内容和方法设计

首先,在教学内容方面寻找中英文学、文化、历史等方面的融入点,将中国历史、文学和文化等因素有机融入"英国文学选读"课程的教学中,实现教书与育人并举。本课程是两个学期32周课程,拟在32个课程教案中都融入中国元素,通过加大同一历史时期中国元素的输入,从文学和文化等侧面揭示中华文明绵延不绝的内在原因,激发学生学习和传播中国文学和文化的热情和动力。与此同时,将文学中所揭示的人类永恒主题与当下我国所推行的各项政策、措施和活动有机融合,增强学生对现行政策、措施和活动的理解、支持和有效参与。

其次,在教学模式和方法上,全面实现"五位一体"模式:课下对比分析,课上批判赏析;经典作品朗诵,师生共同参与;小组内部讨论,全面释读作品;价值融入,寓教于乐;微课助力,自主学习。为激发学习兴趣、提高学习效率和实现育人目标,在作品分析方面采用启发式教学、讨论式教学和探究式教学方法。采用提问的形式启发学生探索发现具有类比点的中国作家、作品;之后以讨论的形式探究具体类比点有哪些;随后探究作品情节、人物设置所折射的作者写作立场及其当下意义。教学重点是找到"英国文学选读"课程教学内容中可以有机融入中国元素的切入点。教学难点是如何在有限的课堂教学中既简明扼要又见树见林地融入中国元素,实现触类旁通,潜移默化地实现对学生的价值引领。

2. 教学目标设计

(1)教学内容与思政内容有机融合。通过讲授英国文学历史背景、流派特点、作家特点和文本分析时适时穿插和探讨中国元素,通过中英文学、文化、社会等方面的对比,让学生充分意识到中华文明源远流长,中国文化博大精深,中国文学百花争艳,在培养学生批判性思维能力的同时,增强他们的民族自豪感和文化自信心。

(2)知识能力和价值引领同向同行。本课程教学拟在一定程度上纠正英美文学课程过去只关注英美文学历史脉络、英美作家作品介绍,只关注英美文学和文化中价值观的输入,缺乏中国元素的参与和与之对比分析的状况。在充分服务于学生的知识结构和人文素养培养需要的同时，也兼顾中英文学的特质差异，体现跨文化性，有利于培养学生吸收外来文化、发展中国文化、传播中国文化的能力。

3. 教学创新设计

（1）在教学内容方面，实现英国文学文本教学内容和中国文学文化有效衔接，学生不仅能欣赏英国上千年积累的文学和文化成果，也能领略中国文学文化的精妙，从而增强学生文学素养、民族自信心和文化自豪感。

（2）在教学模式和方法方面，实现传统讲授与启发式、讨论式和探究式教学方法有机结合，实现教学模式和教学方式的多样化，增加文学教学的文化性、交互性和趣味性，拓展学生中西文化视野，全方位调动学生的学习兴趣。

（3）在德育功能方面，实现价值引领与知识能力提高的有效融合，既注重学生文学文法知识的掌握，也注重学生文本释读能力的培养，还注重学生对比分析能力和批判性思维能力的提高，为培养基础教育四有好老师打下坚实的基础。

三、具体设计和实施

本部分拟从教学方案设计、课堂授课设计、课后延伸设计 3 个方面探讨"英国文学选读"课程如何将教学内容和思政内容有机融入，将课堂教学向课后学习有机延伸。

1. 教学方案设计

"英国文学选读"课程是两个学期，32 周的课程，所以需要撰写 32 份教学方案，32 份教案涉及各历史时期背景、流派、作家介绍和作品的文本分析，不同的教学内容采用不同的思政元素融入方式。

（1）历史背景介绍部分主要是从历史时期、历史事件、文学特点等方面进行中西比较，提升学生的民族自信心。譬如在涉及英国人起源、国家名字的由来、英国文字的起源时，同步介绍中国人的历史渊源、中国国家名字的由来和中国汉字的起源等。

（2）文学流派介绍部分主要是根据流派主要特点，与有类似特点的中国文学流派进行中西比较，譬如在讲解英国浪漫主义时期时，将其对人与自然的思考与中国道家学派的天人合一思想作一比较分析。

（3）作家介绍部分主要是根据作家主要特点，与有类似特点的中国作家进行对照，譬如，英国浪漫主义代表诗人柯勒律治以想象力著称，在介绍时可以提及庄子及其《逍遥游》，在介绍华兹华斯这位"自然诗人"时可以提及陶渊明及其《桃花源记》等。

（4）作品文本分析部分主要根据作品特点、人物塑造、主旨表达等要素提及有类似特点的中国作品，譬如讲解英诗的韵律和押韵格式时，可以导入中国诗歌的平仄特点和尾韵的相关知识。

2. 课堂授课设计

在课堂授课时，涉及中西比较的部分，一般采用启发式教学、讨论式教学和探究式教学方法。启发学生探究作品情节、人物设置所折射的作者写作立场及其当下意义。譬如在讲授英国历史小说家沃尔特·司各特的历史小说《艾凡赫》时，会请学生回顾中国经典历史小说《三国演义》，请学生们谈论《三国演义》中的历史因素和作家想象，请学生展示英国 12 世纪社会的主要矛盾，分解《艾凡赫》中的历史因素和作家想象。请同学展示《艾凡赫》中的主要矛盾：民族矛盾、种族矛盾、宗教矛盾、权力之争、爱情之争、自由之争并讨论作品中这些矛盾的解决方法。为同学介绍课本选读章节的前情和后续，请学生分析选读部分第一次出现的骑士，初次见面的牧师、初来乍到的罗宾汉之间如何建立彼此信任，如何组建统一联盟，去拯救被恶人掳走但从未谋面的同胞。学生们会发现：在危难时刻，他们基于自己的爱国精神走到了一起，决定为拯救同胞，甘愿冒险。在探究该部作品的现实意义时，学生们自然就会得出结论：在我国出现重大灾情时，我们也应该团结一心，互帮互助并贡献力量。

3. 课后延伸设计

由于授课班级人数比较多，小组呈现和个人呈现的机会不是每次课都有，所以一些讨论和思考也会以作业的形式布置给学生，会通过网络学堂讨论板讨论、经典作品朗诵和角色扮演等方式为学生搭建平台，请学生展示他们对作品的理解以及对当下社会主义核心价值观的深刻领会。

四、结语

通过将英国文学选读内容和思政内容有机融合，学生不仅能深入理解英国文学经典作品的艺术特色和主题表达，也能通过与相关中国文学作品的对比分析深入理解和欣赏中国文学和文化的博大精深和异曲同工之妙。通过对比深入探究作者写作意图和表现形式的内在关联，学生更能理解中英文化和伦理思想的形成和发展脉络。通过学习文学作品和文学历史时期，学生会逐渐做到与时俱进，理解和支持当前国家社会推行的各项政策的合理性，自觉遵守执行各项政策，参与各项学习，增强自己的责任意识和表率意识。英语专业学生通过融入思政内容的课堂教学也会进一步端正自己的学习态度、模仿教师的教学方法、提高自己对教师职业的认同感，真正理解“学为人师、身正为范”的深刻含义。

参考文献：

[1] 杜瑞清. 英美文学与英语教学[M]. 上海：上海外语教育出版社，2004.

[2] 郭爱平. “课程思政”背景下高校英语教学改革研究[J]. 内蒙古财经大学学报，2019(5)：138-140.

[3] 严婷. 大学英语课课程思政实践探索——以《新视野大学英语》为例[J]. 黑河学刊，2019(5)：105-108.

课程思政视阈下翻译理论与实践课程教学探索

陈卫红 [1]

（北京联合大学师范学院，北京 100011）

[摘要] 在“三全育人”改革工作的总体部署下，课程思政为立德树人根本任务提供了重要的课堂教学载体。为此，本文以翻译理论与实践课程为建设对象，着力挖掘其课程思政元素，转变教学思想，更新教学内容，优化教学方法，探讨该课程课程思政的教学思路。

[关键词] 课程思政；翻译理论与实践教学探索

一、引言

习近平总书记在全国高校思想政治工作会议上强调，要用好课堂教学这个主渠道，思想政治理论课要坚持在改进中加强。我们应抓住课程改革核心环节，充分发挥课堂教学在育人中主渠道作用，着力将思想政治教育贯穿于学校教育教学的全过程，着力将教书育人落实于课堂教学的主渠道之中，深入发掘各类课程的思想政治理论教育资源，发挥所有课程育人功能，落实所有教师育人职责。

二、课程简介

翻译理论与实践是英语专业学生的专业任选课程。通过该课程的学习，学生能够领会英汉两种语言之间存在的各种差异，掌握英汉汉英翻译的各种常用技巧，培养跨文化交际意识，能熟练运用英语在外事、教育、经贸、文化、科技、军事、旅游等部门从事翻译、教学、管理、研究等工作。学生在课堂学习中，会通过大量的翻译实践，接触不同体裁的材料，以课堂讨论和课外练习的形式，提高翻译能力。通过中英文字和文化的对比，增强学生对中华文化的自信心。

---

① [作者简介]陈卫红（1979—），女，河南安阳人，副教授，硕士，研究方向为翻译理论与实践、英语教学。

三、课程思政的重要性

高等教育要坚持把立德树人作为中心环节，把思想政治工作的贯穿教育教学全过程，实现“全员育人、全过程育人和全方位育人”。高校所有课程都要有育人功能，所有教师都负有育人职责，知识传授与价值观教育必须同频共振。专业课、思政课从来不曾割裂，每一门课都应该求真、触情，并传递价值，不仅要帮助学生“专业成才”，更要促进“精神成人”。作为专业课教师，在教学过程中应将社会主义核心价值观教育贯穿到课堂教学的各个方位、各个层面。

实现“知识传授”和“价值引领”有机统一。翻译理论与实践课程着重在翻译实践中寻找翻译方法，同时，在寻找翻译方法的过程中，也是在学习一种观察世界的方法。因此，在教授专业知识的同时，教师应转换身份跳出原有框架，带领学生不断完善看待世界、思考问题的方式。

高校的根本任务是育人，育于民族、国家、社会、人民有益之人。这就要求高校要从时代担当、对历史负责的高度，深刻认识和把握立德树人的内涵，把德育作为学校育人的“第一要务”。在发挥思政课作为德育教育主阵地和主渠道作用的同时，让所有课堂都肩负起育人功能，让每位教师都守好一段渠、种好责任田，切实将“思政课程”向“课程思政”转变，努力为国家培养德智体美劳全面发展的社会主义建设者和接班人。

四、翻译理论与实践课程思政建设实践

1. 转变教学理念

在课程的设计环节，应结合翻译理论与实践专业课程教育特点，形成课程思政理念。发挥专业课程本身的特色，提炼爱国情怀、法治意识、社会责任、文化自信、人文精神等要素，将其转化成核心价值观教育具体而生动的载体。在教学过程中，将社会主义核心价值观和中华优秀传统文化教育内容融入教学当中，根据学生专业学习的内容，系统设计教学材料。

2. 改革教学方法

在课程的教授过程中，强调课程的育人元素、润物无声。在课程中，注意“入深入细、落小落全、做好做实”，注重课堂形式的多样性和话语传播的有效性，深入分析学生的学习需求、心理特征、成长规律和价值取向，坚持因事而化、因时而进、因势而新，悉心点亮学生对专业课程学习的专注度，引发学生的知识共鸣、情感共鸣、价值共鸣。采用分析、讨论、展示等教学形式，形式多样地深挖教学内容中的价值内涵。

3. 更新教学内容

在课堂讨论和课后学习中，应注重学习内容的选取。如在旅游翻译章节，翻译材料中可以出现描写祖国大好河山的片段，要求学生深切体会祖国山河的壮丽，进行充分移情，准确地传达原文意境。再如在讲到毛主席《沁园春雪》这首词时，应通过讨论让学生了解创作背景和展现伟大领导人的坚定意志。这首气势磅礴，想象雄奇的革命诗词，意义重大。只有让

学生真正读懂这位富有远见卓识以及真知灼见的共和国缔造者那深邃的目光和丰富的智慧，才能将伟人的壮志与情怀贴切地翻译出来，更好地达到教学目的。

五、课程思政建设中的问题

在教学实践中，应注意不是所有的章节都适合渗入思政，不要生搬硬套，应仔细分析，灵活处理，否则学生容易产生逆反心理，不但无法达成育人目的，还会挫伤学生的学习热情。同时，应注意知识的传授一定要与授课的文化背景联系起来。这种背景既可以是优秀的传统文化，也可以是火热的现实生活。课程思政的内容主要体现在构建的背景之上，当然也与翻译类课程的内容本身有关。适宜选择本学科本专业发展过程中的知名人物及其事件作为案例激发学生刻苦学习、努力钻研、不断创新；也可以以名人伟人报效国家的家国情怀为内容进行设计。

六、课程思政建设持续改进思路

学科前沿、学术领域的新思想、新论断、新结论层出不穷，学科知识内容和信息化教学手段日新月异，在课程建设过程中，教师应努力拓展知识面，实现科研和教学间的相互转化、各类知识间的相互转化。教师不仅要注重专业学习和个人专业水平提升，还要重视自身思政学习，转变课程思政的理念。

要真正做好教学设计，要找准“课程思政”的切入点，进一步凝练和推广本土化的成果。强调“课程思政”重在深度挖潜课程的育人元素、润物无声，不能因为“课程思政”而去专业化、去知识化。

继续推动以“课程思政”为目标的课堂教学改革，优化课程内容设置，完善教学设计，加强教学管理，梳理专业课程所蕴含的思想政治教育元素和所承载的思想政治教育功能，融入课堂教学各环节，实现思想政治教育与知识体系教育的有机统一。

七、结语

推动翻译理论与实践课程思政，首先要仔细梳理其中的思政元素，将其列入教学计划的重要条目和课堂讲授的重要内容，将知识教育同价值观教育结合起来，使翻译课程与思政理论类课程同向同行，形成协同效应，构建起全课程育人的格局。将社会主义核心价值观和中华优秀传统文化教育内容融入教学要求，根据学生专业学习的阶梯式成长特征以及学生遇到社会问题的复杂度，固化于教学大纲中，让课程门门有德育，教师人人讲育人。在教学过程中，推进思政教育在人才培养中的全覆盖。

参考文献：

[1] 习近平. 把思想政治工作贯穿教育教学全过程 开创我国高等教育事业发展新局面[N].

人民日报，2016-12-09(1).
[2] 高国希. 坚持显性教育和隐性教育相统一[J]. 中国高等教育，2019(11):10-12.
[3] 石书臣. 正确把握“课程思政”与思政课程的关系[J]. 思想理论教育，2018(11):57-61.

基础英语课程思政教学设计
——以《思考作为一种嗜好》为例

张亮①

（北京联合大学师范学院英语语言文学系，北京 100011）

[摘要]习近平总书记强调要用好课堂教学这个主渠道。使各类课程与思想政治理论课同作为师范学院英语专业的核心课程之一，基础英语课程对英语专业课程与课程思政元素的融合进行了初步探索。本文以基础英语课程第四册第一单元《思考作为一种嗜好》为例，研究思政元素在英语教学中的设计与实践，旨在为英语专业课程思政建设进行积极有效的探索。

[关键词]基础英语；课程思政；教学设计

一、引言

“课程思政”的概念最早出现于2014年，是由上海市委、市政府提出的以构建全员、全程、全课程育人格局的形式将各类课程与思想政治理论课同向同行，把“立德树人”作为教育的根本任务的一种综合教育理念。习近平总书记在2016年12月的全国高校思想政治工作会议上强调，“要用好课堂教学这个主渠道，思想政治理论课要坚持在改进中加强，提升思想政治教育亲和力和针对性，满足学生成长发展需求和期待，其他各门课都要守好一段渠、种好责任田，使各类课程与思想政治理论课同向而行，形成协同效应。”课程思政本质上还是一种教育，这就涉及了教育的根本目的，即培养什么样的人，如何培养人和为谁培养人的问题。思政课程与课程思政相结合，在专业知识教学过程中融入价值观教育，是习近平总书记提出的以高校教育思想路线为理论基础的教育改革，更是对长期以来内隐的教育育人本质的再认识。

二、基础英语课程简介

基础英语是北京联合大学师范学院英语专业一、二年级的专业核心课程。它是一门综

① [基金项目]本文是2020年北京联合大学创新课程建设项目（12205561107）成果之一。

[作者简介]张亮（1981—），女，河南周口人，副教授，硕士，主要从事英美文学和英语教学方面的研究。

合英语技能必修课,其主要目的在于培养和提高学生综合运用英语的能力。本课程主要通过语言基础训练与篇章的讲解分析,使学生逐步提高语篇阅读理解能力,了解英语各种文体的表达方式和特点,扩大词汇量,熟悉英语习惯表达方法和常用句型,培养和提高基本的口头和笔头表达能力,以及分析、概括、联想等思维能力。在学习过程中,教师指导和锻炼学生的英语自主学习能力,使之逐步学会自主学习。教师还鼓励学生积极参与课堂的各种语言交际活动以获得基本的交际技能,并达到《高等学校英语专业英语教学大纲》(2000)所规定的听、说、读、写、译等技能的要求,为进入高年级学习打下扎实的语言基础。

基础英语2019版课程大纲中提出,课程目标要有对应的毕业要求指标点。课程不仅要传授语言技能,更要把"三全育人"的理念贯通其中,力争实现全员育人、全程育人和全方位育人的教育目的。具体来看,首先,基础英语课程除了要培养具备英语语音、语法、词汇等语言知识和熟练的英语听、说、读、写、译等语言技能的人才之外,还要兼顾培养具备人文与科学素养和英语学科核心素养,具有系统扎实的英语口译和笔译能力和英美文学与文化文本释读能力的英语人才。其次,鉴于培养的对象为英语师范生,还要帮助学生了解兼教学科的基本知识、基本原理和技能,了解学科整合在小学教育中的价值,了解英语学科与其他学科的联系,以及与社会实践、小学生生活实践的联系。此外,学生还需要掌握英语学科教学知识与能力,掌握现代教育信息技术在基础教育英语教学中的应用。在教育实践中,能够依据英语学科课程标准,针对小学生身心发展和学科认知特点,运用学科教学知识和信息技术,进行教学设计、实施和评价,获得教学体验,具备教学基本技能,具有初步的教学能力和一定的教学研究能力。最后,能够培养学生的沟通合作技能,理解学习共同体的作用,具有团队协作精神,获得小组互助和合作学习体验。

从以上的教学目标以及对应的毕业指标点来看,基础英语的课程目标兼顾了学科目标和育人目标两个方面。从学科目标来看,主要是培养学生的英语学科核心素养,帮助学生系统、扎实地掌握并熟练应用听、说、读、写、译等语言技能;育人目标主要是培养学生的批判性思维和人文素养,未来教师执教技能素养等。因此,课程思政与英语课程是具备融合优势的,在英语课程中挖掘思政元素是具备可操作性的。

三、基础英语课程思政内容的设计

基础英语课程的"思政元素"来源于教材,亦在教材之外。

从教材来看,基础英语课程选用的教材是外语教学与研究出版社出版的《现代大学英语精读》1~4册。本套教材适应学生学习英语的特殊规律和要求,由浅入深,循序渐进。教材前两册着重强调通过精读夯实语言技能;教材后两册强调阅读理解能力,对重大题材、深奥内容的领会、钻研以及赏析能力。值得一提的是,教材在选取名家名篇时兼顾语言与文化,兼容并蓄,所选择的文本注重激发心智,开拓视野,培养独立思考的精神、分析批判的能力、实事求是的态度和理性思维的习惯。因此,在进行精读教学时,在语言技能养成的同时提高学生的思辨能力和文学素质,培养其文化自信,是本课程思政建设的重中之重。

在教材之外,育人目标贯穿教学活动的全过程。课程充分利用第二课堂的丰富资源,引导学生在蓝墨云班课中自主学习,增加语言技能的实践。课前,每天阅读贴合文本的时事新闻,做到与时俱进;课中,每次课前的五分钟演讲给每个同学上台演讲的锻炼机会;课后,以音频或视频的形式上传配音、朗诵以及微课视频,帮助学生掌握并使用现代信息教育工具,在夯实语言技能的同时为未来从教打下初步的基础。优秀的课程思政设计要如盐入水,润物无声,避免强行说教带来适得其反的效果。比如前面提到的课前热身活动,通过了解时事热点挖掘家国情怀及社会责任;精读课文通过主题分析挖掘人格培养、人文素养、民族精神等要素;文章中出现中西方文化比较的部分时,教师适时宣扬传统文化,以增强文化自信。以上这些都是课程思政在专业英语课程中的可为之处。

四、《思考作为一种嗜好》一文的课程思政方案设计

下面选取《现代大学英语精读 4》中第一单元《思考作为一种嗜好》的一个课时来详细阐释基础英语课程的课程思政教学设计方案。

1. 教学内容介绍

本节课为"基础英语(Ⅳ)"课程第一单元 Thinking As A Hobby 的篇章分析环节,主要讲解"三级思维"的定义和本质,并拓展时事新闻挖掘内涵,达到课程思政育人的目的。《思考作为一种嗜好》选自 1983 年英国诺贝尔文学奖获得者 William Golding 的作品。Golding 在文中把人类的思维分为三个等级:一级思维寻求真理,探究到底;二级思维有能力发现问题却无力解决问题;而三级思维则没有思考的能力,充满了偏见、无知和虚伪。作者通过分析三种等级的思维及其特征,批判了 20 世纪英国存在的社会问题,提倡所有受过教育的人们都可以把思考当作一种爱好,不要做偏见、无知、虚伪的三级思考者。在本节课中主要聚焦三级思维,剖析三级思考者的特点,结合国内外时事帮助学生深刻剖析低等思维的本质,从而鼓励学生成为不轻信、不盲从、真正热爱思考的人。

2. 思政教学目标及教学方法

本节课的教学目标分为学科目标与育人目标。学科目标是通过泛读定位三级思维的定义及本质,以及通过精读挖掘文章内涵,掌握作者写作风格以及修辞手法。课程思政育人目标是引导学生学以致用,结合国内外时事深刻剖析三级思维,鼓励学生理性、客观、全面地看待问题,不随大流,不赶时髦,不瞎起哄,不做偏见、无知、虚伪的三级思考者。

本节课采用 3 种教学方法。①任务型教学。课上在每一个教学环节设置相应的任务,保证严谨教学节奏的同时确保每个同学在课堂上注意力高度集中,提高教学效果。②交互式教学。通过启发式提问及建设性评价,创设以学生为主的课堂气氛,培养学生的参与意识。通过师生、生生的交互活动,让学生真正做到"学中用,用中学",达到语言教学的最终目的。③情境式教学。创建同声翻译的典型场景,建立同声翻译的紧张、有序的学习氛围,引发学生的态度体验,激发学生进行语言操练的热情,并采用肯定性和激励性的语言评价学生,树立其英语学习的信心。

3. 思政教学过程

本节课主要探讨"三级思维",课程思政的因素渗透并体现在包括泛读、精读以及语言操练等在内的所有的重要环节。鉴于文本年代久远(写于 20 世纪)并反映的是当时英国存在的社会问题,学生很难产生共鸣,不利于知识的理解和吸收,因此,本节课抓住三级思维的

3个关键词——偏见、无知、虚伪，把与新冠病毒感染疫情相关的时事新闻引入课堂，例证什么样的思维是“三级思维”以及如何应对这些低级思维的言论。课堂上的每一位同学都是疫情的亲身经历者，都有着切身的感受，面对西方媒体的蓄意抹黑，面对国外部分人的偏见、无知和傲慢的态度，相信同学们会有切身体会，更能理解和内化文中作者提出的“三级思维不是思维，只是一种情绪，充满了偏见、无知和虚伪”。

具体来看，首先，在泛读环节，本节课不会直接要求学生进入文本，而是通过播放2020年3月2日福克斯新闻主播 Jessie Walters 要求中国为新冠肺炎向其道歉的辱华言论，引导学生形成对三级思维的印象，加深其对三级思维偏见、无知和虚伪的理解，从而帮助学生顺利地在文中定位三级思维及其本质。其次，在精读环节，分析文章夹叙夹议的写作手法——先叙后议，由实到虚，由事及理。同时告诉学生，这种写作手法并非英文写作独有，早在清朝时期，刘熙载就提出了“叙事有寓理”的理论，增加了学生对中国文化的了解和自信。在讲解修辞手法时，结合文中提出的“三级思维和大部分的政客一样诚实”这一讽刺手法，佐证实例加深同学们的理解。比如以美国总统特朗普为例，他罔顾事实，多次在公开场合称新冠病毒为“中国病毒”，他作为一个西方政客可信吗？课堂上以图片的形式展示2020年9月18日《科学》杂志主编霍尔顿·索普发表的题为《特朗普对科学说谎》的文章，并指出这些谎言让美国几十万民众丧命。他是最典型的西方政客，满嘴谎言，为了政治目的不惜抹黑中国，恰恰验证了作者讽刺三级思维和大部分政客一样撒谎成性，毫无诚信可言的观点。通过这些时事新闻，同学们能够更深刻地体会到作者的深意，理解文中作者对时政的鄙视和批判。随后，在语言操练环节，学以致用，通过情景化模拟同声翻译。该环节节选了时任外交部发言人赵立坚对福克斯新闻主播的“中国道歉论”的回应，一方面训练学生的语言技能，更重要的是教会学生面对充满了傲慢、偏见和无知的西方言论，应该以科学事实为依据，反对任何形式的污名化。同时展示耶鲁大学官网上的言论，告诉学生，把新冠病毒叫作“武汉病毒”或者“中国病毒”都是不正确的，是排外的，都是种族歧视的表现，是意识形态偏见。

总而言之，本节课的所有重要环节均贯穿了“课程思政”的理念，以三级思维的定义、本质、内涵以及如何应对为主线，结合国际时事揭露三级思维者表里不一、傲慢偏见的狭隘思维，引导学生认识到低等思维不可取，面对西方的刻意抹黑，我们要以科学为依据，用事实说话。同时告诉学生，我们不能像部分西方媒体和政客那样对他国或他人充满偏见、傲慢、无知和虚伪，我们要以平等、尊重、开放、包容的胸怀学习和接纳异域文化。

最后，布置课后任务。一是在蓝墨云班课中完成题为“我是几级思维者”的演讲；二是观看云班课中教师上传的视频，完成题为“三级思维之我见”的命题作文并上传批改网。

五、结语

总体来说，通过教学实践可以看出，英语课程与课程思政建设是可以实现学科目标与育人目标的完美融合的。思政元素来自教材但远远超出教材的范围。基础英语的教学绝不能照本宣科，它对教师本身的学科素养和人文素养提出了极高的要求。教育者先受教育。只有坚持以德为先、专精授业的教育者才能担负起传道受业解惑的重任，才能帮助学生在精进专业的同时提高其思想修养和道德素质。作为北京联合大学课程思政的示范课程，基础英语课程在思政元素的挖掘方面仍然有很多需要精进的部分，在教学内容、教学方式、教学评价等方面挖掘与融合思政元素，结合英语学科特色进行全人培养的理论水平和实践能力还有待提高。作为英语专业教师，只有苦练课程思政三项基本功，深挖课程思政元素，有机融入课堂教学，坚持教育者先受教育，才能真正做到知行合一，学为人师，率先垂范。

参考文献：

[1] 顾晓英. 媒体中的我们——聚焦上海大学课程思政（2014—2019）[M]. 上海：上海大学出版社，2020.

[2] 王英龙，曹茂永. 课程思政我们这么设计（人文社科类）[M]. 北京：清华大学出版社，2020.

[3] 翁铁慧. 大中小学课程思政一体化建设：整体构架与实践路径研究[M]. 北京：人民出版社，2020.

基础英语课程思政教学设计
——以《想当年》为例

张亮 ①
（北京联合大学师范学院 英语语言文学系，北京 100011）

[摘要]在教学过程中有意、有机、有效地对学生进行思想政治教育是实现立德树人目标的重要途径。作为英语专业的核心课程和校级创新课程，基础英语课程对英语专业课程与课程思政元素的融合进行了初步探索。本文以基础英语课程第三册第八单元《想当年》为例，研究思政元素在英语教学中的设计与实践，旨在为英语专业课程思政建设进行积极有效的探索。

[关键词]基础英语；课程思政；教学设计

一、引言

党的十八大报告中提出，把立德树人作为教育的根本任务。2016 年 12 月，在全国高校思想政治工作会议上，习近平总书记强调，高校思想政治工作关系高校培养什么样的人、如何培养人以及为谁培养人这个根本问题。要坚持把立德树人作为中心环节，把思想政治工作贯穿教育教学全过程，实现全程育人、全方位育人。他强调要用好课堂教学这个主渠道，思想政治理论课要坚持在改进中加强，提升思想政治教育亲和力和针对性，满足学生成长发展需求和期待，其他各门课都要守好一段渠、种好责任田，使各类课程与思想政治理论课同向同行，形成协同效应。

课程思政不是思政课程，不是专业课"思政化"。其在本质上是一种教育理念，是在专业知识教学过程中融入思想、品德、价值观教育，所有的课程都成为育人主渠道，实现课程门门有思政，教师人人讲育人，集体发力，协同合作，从而落实立德树人的根本任务。德国语言学家洪堡特认为语言和思维互相依存，甚至认为语言就是一种世界观。与其他专业相比，英语专业的同学不可避免地被置于西方文明的影响之下，因此，厘清教育的根本问题——培养什么样的人，如何培养人以及为谁培养人愈加重要。北京联合大学师范学院培养的英语师范生是首都基础教育师资的重要来源，他们未来都是扎根北京基础教育的一线教师。因此，

① [基金项目] 本文是 2020 年北京联合大学创新课程建设项目（12205561107）成果之一。
[作者简介] 张亮（1981—），女，汉族，河南周口人，硕士，副教授，主要从事英美文学和英语教学方面的研究。

在教学过程中有意、有机、有效地对学生进行思想政治教育势在必行。

二、基础英语课程简介

基础英语是北京联合大学师范学院英语专业一、二年级的专业核心课程。它是一门综合英语课程，是专业技能必修课。课程主要通过语言基础训练与篇章的讲解分析，使学生逐步提高语篇阅读理解能力，了解英语各种文体的表达方式和特点，扩大词汇量，熟悉英语习惯表达方法和常用句型，培养和提高基本的口头和笔头表达能力，以及分析、概括、联想等思维能力。在学习过程中，教师指导和锻炼学生的英语自主学习能力，使之逐步学会自主学习。教师还鼓励学生积极参与课堂的各种语言交际活动以获得基本的交际技能，并达到《高等学校英语专业英语教学大纲》(2000)所规定的听、说、读、写、译等技能的要求，为进入高年级学习打下扎实的语言基础。

基础英语2019版课程大纲中提出，要把"三全育人"的理念贯通在课程教学当中，实现全员育人、全程育人和全方位育人的教育目的。因此，基础英语的课程目标兼顾学科目标和育人目标两个方面。从学科目标来看，基础英语课程要培养学生的英语学科核心素养，帮助学生系统、扎实地掌握并熟练应用听、说、读、写、译等语言技能；从育人目标来看，要兼顾培养具备人文与科学素养及批判性思维的高水平外语人才。最重要的一点是，鉴于培养对象为英语师范生，课程还会提供有关英语学科的基本知识、基本原理和基本技能，帮助学生了解学科整合在小学教育中的价值，了解英语学科与其他学科的联系，以及与社会实践、小学生生活实践的联系。在授课过程中，课程会加入对学生英语授课技能的训练，如板书、课件、演讲等，帮助学生掌握英语学科教学知识与能力。鉴于学生未来不仅是从教者，更是教育研究工作者，课程也会适当帮助学生掌握现代教育信息技术在基础教育英语教学中的应用，以项目的形式布置实践任务，培养学生初步的教学能力和教学研究能力。由此可见，英语课程中课程思政元素比比皆是，并非乏善可陈。英语课程与课程思政也是可以做到同向同性，形成协同效应的。

三、基础英语课程思政内容的设计

基础英语课程的"思政元素"来源于教材，亦在教材之外。基础英语课程选用的教材是外语教学与研究出版社出版的《现代大学英语精读》1~4册。教材内容深入浅出，重视通过文本阅读夯实语言技能；课文大多节选于名家名篇，也包括西方主流媒体的一些佳作。这些文本兼顾语言与文化，着重开发心智，拓宽视野，培养独立思考的精神和分析批判的能力，这与课程的学科目标和育人目标不谋而合。在进行精读教学时，立足文本，挖掘历史、政治、文化、哲学元素，结合时事热点，让教材活起来，让知识动起来，促进内化。在跨文化比较与分析的过程中深化对不同国别历史、思维方式的认知。因此，在培养语言技能的同时提高学生的思辨能力和文学素质，培养其文化自信，是本课程思政建设的重中之重。

在教材之外，育人目标贯穿教学活动的全过程。充分利用第二课堂的丰富资源，引导学生在蓝墨云班课中自主学习，培养自学能力，增加语言技能实践。在课前，提供并督促学生阅读贴合文本的时事新闻，做到与时俱进；在课中，通过五分钟演讲训练学生制作课件、准备文稿、上台演讲的能力；在课后，除了要求学生上传配音、朗诵音频或视频外，尤其注重培养学生从教能力。比如制作微课就是基础英语课后实践活动的重要内容。以往在教师讲解过重点内容之后，学生多通过记录并翻阅笔记完成学习任务。而在本门课程中，对于重点的知识要求学生课后自主制作课件并录制微课视频，从而达到知识内化。通过这种自己授课的模式帮助学生梳理知识，同时帮助学生掌握并使用现代信息教育工具，在夯实语言技能的同时为未来从教打下初步的基础。

优秀的课程思政设计要如盐入水，润物无声，避免强行说教带来适得其反的效果。比如前面提到的课前热身活动，通过了解时事热点挖掘家国情怀及社会责任；精读课文通过主题分析挖掘人格培养、人文素养、民族精神等要素；文章中出现中西方文化比较的部分时，教师适时宣扬传统文化，增强学生文化自信。以上这些都是课程思政在专业英语课程中的可为之处。

四、《想当年》一文的课程思政方案设计

下面选取《现代大学英语精读 3》中第八单元《想当年》的一个课时来详细阐释基础英语课程的课程思政教学设计方案。

1. 教学内容介绍

本节课为“基础英语（Ⅲ）”课程第八单元 In My Day 的篇章分析环节，主要剖析文本内涵，并拓展时事新闻、文学元素、中国“孝道”文化等，达到课程思政育人的目的。《想当年》节选自美国著名记者和专栏作家拉塞尔·贝克（Russell Baker）的童年自传《成长》。这部作品为他赢得了 1983 年的普利策传记奖。贝克在美国有“当代的马克·吐温”之称，他的文字朴实优美、幽默睿智，生动地描述了一个单亲家庭的小男孩在好强母亲的教育下成长成才的故事。

贝克五岁时，父亲去世，母亲带着他辗转各地，生活动荡不安。在 20 世纪美国大萧条的背景下，母亲没有放弃对贝克的教育，克服困难把贝克抚养成人，最终贝克考取了名校约翰霍普金斯大学。《想当年》选自自传的第一章。那个年轻时无比强大的母亲现在已经八十多岁，患有阿尔茨海默病，并独居在养老院里。作者通过对比的方式，描述了当年彪悍、令人敬畏的女士和现在逐渐失去活力、记忆混沌的老母亲之间的鲜明对照。贝克看着终生忙碌奔波的母亲如今连自己都认不出来，无法接受这个不可避免的事实。贝克从开始的不愿意接受，到逐渐理解母亲，并开始思考父母与子女的关系，不仅反思生命的意义，更想到传承的价值。贝克感悟到生命不仅仅是一个个体由生到死的生命过程，更是由过去到未来无数人的生命编织起来的一条人类共同的纽带，意味着生生不息的传承。

2. 思政教学目标及教学方法

本节课的教学目标分为学科目标与育人目标。学科目标是通过泛读理解文本，通过精读挖掘文章内涵，掌握作者写作风格以及修辞手法。课程思政育人目标是引导学生思考代沟问题以及学习中国传统文化中的“孝道”。

本节课采用3种教学方法。①任务型教学。课上在每一个教学环节设置相应的任务，在保证严谨教学节奏的同时确保每个学生在课堂上注意力高度集中，提高教学效果。②交互式教学。通过启发式提问及建设性评价，创设以学生为主的课堂气氛，培养学生的参与意识。通过师生、生生的交互活动，让学生真正做到"学中用，用中学"，达到语言教学的最终目的。③情境式教学。选取电影片段《熊从山那边来》，进行配音大比拼，激发学生进行语言操练的热情，并采用肯定性和激励性的语言评价学生，树立英语学习的信心。

3. 思政教学过程

本节课主要通过阅读文本探讨代沟问题并学习中国传统"孝道"文化。课程思政的因素渗透并体现在包括泛读、精读以及语言操练等在内的所有的重要环节。

具体来看，首先，在泛读环节，本节课不会直接要求学生进入文本，而是通过播放国内外有关老龄化社会的报道以及宣扬"孝道"的公益片导入主题。分发*China Daily*上有关老龄化的社会新闻报道，使学生对中国的老龄化现象有所了解。分组讨论身边观察到的老龄化社会问题，并结合生活实际谈一谈与老人的相处中出现的问题以及解决办法。其次，在精读环节，在作者对母亲的病情进行描述时，补充阿尔茨海默病的科普短片，引导学生在扩充知识的同时分析文本。分析文章的写作特点和修辞手法，帮助理解文章主题。然后，在语言实践环节，选取了根据诺贝尔文学奖获得者爱丽丝·门罗作品改编的电影《熊从山那边来》，观看并配音，在操练语言的同时帮助学生更加直观地观察患上阿尔茨海默病的患者以及他们与家人的相处，使得学生更能共情老年人的精神世界，并思考如何与老人相处。随后，学习如何用英文来表述中国传统文化中的"孝道"，讲述有关"孝道"的故事，加深学生对传统文化的理解，增强文化自信。最后，布置课后任务。一是在蓝墨云班课中完成题为"假如我老了"的演讲；二是观看云班课中教师上传的视频，完成题为"代沟之我见"的命题作文并上传批改网。总而言之，本节课的所有重要环节均贯穿了"课程思政"的理念，以文本为中心，拓展主题，挖掘内涵，达到育人的理念。

五、结语

总体来说，通过教学实践可以看出，基础英语课程与课程思政建设是可以实现学科目标与育人目标的完美融合的。当代大学生思想活跃，接受新鲜事物的速度和途径都今非昔比。同时，他们不喜欢说教，为了教育而教育反而会招致反感。因此，对于英语课程而言，立足于文本做适当的拓展，挖掘文化内涵，结合时事热点与时俱进才是实施正途。

当然，基础英语课程的课程思政对教师本身的学科素养和人文素养提出了极高的要求。教育者先受教育。教师挖掘课程思政元素的广度、深度以及有机融入课堂的效果，与教师自身的思想水平和业务水平密切相关，只有坚持以德为先、专精授业的教育者才能担负起传道受业解惑的重任，才能帮助学生在精进专业的同时提高其思想修养和道德素质。作为北京联合大学课程思政的示范课程，基础英语课程在思政元素的挖掘方面仍然有很多需要精进的部分，在教学内容、教学方式、教学评价等方面挖掘与融合思政元素，结合英语学科特色进行全人培养的理论水平和实践能力还有待提高。作为英语专业教师，只有苦练课程思政三项基本功，深挖课程思政元素，有机融入课堂教学，坚持教育者先受教育，才能真正做到知行合一，学为人师，率先垂范。

参考文献：

[1] 陈华栋. 课程思政：从理念到实践[M]上海：上海交通大学出版社，2020.

[2] 楚国青，孙善学. 课程思政"三金"优秀教学设计案例[M]. 北京：首都经济贸易大学出版社，2020.

[3] 顾晓英. 媒体中的我们——聚焦上海大学课程思政（2014—2019）[M]. 上海：上海大学出版社，2020.

[4] 王英龙，曹茂永. 课程思政我们这么设计（人文社科类）[M]. 北京：清华大学出版社，2020.

[5] 翁铁慧. 大中小学课程思政一体化建设：整体构架与实践路径研究[M]. 北京：人民出版社，2020.

大学英语专业写作课程中的思政教学初探

甘治昕[①]
（北京联合大学师范学院英语语言文学系，北京 100011）

[摘要]课程思政对于培养德智体美劳全面发展的社会主义建设者和接班人具有重要意义。大学英语专业写作课程作为一门重要的专业基础课程，通过将课程内容与思想政治教育有机结合，可作为实施高校学生思政教育的一个重要载体。对于如何开展课程思政，实现立德树人的目标，本文针对英语写作课程的各个教学环节中进行一些有益探讨。

[关键词]大学英语专业写作；课程思政；有机融合

一、引言

2016 年 12 月，习近平总书记在全国高校思想政治工作会议上提出“要坚持把立德树人作为中心环节，把思想政治工作贯穿教育教学全过程，实现全程育人、全方位育人，努力开创我国高等教育事业发展新局面”。他同时强调：“要用好课堂教学这个主渠道，思想政治理论课要坚持在改进中加强……其他各门课都要守好一段渠、种好责任田，使各类课程与思想政治理论课同向而行，形成协同效应。”

作为实现立德树人中心环节和根本任务的有效途径，课程思政成为高校思想政治教育的重要载体。而大学英语专业写作课程是高校开设的一门重要课程，如何将英语课程内容与思想政治教育有机结合，实现思政教育目标，是教师必须思考和研究的课题。

二、贯穿大学英语专业写作课程的思政教育方法

写作是语言输出的一种重要形式，也是大学生英语综合能力的一个重要组成部分。英语写作课程作为英语专业的一门必修课，目标是让学生熟练掌握写作基础知识、英语文体的写作方法和技巧。教师在重视和加强英语写作教学的同时，如何做到与思政教育的有机结合呢？

首先教师要发挥积极性、主动性和创造性，把思想政治教育融入写作课程全部教学当中。在课程准备、授课过程和课后作业等阶段把思政教育潜移默化、恰到好处地渗透其中，

---

① [作者简介]甘治昕（1977—），女，北京人，硕士学位，北京联合大学师范学院讲师，主要从事英语语言学和英语学科教学方面的研究。

避免生搬硬套。其次在培养学生英语写作技能的同时,培养他们的中国价值观和中国思想,增强他们的理想信念,提升他们的人文素养以及帮助他们树立正确的人生观。

1. 在备课中积极发挥英语专业写作课的思政功能

通过写作,英语知识可以不断得到巩固并内化,为英语技能的全面发展铺路。Swain(1985)提出"可理解输出"假设,认为包括写在内的语言产生性运用,有助于学习者检验目的语句法结构和词语的使用,促进语言运用的自动化,有效达到语言习得的目的。这也就是英语写作课程不但可以训练学生遣词造句、组篇成章等语言技能,还可以起到强化他们英语修辞表达的能力和跨文化交际能力,同时还是研究如何表达思想的课程。

所以,教师在英语专业写作课程的备课期间,首先要准备好完成写作课程的教学任务,即培养学生掌握准确流畅的英语书面表达能力,开拓思维,丰富语言表达;能正确理解和掌握文章的写作知识与技巧,能够按照要求写出不同文体的文章。另外,还要认真梳理好教学内容,在讲授内容及知识点中充分挖掘思政元素,考虑教学内容和思想政治教育的融入点,并查找相应的背景资料来补充到备课内容中。

比如,英语写作需要强调英语基本功,准确运用英语修辞知识,而阅读有利于提高写作能力,开阔视野和思路。这就需要学生大量阅读英文材料,加强对英语国家语言、文学和文化传统的学习,为写作做好铺垫。那么在布置拓展阅读任务、选取阅读材料时,教师不仅要从文章的组织结构和语言入手,更应注意文字的思想内容,应选择符合社会主义核心价值观导向的阅读材料。

作为国家希望、民族未来的当代大学生有着多元化特征明显、个体意识较强等鲜明的特点,在校学习的几年正是道德体系逐步形成的关键阶段。教师须抛弃包含西方意识形态和错误思想的阅读材料,利用体现社会主义核心价值观的阅读文章来引导学生形成健康、积极向上的人生目标和价值观,摈弃个人主义、拜金主义、享乐主义等一系列错误价值观倾向。

此外,教师还可以经常性推荐和引导学生阅读 *China Daily* 等英文报刊、观看中国国际电视台(CGTN)等国内外媒体的英文网站,了解我国社会主义建设取得的成就,关注国家形势,在提高写作能力、掌握语言知识的同时,学习如何用英语写作技能讲好"中国故事",发出"中国声音"。

2. 在课堂教学中融入英语专业写作课的思政元素

通常很多写作课程的教学方式还采用以知识点传授为目的的教学模式,教师往往在课上过于强调语言的正确性,课堂上往往限于范文的讲解和仿写等知识点。其实教师可以对英语专业写作课程所讲授的内容进行有针对性的筛选和打磨,把课程思政建设理念有机融入课堂教学和人才培养中来。

在大多数情况下,英语写作教学中教师讲授的范文和写作素材多来自英美国家。同时学生在课上课下为提升写作的思想性,提高写作语言表达能力,往往会阅读相当多的各类英美原版材料和书籍,并加以引用和学习。但由于学生的思想和社会认知不成熟,其思想难免会受到部分书籍中西方错误价值观的影响,因此教师需要在课堂中坚持以思政的方式来引导学生树立正确的价值观。

例如,在讲授描写文时,关于地点描写文,教师可以将中国传统建筑与西方建筑进行对比,通过文字、图片、短视频等形式,展示出中西方建筑在外观上的不同风貌。我们都知道,不同的语言,表达着不同的思想,流露出不同的情感。而不同的建筑,则承载着不同的文化,体现着不同的信念。通过对比,学生不仅可以学到不同的词汇句式和描写方法,还能体会中国与西方的古典建筑各自不同的“艺术语言”,从而培养学生对中华传统文化的文化自信,激发学生的爱国精神和培养学生的民族意识。

又如,讲授议论文的教学目的是通过议论文写作培养学生批判性思维能力,帮助和指导写作主体对写作客体进行分析、推理和评价,提出观点,陈述理由,从简单的语言表达向高层次的思维水平转化。我们可以指导学生分析中西文化差异,引导学生对中西文化的异同进行思考、思辨,从而形成文化自觉。

3. 在习作选题时浸入思政理念

写作过程是一个创造发现的过程,需要写作者主动地调动思维并且有效地运用语言。学生要经历内容与结构构思、文本输出、修改与编辑等一系列过程。写作过程也是学生具体、充分地阐述自己观点的过程,写出来的语篇应是内容丰富、思想多样的。因此,教师可以把学生的英语写作过程作为一个很好的载体,将思想政治教育理念融入其中,从而实现立德树人、价值塑造、知识传授和能力培养的教学目标。

例如,在进行人物描写训练时,教师可以以我国的民族英雄为例,让学生通过查阅资料,了解他们的先进事迹,进而进行人物描写,潜移默化地进行思政教育。语言是情感与思维的表达,写作是沉淀情绪、整理思路、治愈心灵的方式。以“课程思政”为载体的写作任务,可以将思政教育的育人责任与专业课程的授业责任合理而有效地融为一体。

写作任务的主题丰富多样,常常以社会热点或贴近学生实际生活的话题为主题,涵盖社会、科技、文化、历史、经济等不同领域。教师在布置写作任务时可以选取有利于培养大学生理想信念、价值取向、社会责任的社会热点话题,也可以选择贴近学生实际生活的主题。在培养学生英语语言技能的同时,积极思考,丰富知识结构层次,拓宽视野,对话题进行深入的反思,从而引导学生建立正确的价值导向,培养学生的社会主义核心价值观。

三、结语

“课程思政”不同于思政课程,要结合专业特色,符合人才培养目标。大学英语专业写作课程要在完成教学大纲所规定的知识传授和能力培养目标的基础上,深入挖掘和融入思政元素。要发挥创造性,灵活运用教学方法,做到将知识传授与价值引领高度统一,将德育的元素融入课程的教学中。既不能以思政替代专业教育,也不能用思政教育冲淡知识传授和能力培养。作为英语写作课程教师,只有重视和加强教学与思政的有机结合,才能使大学生抵制住当今西方敌对意识形态、错误思潮影响,坚定树立社会主义核心价值观,作合格的社会主义建设者和接班人。

参考文献:

[1] 海娜. 英语写作教学的课程思政实施路径探析[J]. 校园英语,2020(38):17-18.

[2] 王录,吴越. 文化自信视域下英语专业语言文化类课程思政建设——以《跨文化交际》课程为例[J]. 上海第二工业大学学报,2019,36(3):216-222.

思政教育融入高校英语专业泛读教材研究

安玉青[①]

（北京联合大学师范学院英语语言文学系，北京 100011）

[摘要]教育部颁布的《高校思想政治工作质量提升工程实施纲要》强调，要大力推动以“课程思政”为目标的课堂教学改革，优化课程设置，修订专业教材，完善教学设计，加强教学管理，梳理各门专业课程所蕴含的思想政治教育要素和所承载的思想政治教育功能，融入课堂教学各环节，实现思想政治教育与知识体系教育的有机统一。英语专业泛读教材具有涉猎范围广、信息量大的特点，其文本内容所反映的英语国家文化背景、意识形态和价值观念等对学习者世界观、人生观和价值观的形成有着潜移默化的影响。通过重新梳理和补充英语专业泛读教材内容、修订教材以及开发校本教材等多种渠道，在教材中融入思想政治教育元素，有利于塑造学生的健全人格，提高学生的综合素养，是课程思政建设工作的有益探索。

[关键词]思政教育；英语专业；泛读教材

一、引言

2017 年 12 月，我国教育部党组在《高校思想政治工作质量提升工程实施纲要》中指出，要大力推动以“课程思政”为目标的课堂教学改革，优化课程设置，修订专业教材，完善教学设计，加强教学管理，梳理各门专业课程所蕴含的思想政治教育要素和所承载的思想政治教育功能，融入课堂教学各环节，实现思想政治教育与知识体系教育的有机统一。如今，“课程思政”理念已经受到高等院校的普遍重视，课程思政改革正在全国范围内的高校各专业课程中进行推广。英语专业课程不仅承载着大量的语言知识和技能，也蕴含了丰富的文化和价值等相关内容，这就为思想浸润和德育渗透提供了重要的途径和策略。而英语专业的学生在接触和学习英语的过程中，教材是必不可少的学习工具，会贯穿英语学习的始终。英语专业泛读教材具有涉猎范围广、信息量大的特点，其文本内容所反映的文化背景、意识形态和价值观念等对学习者世界观、人生观和价值观的形成有着潜移默化的影响。由此可见，深入探讨思政教育融入英语专业泛读教材的问题，对于推动英语专业课程思政建设工作，落

① [基金项目] 本文由北京联合大学 2020 年度科研项目“课程思政理念在高校英语专业泛读教材中的融入研究”资助，项目编号 SK20202010。

[作者简介] 安玉青（1975—），女，河北定州人。北京联合大学师范学院英语语言文学系讲师，博士，研究方向为英语语言学及教学。

实立德树人根本任务,具有十分积极的作用。

二、思政教育简述

1950 年 2 月,中华全国学生联合会通过了《中国学生当前任务的决议》(简称《决议》),第一次提出了“思想政治教育”的概念。该《决议》指出,中国学生“必须重视思想政治教育的学习,从而更好地掌握进步的文化科学知识,完成历史所赋予的任务”。这项《决议》明晰了思想政治教育是和文化科学知识相对应的领域,阐明了思想政治教育的内涵和任务。十一届三中全会之后,随着改革开放的深入以及学科专业建设的提出,思想政治教育概念才真正得到了进一步的明确和规范,逐步走上科学化、规范化发展的道路。“思想政治教育”逐渐成为规范性、统一性的术语,许多研究者开始从不同方面对思想政治教育概念作出分析和阐述,思想政治教育的概念也日益明晰起来。

思想政治教育是指一定的阶级、政党、社会群体用一定的思想观念、政治观点、道德规范,对其成员施加有目的、有计划、有组织的影响,使他们形成符合一定社会、一定阶级所需要的思想品德的社会实践活动。简单地讲,思想政治教育就是培养和提高人们的思想政治素质的教育。思想政治教育是我国社会主义现代化建设的重要组成部分,它的根本目的是不断提高人们的思想道德素质,促进人的全面发展。因此,我国必须广泛开展思想政治教育活动。

三、思政教育融入英语专业泛读教材的必要性

中共中央、国务院印发的《关于加强和改进新形势下高校思想政治工作的意见》中指出,高校立身之本在于立德树人。我国高等教育肩负着培养德、智、体、美、劳全面发展的社会主义事业建设者和接班人的重大任务,必须坚持正确的政治方向。目前,国际政治局势较为复杂,国际领域意识形态方面的斗争情况将更加激烈,西方存在一些敌对势力,他们对我国进行分化的图谋依然存在。因此,我国普通高校需要格外关注意识形态方面的工作,高度重视并努力确保将立德树人的任务落实到高校的所有课程之中。

2016 年 12 月,习近平总书记在全国高校思想政治工作会议上指出,把思想政治工作贯穿教育教学全过程,实现全程育人、全方位育人,努力开创我国高等教育事业发展新局面。他特别强调,要用好课堂教学这个主渠道,思想政治理论课要坚持在改进中加强,提升思想政治教育亲和力和针对性,满足学生成长发展需求和期待,其他各门课都要守好一段渠、种好责任田,使各类课程都要与思想政治理论课同向同行,形成协同效应。2018 年颁布的《普通高等学校本科专业类教学质量国家标准》进一步提出了外语类专业的素质、知识和能力培养要求,其中素质包括正确的世界观、人生观和价值观,良好的道德品质,中国情怀与国际视野,社会责任感,人文与科学素养,合作精神,创新精神以及学科基本素养。可见,把思想政治教育融入英语专业课程教学全过程,不仅是党和国家发展教育事业的殷切希望,也是培养中国特色社会主义事业合格建设者和可靠接班人的客观需求。

在专业课程教学过程中,教材是不可或缺的重要组成部分,教材服务于教学,是实现教学目标的重要载体和手段,对教学效果有重要影响。教材更是体现课程思政理念的物质载体,其质量高低对课程标准的实现程度有着不容忽视的直接影响。如果没有相应的教材作为依托,无论课程标准中课程思政内容所占的比例有多大,都无法很好地在教学实践中加以实现。在英语专业各类教材中,泛读教材的突出特点是取材广泛,内容丰富。以王守仁等主编的《泛读教程》为例,其内容呈百科知识性,涉及英语国家的社会、历史、文化、文学、艺术、宗教、政治、经济、科技、体育、环境保护、风土人情等各个领域。这些语言素材不仅包含了词汇语法这类显性知识,还涉及课文的文化背景、主题、价值取向和人物特点、思想内涵、文化修养、精神品质等隐性内容,会对大学生产生潜移默化的影响。所以,充分挖掘和运用思想政治教育资源,强化英语教材的内容导向作用,把思想政治教育融入英语专业泛读教材,对于指导新时代大学生树立正确的世界观、价值观和人生观具有非常重要的意义。

四、思政教育融入英语专业泛读教材的策略

将思想政治教育融入教材之中,就是要在加强教材建设方面下功夫,修订和编写符合中国特色社会主义理论和社会主义核心价值观的教材,体现思想政治引领作用。

首先,重新梳理和补充英语专业泛读教材内容。由于英语泛读教材的语言素材主要来自一些英语国家的期刊、报纸和书籍,相关文本主要讲述的是英语国家故事,传递的也主要是英语国家的文化特色、价值观念以及生活习惯等内容,这些作品不可避免地会对英美文化和价值观进行积极宣传,教材文本反映出的英语国家的意识形态、法律法制、伦理道德、婚姻家庭等方面的观点,难免会对学习和利用这些教材提高自身英语水平和技能的大学生的世界观、价值观和人生观产生一定的影响。从这个角度来说,教师在进行课程思政教学实践的过程中,对泛读教材内容进行重新梳理和补充显得极为必要。通过对教材的文本内容进行开发整合,深入挖掘教材文本中蕴含的思政元素,并适当补充一些有关中华传统美德及社会主义核心价值观的素材进行对比分析,把英语语言知识与思想政治教育结合起来,有意识地提高英语专业大学生的思想道德修养、厚植爱国主义情怀、培养为中国特色社会主义奋斗的理想信念,在潜移默化中逐渐提升学生的综合素质,从而实现对学生进行思想政治教育的目的。

其次,修订英语专业泛读教材,增加有关中国传统文化和优秀人物的语言素材。现有的英语泛读教材在选材时,为了确保语言的原汁原味特色,大多从西方报刊、书籍等资源中挑选合适的文本内容。这些语言素材往往在一定程度上反映出了西方特别是美国的文化精神及价值观念,而以中国文化为背景的文本内容相对来说是比较少的,这不利于增强学生的文化自信。文化自信是对中华优秀传统文化、社会主义先进文化以及革命文化的自信,它体现了一个国家对本土文化的价值和强大生命力的充分肯定。加强文化自信方面的教育,从国家和社会层面来看,有利于增强本民族的凝聚力、生命力和影响力,使中华民族屹立于世界民族之林;从高校的教育教学方面来讲,有利于增强大学生民族自豪感,塑造大学生健全人格。因此,在推进英语专业泛读教材修订和编写的过程中,将有关中华优秀传统文化和优秀人物的语言素材加入教材之中,适当增加反映中华优秀传统文化的文本内容在教材中的比

重，从而增强学生在跨文化交流中的民族自豪感和自信心，引导学生树立正确的世界观、人生观和价值观。

最后，加强英语校本教材建设，开发特色泛读教材。校本教材建设是指高校教师个体或群体，在学校课程设计的总体思路之下，根据自身特点和区域文化特色，充分利用校内外教学资源，自主开发和编写满足本专业学生发展需求的教材，包括教师编写的讲义、补充的阅读材料及正式出版发行的教材等。在高校英语专业泛读教学活动中，如果所用的教材无法满足或适用学情需要时，学校可根据学情并结合办学特色去建设校本教材。创编校本教材时，应力求并确保教材的科学性、全面性及实用性。例如：在开发特色泛读教材时，北京地区的高校可以结合本地的庙会文化、京戏文化等区域文化特色，在泛读教材中选用一定量的反映中华优秀传统文化的文本内容，既有助于传承地方文化，又有利于增强学生的文化自信。

五、结语

课程思政强调在专业课程教学过程中，加强对学生的思想政治教育工作，实现思想政治教育与知识体系教育的有机统一。教材是课程教学不可或缺的重要组成部分，是教学中的重要信息输入来源。英语专业泛读教材具有选材范围广、内容丰富、信息量大的特点，其文本内容所反映的英语国家的文化背景、意识形态和价值观念等对学习者世界观、人生观和价值观的形成有着潜移默化的影响。通过重新梳理和补充英语专业泛读教材内容、修订教材以及开发校本教材等多种渠道，在教材中融入思想政治教育元素，对于塑造英语专业大学生的健全人格，提高学生的综合素养，培养中国特色社会主义事业的合格建设者和可靠接班人具有特别重要的意义。

参考文献：

[1] 教育部高等学校教学指导委员会. 普通高等学校本科专业类教学质量国家标准[M]. 北京：高等教育出版社，2018.

[2] 温雪秋. 中国传统文化与大学生思想政治教育融合研究[M]. 北京：中国水利水电出版社，2019.

英语教学中的价值观“三寓”

王丽丽 ①
（中国音乐学院附属北京实验学校，北京 100011）

[摘要] 教育家赫尔巴德曾说：“教学如果没有进行德育教育，只是没有目的的手段，品德教育如果失去教学，就失去了手段和目的。”小学英语新课程的培养目标指出，要使学生具有爱国主义、团体主义精神，逐步形成正确的世界观、人生观、价值观，因而，德育不仅仅是思想品德课的教学任务和使命，还应该是各个学科教学的重要内容。那么，作为基础学科的英语教学，该如何更好地融入德育呢？英语老师应根据英语学科的特点和学生们的日常生活、个性特色，认真地挖掘，充分运用教材中的德育元素，有目标、有计划地对学生进行德育渗透。

[关键词] 小学英语；英语教学；德育融入

一、引言

很久以来，英语学科教学一向被作为单纯的应试教育的工具和交流的手段，因而忽视了其原本应具有的文化和价值观。语言是文化的载体，我们不仅仅应看重它的工具性，更应深入挖掘其人文内涵，通过语言学科基础教学来提升学生的文化素养和培育学生健全的人格，为他们树立正确的人生观、世界观和价值观夯实基础。

新一轮基础教育课程改革正在深入进行，一些新的教育理念正在逐步形成和完善。由此，人们也越来越重视德育工作的开展，并取得了显著的成绩。可是，在现实生活中，大多数英语教师们在应试教育的指挥棒下一味强化学生们的基础知识，给学生们单一地进行知识灌输、强化学生的解题方法，忽略了价值观在英语语言教学中的融入，从而导致很多学生出现“高分低品”的现象。而在我国，一些青少年学生中存在的品德扭曲、品德沦丧的现象，更是向全社会敲响了警钟。作为肩负着“教书育人”重大责任的教师们来说，应真正地认识到价值观的重要性，真正地行动起来，改变应试教育的局势，走到注重素质教育、以价值观为先的新课程轨道上来。

教育家赫尔巴德曾说：“教学如果没有进行德育教育，只是没有目的的手段，品德教育如果失去教学，就失去了手段和目的”。《义务教育英语课程标准》（2011 年版）明确指出：英语课程既要重视培养学生的语言基础知识和基本技能，也要注重优化学习过程，引导学生

① [作者简介] 王丽丽（1985—），女，汉族，北京人，小学英语教师，硕士学位，研究方向为小学英语学科教学。

形成有效的学习策略和一定的文化意识，培养积极向上的情感态度和价值观。因此在教学中，教师不仅仅要传授知识，而且还应当关注每个学生的情感、态度变化，培养他们树立正确的人生观、价值观；教师要利用专业知识，利用一切可能的机会让学生在学习语言时汲取情感素养的精华，从而接受品德教育，形成美好的心灵品格。

价值观是指个人对客观事物（包括人、物、事）及对自己的行为结果的意义、作用、效果和重要性的总体评价，是对什么是好的、是应该的总看法，是推动并指引一个人决定和采取行动的原则、标准，是个性心理结构的核心因素之一。它使人的行为带有稳定的倾向性。价值观是人用于区别好坏、分辨是非及其重要性的心理倾向体系。《义务教育小学英语新课程标准》明确将知识技能、情感态度和过程方法三维教学目标统一于一体，这充分体现了以人为本科学施教的教育新理念，那么该如何更好地在英语教学中对学生进行价值观融入呢？

二、寓价值观教育于教材之中

对学生进行价值观教育最直接的体现就是教学内容。教师通过研读教材、梳理各单元知识点、建立各单元之间的联系以及进行相同年级不同版本教材的对比等，对学生进行价值观教育。

如在北京版小学英语三年级上册第10课授课时，通过观察图片学生得知尽管外面下雨，但是Lingling非常开心，因为她可以穿她的新雨衣，由此教师问学生：Are you happy if it's rainy outside? 很多学生回答No.原因是他们不能去外面玩。教师认为此时是对学生进行教育的最好时机，因此教师马上给学生展示了很多关于天气的图片，通过让学生观察不同种类的天气，意在向学生渗透，我们生活在这个世界上，不管什么样的天气我们都要经历，So we should love our nature.（我们要热爱大自然）。通过这样的教育，很多学生频频点头，这时当教师再问What kind of weather do you like? 有的学生回答I like windy days. I like snowy days.等。这样，学生既巩固了所学内容，又受到了热爱大自然的思想价值观教育。

三、寓价值观教育于教学活动之中

苏霍姆林斯基说过："美是一种心灵的体操，它使我们精神正直，良心纯洁，情感和信念端正。"应为孩子们创设一个真、善、美的情感空间，使他们在语言学习的同时，把握情感品质的内化力量，让他们在语言的天空中感受纯我本色。北京版小学英语三年级（上、下册）教材主要以节日为主要教学内容，每个月通过学习不同的节日，如Teachers' Day, National Day, New Years' Day, Mother's Day等，对学生进行不同程度的思想教育，培养学生理性的情感态度，树立正确的价值观。

在进行三年级下册Mother's Day授课前，笔者进行了课前调研，通过对全班学生问卷调查的形式问学生准备送妈妈什么礼物，全班有55.88%的学生表示送自制贺卡能够表达他们对母亲的热爱，因此笔者就在教学活动中设计了制作贺卡这个环节，用PPT（幻灯片）展示一些祝福的话语供学生挑选，背景音乐为*Mom, I love you*! 全班学生拿出准备好的制作贺卡工具，在课上为妈妈制作贺卡，最后一个环节是展示贺卡，很多学生都制作出了精美的贺卡，然后为同学讲述自己制作卡片的理念。这个活动不仅提高了学生的动手操作能力，更重要的是学生通过亲手制作贺卡，更能表达他们对妈妈的热爱，从而强化了思想情感教育。

四、寓价值观教育于实践体验之中

教育家赫尔巴特说过：“教学如果没有进行德育教育，只是没有目的的手段，品德教育如果没有教学，就失去了手段的目的。”因此，我们要时刻在教育中渗透品德教育，让我们的教学能丰富学生的知识、提升学生的思想水平、净化学生的灵魂。

在北师大版小学英语教材三年级下册 Unit 11 故事教学中，以 Ken 的身体状况为线索，呈现了询问他人身体状况的表达方式。以 Ken 吃了 green berries 为引子，以 Mocky 关心并询问 Ken 的身体状况为线索，介绍了 Uncle Booky 为 Ken 看病的经过。故事情节不复杂，与学生日常生活密切相关，为了有利于学生的理解记忆，提升学生关心他人的观念，教师在此处设计了表演对话和创设情境、创编对话的活动。学生以小组为单位分别扮演故事中的 Ken、Mocky、Uncle Booky，在表演中体会 Mocky 对 Ken 的关心，这样既复习巩固了询问别人身体状况的表达法及其回答，同时也帮助学生体会到关心、帮助朋友的快乐；在创编对话环节，教师为学生设定一个某人受伤的场景，请学生根据场景创编对话。学生们参与的积极性非常高，不仅运用了重点功能句 How are you today? I'm not well. 等进行问答，同时一些优秀的学生还添加了 You should drink more water. 等句子，达到了灵活运用句子的目的，更为重要的是学生在参与小组活动的过程中体验到了关心他人给自己带来的快乐。

五、师生齐参与，同做高尚人

教师不仅是学生知识的传授者，同时也是学生的榜样，学生为人处世的楷模。教师要求学生做到的事情，自己必须以身作则，以自己的表率教育学生为人处事，要求学生进行道德实践必先要求教师先践行，同时教师的情感、品行、仪容仪表等，都会对学生产生潜移默化的影响，所以教师更要加强自身的修养，以自身的高尚道德影响学生。为学生创设一个好的环境、好的氛围，营造一个融洽和谐的学习环境，互尊互敬，这样才能将良好道德修养的雨露洒向每一个学生，深深渗透到学生心中。

立足实际问题探索社会主义核心价值观教育的实践机制

康琪①
（对外经济贸易大学附属小学，北京 100029）

[摘要]党的十八大以来，党中央高度重视培育和践行社会主义核心价值观。习近平总书记多次作出重要论述、提出明确要求。新时代背景下培育和践行社会主义核心价值观需要进一步探索创新培育教育模式，让社会主义核心价值观教育真正落地落实，走进每一位儿童的心里，融入儿童生活，引领学生成长。

[关键词]社会主义核心价值观；教育创新模式；实践探索

习近平总书记在十九大报告中指出，培育和践行社会主义核心价值观。长期以来学校非常重视社会主义核心价值观的教育，从校园环境、班级文化、学生行为习惯养成及各类主题教育实践活动多角度多层面开展落实，但是效果却不佳，成效不够显著。经过调研发现师生、家长对于社会主义核心价值观的认知度达到100%，但是能够在生活中真正践行，做到内化于心、外化于行的不足。

其次在与教师进行调研交流的过程中，发现教师对于核心价值观学习与实践的内部动机不强，大部分教师仅把社会主义核心价值观教育当成教学以外的一项任务，不能深刻认识到这是落实立德树人根本任务的基本要求。在具体践行与培育过程中，主要表现为教师的主动性、自觉性、积极性和创造性不强。出现了价值观教育与学校常规教育活动“两张皮”，没有真正落细落实、入心入行，存在知行脱节的现象。

针对以上发现的问题，学校组织相关干部、教师进行了专题研究分析，并邀请专家进行指导，围绕以下三方面开展探索与实践。

一、以文化育人为抓手，立足学生实际生活，营造浓郁育人环境

学校将培育与践行社会主义核心价值观教育工作融入学校文化建设，通过环境营造浓厚的学习氛围，让社会主义核心价值观教育覆盖学校的全领域。通过加强学校文化建设，实现以文育人、以文化人。将社会主义核心价值观融入校园的物质文化、精神文化、制度文化之中，建设能体现文化传统、时代特征、区域特色和学生特点的学校文化。尊重小学生的主

① [作者简介]康琪（1986—），女，汉族，北京人，德育主任，二级教师，研究方向为思政课程与德育管理。

体地位，完善学校日常规范、制度，形成良好的校风、教风、学风，营造自由、平等、民主、友善、和谐的学校文化氛围。

日常生活是核心价值观教育的肥沃土壤，学生需要在真实生活中感知、体验与践行核心价值观，把认知要素、情感体验与行为统一起来。加强有意识融入设计，为了进一步立足学生日常生活，破解核心价值观教育的知识化与简单化，学校将核心价值观纳入班级文化建设，每个班级建立自己的班级文化，实现班班有班名、班训、班规、志愿服务岗等。在班级文化建立的过程中，引导班级学生从实际问题出发，将核心价值观与班规的制定，转化形成具体、鲜明、清晰的行为习惯要求。同时为了进一步落实劳动教育、志愿服务课程，学校将开放公共区域承包给每个班级，由每个班级进行管理整理，并制定规则，增强学生主人翁意识的培养。

同时将社会主义核心价值观教育与学校开展的丰富的主题实践活动深入结合，打造出不断升级革新、富有活力与生机的校园生态环境，让校园成为师生共同的精神乐园。为了进一步促进学生价值认同，破解核心价值观教育的外在化与口号化，在尊重学生主体性的基础上，把教师的价值引导与学生的自主构建结合起来，形成价值认同，让学生从内心悦纳社会主义核心价值观。我们在每个班开展社会主义核心价值观创意大赛，从各班的海报设计中，可以惊喜地发现，从儿童视角出发，解读出来的核心价值观较学校统一规定动作的解读更加生动，易于学生理解，同时也成为校园文化独具魅力的亮丽风景。

二、基于儿童认知发展规律，开设多学科融合的核心价值观课程

建设一所与世界对话的学校是学校的办学愿景，在学校的对话教育理念中，我们将每一名儿童看作需要走向生活的人、文化遗产中的人、生活世界的人、时代中的人、世界背景中的人。课程是融入与浸润核心价值观教育的主要路径，在实践的过程中我们发现，核心价值观教育不需要另起灶炉，学校生活中的一切都是价值观教育的素材与资源，学校教育中的每一门学科、每一种教学方法、每一个偶发事件都孕育着价值观教育的可能。在落实立德树人根本任务的过程中，学校不断发掘课程育人价值，增强课程育人实效，开展多学科融合的主题实践特色课程。

1. 在日常课堂教学中浸润核心价值观教育

日常的课堂教学是核心价值观教育的主渠道、主阵地，应发挥课程育人的功能，打破学科壁垒，整合不同学科，积极发挥德育课程的价值引领作用，强调核心价值观教育的全员性、全程性与全域性。一方面引导学科教师深入挖掘自身学科的价值教育资源，另一方面让儿童站在课堂的正中央，全学科范围内开展一分钟对话课程，根据课堂需求创建设计课堂手势语，形成了特色鲜明的对话课堂文化。教师依据学科内容、核心价值观教育、学校月度主题教育开展设计学科一分钟对话内容，每节课由学生进行一分钟对话课程展示，展示形式多种多样，学生在对话自己、对话他人的过程中让核心价值观入心入脑，激发学生自主学习动力，形成强烈的情感共鸣与场域。课堂手势的贯彻运用让其成为师生共同的语言密码，小小手势的背后折射出的是对话教育中对自己、对他人的尊重，体现出核心价值观教育的落地落实。

此外，学校构建了阅读、语言、艺术、科学、运动五大课程领域，形成了《在阅读中与世界对话》《在科学中与世界对话》《在艺术中与世界对话》《对话·健康》《法眼看世界》等校本读本，通过多元课程、共享资源、共育成长的路径，培养儿童对自然、他人、自己的尊重情感，从而促进儿童的可持续的全面发展。

2. 以专项研究激发学校核心价值观教育活力

社会主义核心价值观教育要体现时代新要求，把最新的理论成果运用到教育之中，只有这样，社会主义核心价值观教育才能永葆旺盛的生命力。培育和弘扬社会主义核心价值观必须立足中华优秀传统文化。在学校党支部的引领下，围绕党建专题项目“在世界对话理念下坚定文化自信的实践与探索”，开展社会主义核心价值观专题研究，帮助学生深入学习社会主义核心价值观的内容，从感恩、诚信等教育入手，深入开展中华传统美德和革命传统教育。全体教师共同编辑完成《爱国情、报国志、强国梦》社会主义核心价值观校本读本，从学生视角出发，以漫画形式呈现，引导小学生通过学习、弘扬优秀民族文化，继承传统美德，以增强文化自信和核心价值观自信，受到了学生们的喜爱。

3. 打破壁垒，构建无边界、立体化核心价值观教育模式

《关于深化教育体制机制改革的意见》中提出，要健全立德树人系统化落实机制，要构建以社会主义核心价值观为引领的大中小幼一体化德育体系。作为大学的附属小学，积极探索发挥集团化办学优势，充分发掘大学资源，以大中小思政一体化研究为契机，梳理各学段价值观教育要点要素，形成系统化、科学化、阶段化的育人模式，从而促进学生的全面发展。

三、整合教育资源，强化协同育人，凝聚核心价值观教育力量

“大学中的小学、小学中的大学”是学校不断追求与奋斗的目标，学校整合街道、社区的周边资源，构建课程资源与活动实践资源库，努力形成优势资源共享的教育氛围。党员教师带头，带领学生走进社区进行榜样宣讲与志愿服务活动，学校学生艺术社团受邀多次参加社区街道文化活动。家庭是重要的教育阵地，是孩子的第一所学校。教育从来都不是单方的，只有家庭与学校的结合才是最完备的教育，只有家校共同携手才能让每一个孩子成长为最好的自己！

家长不仅是学校课程的参与者，更是课程的设计者，学校在进行学科课程及主题实践课程开发过程中，一定会邀请家长参与，征求家长的建议与创意，这样既能提升课程效果，也是课程评价的重要方面。此外，学校建立家长课程资源库，整合家校课程资源，开设以家长为主导的课程，例如亲子共读课程、运动健康课程、法治教育课程等。

学校的法治校本读本《法眼看世界》、惠心杯书法比赛、运动会、戏剧节、玻璃画、志愿服务课程等都邀请家长参与设计，逐步探索出了一系列适合学校的家校合作模式，使家校合作从最初的低层次参与变成为学校奉献课程等高层次的参与及参与学校决策等组织上的合作。同时开展年度十大榜样家长评选，好家长评选，通过学校的宣传平台传播榜样家长、好家风、育子故事等。

聚焦“核心素养”　落实“立德树人”
——英文绘本与英语教材的整合
“绘出”英语课堂教学的精彩

门凤军①
（北京市石景山区北方工业大学附属学校，北京 100043）
张丽伟②
（内蒙古赤峰市宁城县天义第三实验小学，内蒙古 024200）

[摘要]英语课堂是教学实践的主阵地，教材是英语教学的一个显性抓手。在核心素养时代，教学离不开核心素养的培养；探讨核心素养的培养，离不开对课堂教学的深入研究。本文结合新目标教材一个阅读课例，从聚焦英语核心素养的阅读课教学设计的视角作一点探讨。教师将教材和绘本进行整合，既优化了教学的模式，注重教材与阅读的过程，又补充、开发了课程资源，激活了学生的元认知；教学设计既基于文本又超越了文本，从而，不但训练了学生的思维品质，拓展了学生的学习文化视角，提升了学生的全球视野，而且还实现了教材与绘本教学中的德育渗透与跨界融合，更好地培养了学生综合语言运用能力，促进了心智发展，提高了核心素养。

[关键词]课程标准；教材绘本整合；思维品质；语言文化；综合语用；核心素养

绘本一词来自日本，英文名称为 Picture Book，指的是文字与图画相辅相成的图画故事书。英文绘本以图画精美、颜色绚丽，故事简单深刻，富有极强的吸引力，深受学生们的喜爱。绘本教学在国外已被广泛运用于语言教学中，并取得了显著的成效。将英文绘本与教材加以整合引入英语课堂教学课堂，通过操练，将知识潜移默化、更为自然地输入学生头脑当中，达到“润物细无声”的效果。

《义务教育英语课程标准》明确指出，英语课程应根据教和学的需求，提供贴近学生、贴近生活、贴近时代的英语学习资源，创造性地开发和利用现实生活中鲜活的英语学习资源，拓展学生学习和运用英语的渠道。因此教师要结合实际教学需要，创造性地使用教材，并尝试创编绘本，使国家课程校本化。

① [作者简介] 门凤军（1972—），男，汉族，北京人，德育主任兼英语教师。

② [作者简介] 张丽伟（1984—），女，蒙古族，内蒙古自治区赤峰市宁城县人，教学副主任兼英语教师。

一、引言

目前,由于我国大部分的英语教学受到教材内容和形式的影响,对于调动与激发学生学习英语的兴趣与热情,提高和发展英语的能力和水平以及对于提升和发展学生的核心素养与促进学科的融合都产生了不同程度的制约和影响。

如何才能改变这一现状,既能激发学生的英语学习兴趣,又能提高学生的语用能力,还能发展学生的核心素养呢?通过调查、研究、分析,在我校英金然老师的带领下,我们开展了"英文绘本和北京课改版教材进行整合"课题研究与实践。

将绘本教学与北京课改版教材进行整合的研究有必要。根据我校学生的实际情况,在英金然老师的带领下,我们将外研社"领先阅读-X计划"和"大猫英语分级阅读"绘本与北京课改版小学英语教材进行整合。自课题开展实施以来,通过课堂资料收集整理和课堂教学实践,无论在培养和激发学生学习英语的兴趣与热情,还是在提高学习英语学习能力、拓展学科融合,全面提升学生综合核心素养方面,都取得了一定的成效和成绩。这一课题的开展,对于我校"优势成长教育"的发展与提升,以及进一步深化"九年一贯制"办学,都产生了积极的作用。

二、关于北京课改版小学英语教材与绘本"领先阅读-X计划"的整合

《英语课程标准》(2011版)提出,英语学科的核心素养包括语言能力、学习能力、思维品质和文化品格。英语课程应强调学习过程,重视语言学习的实践性和应用性,教师应尽可能地为学生创设在真实语境中运用语言的机会。通过英语学习,使学生形成初步的综合语言运用能力,促进心智发展,提高综合人文素养。依据《英语课程标准》(2011版)的二级学习策略中提出的学生可以在词语与相应事物间建立联想、积极运用所学英语进行表达和交流,结合我们课题的研究方向和宗旨,教师从学生已有的知识出发,并通过对教学方式和学习方式的变革,注重学生理解文本,通过联想、猜测等方式培养学生的创造性思维,让学生的英语思维得以锻炼的同时,也为学生的学习和发展提供丰富多彩的教育环境和有力的学习工具,让学生有更多自主学习、自主探究和合作学习的机会。

小学阶段英语教学的目的是激发学习英语的学习兴趣,培养学生学习英语的积极性,使他们树立学习英语的自信心,同时培养学生一定的语感和良好的语音、语调基础,为进一步学习打下基础。绘本的介入,其实就是故事性教学的一种模式,将绘本与教材加以整合,在极大地调动学生学习积极性的同时,也对丰富和拓展学生学习英语知识起到了不可估量的作用。

本文将笔者曾经执教的北京课改版三年级下第三单元 Unit 3 – I like jiaozi best. – Lesson 10 与外研社"领先阅读-X计划-Level 3" –《Yum!》整合为例,来探讨如何基于绘本关注学生英语学科核心素养的培养。

"领先阅读-X计划"是一套分级读物。它是全国教育科学"十二五"规划2011年度教

育部的重点课题“中国小学生英语分级阅读体系标准研制”的配套实验教材。《Yum!》是外研社“领先阅读 X 计划”分级阅读 Level 3 中的绘本故事。《Yum!》是一本百科类图书。绘本讲述了学生在日常生活中常见的一些 FOOD &DRINK,在他们谈论是否喜欢的同时还引导学生了解其生长、生活环境,并通过课后完成作业等形式初步了解它们都是由什么制成的。通过本课学习,继续培养和激发学生学习英语的学习兴趣与热情;继续巩固、操练北京课改版小学英语 Unit 3- I like jiaozi best.- Lesson 10 课中涉及的单词、短语和功能句型,渗透情感态度价值观,从而逐步发展学生的语用能力和提升学生的核心素养。

北京课改版三年级下第三单元的单元话题“Talking about food and drinks”,教学内容包括三组功能句型:

1. Do you want...?　Yes, please. / No, thanks.(询问他人是否想要“吃喝”什么东西及回答);

2. What's your favourite...?　It's.... I like...best.(询问对方最喜欢的食物及饮料是什么及回答);

3. May I have..., please?　Sure.(提出自己的需求以及委婉礼貌的回答。)由于学生在一二年级已经学过了 bread, milk, egg, rice, noodles, ice cream, orange, hot dog, chicken, dumplings, banana, apple, fish 等词汇,还学过了“Do you like...?”; “I like....”等公共功能句型,这些都对新知识的学习起到了支撑的作用。本单元具体安排如下。

	功能句	词汇
Lesson 9	Do you want...? Yes, please. / No, thanks.	some biscuits; some chocolates, the sweet potatoes; a pancake; wonderful; any; banana
Lesson 10	What's your favourite food? It's...I like...best.	favourite; food; great; jiaozi; noodles; fried fish ;meat ball; stay; together; making jiaozi; in the kitchen
Lesson 11	May I have...? Sure.	a cup of milk tea; a cup of green tea; a cup of black tea; apple; drink; may; sure

本课时共包含 Listen and say, Let's act 和 Let's say 三部分。Listen and say 部分是 Lingling 到同学 Guoguo 家里做客的场景。两人互相询问对方最喜欢的食物,发现相同的爱好。Guoguo 邀请 Lingling 留下来一起吃饺子。当 Guoguo 告诉玲玲他的爸爸正在厨房做饺子时,Lingling 主动提出了帮忙的建议。本环节重点学习的单词是: favourite ,together,需要理解的单词和短语是: have jiaozi, making jiaozi, in the kitchen;重点学习和操练的功能句子是: What's your favourite food?　It's...I like...best. 理解的功能句子是: How about you? 根据教学内容特点,将采用 PPT、自制绘本等帮助学生发现问题、解决问题,提高课堂实效性。

Let's act 部分是对于本课重点句型“What's your favourite food ?”“It's...I like...best.”进行巩固练习。教材中呈现日常生活中常见的食物: jiaozi, noodles, fried fish and meat ball,帮助学生进行句型替换练习。为给学生创设更丰富的语言操练素材,利用 PPT 通过“The Food Pyramid”帮助学生继续巩固和操练本课功能句型。通过操练,将知识潜移默化、更为自然地输入学生头脑当中,达到“润物细无声”的效果。

Let’s say 部分是关于“List the food and drinks”的调查表。由于时间关系，本部分将作为作业回家处理。

拥有了这些资源，再审视自己所教的教材，看哪一种阅读材料与自己所教的话题相吻合，可利用其创造和改编，使之成为与学生学习进度相匹配、学生爱读的绘本。

鉴于绘本教学不可能也不能够作为独立的一门课程向全体学生教授，不同类型的教学内容对于不同的师生，应有不同的话题形式，同一本绘本，对于不同教师、不同教学对象，也应该呈现出不同的教学设计。如果我们在接触到每一本绘本的同时，都能联系教材，联系教学对象仔细地潜下心来思考，巧妙复现学生已经学过的语言，并适度拓展少量的新词句，使绘本内容可学、易学又值得学，这样，在不增加学生课业负担的前提下，我们将绘本和北京课改版小学英语教材中的某个或某些话题结合起来学习，经过整合，将其当成教学过程中的一个部分，在纯正的语言世界里使用语言，探索语言世界的奥秘，在美妙的语言境界中遨游，拓宽视野，给孩子们带来丰富的知识、想象的空间、兴趣的激发、核心素养的培养与发展以及英语语用能力的提升，同时还能让学生自主积极地参加到整个英语的课堂教学里面。同时，在课堂的教学活动中，通过图片和文字这两种媒介不同程度上的交织、互动，不但可以感悟语言、提升能力、发展素养，达到学习语言的最终目的，还可以培养学生审美能力、创新意识和想象力等综合素质。

三、文化视角——阅读教学关注语言文化，培养全球意识

通过将教材与绘本的整合，不但可以拓展英语阅读教学的深度和广度，大量阅读难度适当的各类英语材料，还可以增加学生词汇量、丰富文化背景知识、增强学生对英美文化的了解，能有效提高阅读速度和理解能力，增强语感并提高语言运用能力。

语言是文化的组成部分，语言是文化的重要载体，是学习文化的主要工具，是核心文化的表现，语言与文化有密切的联系。《英语课程标准》定义了语言学习的过程是“提高跨文化意识的过程”，确定了基础教育阶段英语课程的任务之一是“帮助学生了解世界和中西方文化的差异，拓宽视野，形成健康的人生观”。同时，《英语课程标准》指出文化意识是“得体运用语言的保证”。教师要善于利用教辅和教材中的背景知识进行文化背景渗透，在教学中潜移默化地培养学生对英美文化的敏感性和洞察力，并加深对本国文化的了解与传承，发展学生跨文化交际的意识，提高其对英美文化的感悟，同时牢固树立本民族和自己国家的文化自信。

四、结语

赫尔巴特曾经说过：“教学中如果没有德育渗透，那它只是一种没有目的的手段；德育如果没有教学，就是一种失去手段的目的。”课程是教育思想、教育目标和教育内容的主要载体，是学校教育教学活动的基本依据，直接影响人才培养质量和心智的启发。因此，教师要充分认识全面深化课程改革、落实立德树人根本任务的重要性和紧迫性，德育教育应注意

全科性、全员性。教师应善用教材，灵活、机智地将价值观渗透到课堂教学环节中。同时，阅读还是获取信息的一个重要手段，是学生语言输入的重要途径。因此，教师在阅读教学过程中既要优化教学模式，注重阅读过程，激活元认知，又要基于文本、超越文本，从而提升思维品质。

总之，教材与英文绘本教学的有机结合，不仅能够使学生通过小学阶段的英语学习促进其心智发展，塑造健康品格，培养英语语言思维能力，培育国际视野与国际理解情怀，还能在听绘本、读绘本、演绘本、创绘本的过程中发展语言综合能力，关注自身情感体验，提升多种思维能力。通过多方面的教育教学方式，不断为学生提供丰富多元的学习资源。在绘本教学中以教师为主导，学生为主体，通过课堂与课后的联动学习，使学生在学校的特色校本课程中提高自身的英语学科素养，进而培育更多具有国际视野的高素质人才。

英语师范专业课程教学研究

基于智能化平台的“英语写作”课程线上线下混合式教学模式研究

赵雪[①]

（北京联合大学师范学院，北京 100011）

[摘要]本研究探索在智能化平台高度发展的时代背景下，针对英语写作课程混合式教学改革探索，如何将多元智能化平台的优势融合到课程教学中，打破英语写作传统教学模式，提高英语写作课程教学时效性，助力学生英语综合能力的提高。

[关键词]智能化；混合式；线上线下；英语写作

一、引言

“英语写作（Ⅰ）”课程是以英语专业本科一年级的学生为主要教授对象的一门专业选修课程。主要教学目标是帮助学生掌握英语写作基础知识和基本技能。通过本门课的学习，学生应当能够认知作者的写作目的，逐步从汉语思维转向英语思维来进行英文写作，并且可以从多角度思考问题，激发写作兴趣，为中高级写作打好基础。

在大数据时代背景下，智能化平台以其迅捷性、多元性、互动性等优势极大弥补了“教师讲、学生写、教师阅、课堂评、学生改”的传统英语写作教学模式的弊端。线上线下混合式英语写作教学模式综合了传统教学模式和信息化网络学习的优势，打破了时间和空间的限制，有利于培养学生自主学习能力，提升教学实效。

中共中央国务院发布的《关于深化教育教学改革全面提高义务教育质量的意见》中明确指出，“融合运用传统与现代技术手段，重视情境教学；探索基于学科的课程综合化教学，开展研究型、项目化、合作式学习”。《大学英语课程教学要求（试行）》也指出：“新的教学模式应以现代信息技术，特别是网络技术为支撑，使英语的教与学可以在一定程度上不受时间和地点的限制，朝着个性化和自动学习的方向发展。”

二、结合课程性质，取多平台优势，构建线上教学平台

由于英语写作课程属于实践类课程，主要指导学生运用教师讲授的写作技巧进行练笔，

---

① [作者简介] 赵雪（1979—），女，天津人，副教授，硕士，主要从事英美文学和英语教学方面的研究。

指导学生深度思考,相互交流。课程质量和教学效果的高低取决于学生在学习过程中的时间和智力投入,以及教师对学生的指导、点评和反馈。在教学过程设计上,开展线上线下混合式教学,实现从教师教,学生学,到教师领学,学生主动学的转变,让教学和学习方式发生彻底的转变。

因此,本课程为便于学生自主学习以及开展课堂活动,通过云班课设计课前、课中、课后的讨论答疑和作业测试等活动;选择作文批改网,提高学生学习积极性,每周布置一篇,让学生积极实践。

教师提前将最近一次课的"学习目标和任务单"、辅助学习材料上传至云班课资源平台,便于学生提前预习上课内容、完成课前任务、作好上课准备。

学生在上课前,教师与学生约定在讨论答疑专区或云班课通过私信、微信等方式,就预习自学过程中不懂的问题提前向老师或同学提问,教师则针对学生普遍反映的问题,在教学直播时予以回应。

借助云班课,教师可以动态调查学情。例如,开课前,教师通过云班课的"头脑风暴"对学生已有写作能力、写作习惯进行摸底,以便针对学生需求开展线上教学。

通过学生课堂互动、作业、测试等反映出的问题,适时进行阶段性设计的学习情况反馈。

三、基于智能化平台的混合式教学实施

(1)教师可利用云班课发起签到,尤其适用于班级人数较多的情况,既节省点名时间,又便于记录出勤情况。

(2)灵活机动地运用云班课的头脑风暴功能。例如适逢"五一"放假前的一次课,可设计"五一假期你有什么计划?"的头脑风暴,既可作为破冰活动,拉近师生关系,引发讨论,让大家积极分享"五一"规划;又利于了解学生"五一"期间自我学习情况,便于调整假期结束后的教学活动。通过头脑风暴活动,发现多数同学具有较强的学习自律意识,均表示要用一半假期对前半学期的知识进行一个大复习。由此,节后第一次课可根据本周课堂内容设置课前测验,对学生课下复习情况进行检测。

(3)教师在设计互动活动时,如在线回答问题、小组讨论等,可结合所学知识分析最近发生的时事新闻,选取案例或者结合学生比较感兴趣的话题展开讨论和写作。

(4)智能化平台在课堂内外的运用。

①课内。见下表。

教学步骤	教学者活动	学习者活动	实现平台和途径
导入	通过思维导图形式,与学生共同归纳总结前期学习内容,引出本单元学习目标	互动讨论	线下
学习目标	介绍本单元学习内容和学习目标	教师讲授	线下
前测	为检测学生对原有知识的复习和课下预习的效果,通过头脑风暴的形式,引发讨论	参与活动	云班课平台:头脑风暴

续表

教学步骤	教学者活动	学习者活动	实现平台和途径
互动式学习	教师对课堂教学内容进行讲解，重在讲授课程重难点，同时补充与课本直接相关的内容，特别是结合最近的事例来辅助学生对知识点的理解，对于纯知识性、记忆性内容则简单带过。对前测反映出的问题重点讲解，促进学生对知识点系统深入地掌握。重点放在采取现场提问，直接解答讲解的方式。 在讲授过程中，每隔15分钟左右，教师通过云班课课堂参与功能，随机选人和手动选人，以及通过抽签软件或小组讨论环节，方便学生回答问题和参与讨论。一般由三到四名同学回答，再由教师进行点评和延伸说明	互动讨论	线上（云班课）线下
后测	对交互讨论的知识点，把控学生课堂学习效果	学习检测	云班课平台
总结	对知识点和后测反映出的普遍问题进行总结；布置本周作业并确定在线答疑方式	互动讨论	线下

（2）课后。

a. 批改网。鉴于英语写作是一门实操性很强的课程，需要学生经常性练笔方能将课堂所学知识融会贯通，学以致用。因此，在评价学生习作方面，教师可以借助句酷批改网对学生的写作训练进行全程指导。批改网为英语写作教学提供了丰富的优质资源，它能够基于语料库和云计算，对英文写作进行智能化测评。教师事先从题库选题或自定义作文要求，形成作文号，告知学生。要求学生在指定时间内，按要求提交作文。系统通过比对学生习作和标准语料库，在几秒内就可以形成一份详细的习作分析报告，包括语言、语法、内容、结构等方面。学生可以在截止时间之前，根据批改网的分析，多次修改提交习作，从而提升作文质量和写作能力。

b. 云班课。教师发送课堂教学重点、授课PPT或图片材料，方便学生复习。告知学生通过云班课讨论答疑平台、云班课私信等途径，可随时开展答疑活动，并鼓励学生能够在平台互相帮助，答疑解惑。线上答疑，由开始的教师解答到学生自我解答，学生主动参与，积极思考，踊跃发言，促进了课堂教学效率和效果的提升。

在大数据时代，基于智能化平台的英语写作课程的混合式教学模式是提高教学有效性的重要途径，利于构建师生共同学习、参与、讨论和分享的教学模式，能在真正意义上把课堂交给学生，提升学生课堂参与度，极大提高了学生的学习兴趣和课堂关注，培养学生形成创新意识和自主学习能力。

参考文献：

[1] 陈坚林. 大数据时代的慕课与外语教学研究：挑战与机遇[J]. 外语电化教学，2015(1)：

3-8,16.

[2] 宋生涛,杨晓萍. 翻转课堂的基本原理与教学形态[J]. 西北师大学报(社会科学版),2018,55(2):98-104.

[3] 王德鹏，姚子凡，何明明，等 . 线上线下混合教学模式研究 [J]. 福建电脑，2020，36(5):50-52.

[4] 张琪 . 基于句酷批改网的“英语基础写作”教学模式改革研究[J]. 当代教育理论与实践,2015,7(12):122-124.

生存之战、荣誉之战
——文学伦理学批评视角下的人鱼之争

张军丽①

（北京联合大学师范学院英语语言文学系，北京 100011）

[摘要]《老人与海》自发表以来，中外评论家和学者遵循不同的文学批评方法从人物塑造、表现主题、叙述技巧等不同层面和角度对这部小说作了解读。文学伦理学批评者认为圣地亚哥的失败始于他的伦理混乱——放弃人类社会伦理，采纳动物界的“丛林法则”——终于他的生存竞争败北，徒劳无功。本文认为，尽管孤身一人，远离岸上，圣地亚哥在理解和识别动物界生存法则时一直心怀人类社会的伦理意识，可以说，一定程度上，老人是把人类社会的伦理概念移植到了海上生物界。

[关键词]圣地亚哥；社会伦理意识；丛林法则

一、引言

《老人与海》是海明威发表于1962年的一部优秀小说，出版之初就好评如潮。《纽约时报》专栏作家哈维·布雷特（Harvey Brett）认为这部小说是“一部伟大而真实的小说，既动人心弦，又让人震撼；既是悲剧性的，又是乐观的”。中国海明威研究专家董衡巽先生评论道，这一寓言式故事体现了“硬汉”精神和英雄主义精神。它表明孤立无援的人们在面对强大的异己力量时难免失败，但人们面对失败时所展现的不屈精神难能可贵。文学伦理学批评学家从文学伦理学批评的视角阐释了这部小说中基于“丛林法则”的生存竞争伦理，分析了老人与马林鱼、鲨鱼之间弱肉强食的生存斗争，并将老人与鲨鱼斗争的失败归结为“老人放弃了人类社会的伦理而接受了动物界的伦理——丛林法则，把自己当成了海洋生物的同类”。本文认为圣地亚哥孤身一人在海上时接受了动物界的丛林法则，但他从没有放弃人类社会的伦理，老人尊重一切依靠自己能力维持生存的生物，老人也是这生物大家庭中的一员。老人与鲨鱼的决斗也体现了老人的社会伦理意识，即保护自己的合法劳动所得。实际上，圣地亚哥所处的人类社会同样在上演着“丛林法则”。一定程度上，人类社会上演的“丛林法则”伤害了圣地亚哥的自尊心，迫使老人不断挑战自己，才驾船驶入其他渔夫不曾涉猎

① [基金项目] 本文是北京联合大学2019年度教育教学研究与改革项目“英国文学选读（Ⅰ/Ⅱ）”课程思政教学设计的成果之一。

[作者简介] 张军丽（1974—），女，山东荣成人，副教授，硕士，主要从事英美文学和英语教学方面的研究。

的海域捕鱼。

二、岸上的“丛林法则”——以成败论英雄

老人所处的人类社会的“丛林法则”表现在对成功者的崇拜和对失败者的嘲弄。由于老人40天里都没有打上一条大鱼,跟随老人一起打鱼的学徒马诺林被他的父母强行拉到其他渔船上打鱼,因为马诺林的父母认为老人一定是“倒了血霉”。这一行为极大地伤害了圣地亚哥的自尊,老人一向以去过非洲、见过狮子为荣,以自己的经验、智慧、力量为傲,以美国职业棒球明星为榜样。老人在第84天打鱼空手而归后,我们看到了同为渔夫的同村人对他的嘲弄,在露台饭店,“不少渔夫拿老人开玩笑”。当然,人类社会也有温情的一面,学徒马诺林和年老的渔夫的态度使老人稍感安慰。小学徒马诺林知道老人饥肠辘辘,身无分文,所以提出请老人到露台饭店喝一杯啤酒。露台饭店里一些上了年纪的渔夫为他“感到难受”,但“并不流露出”他们的真实感受。

老人基于社会伦理的认识,理解周围人或明或暗的冷嘲热讽,因为在一个以成败论英雄的社会,人们崇拜的是强者,是成功者,弱者、失败者受欺凌是自然的结局。老人自己也是对英雄(职业棒球明星们)的崇拜者,是对强者(狮子)的仰慕者。但老人于心不甘,他的睡梦中总能梦到过去和远航,多次梦到非洲和狮子,这些场景都暗示老人曾经的辉煌,他见多识广、经验丰富、聪明睿智。他坚信凭借他的经验、技巧和智慧,他能再次走向人生巅峰,成为强者和胜利者。在找到机会证明自己之前,老人不得不用坚强的外壳承受着外界对“失败者”的嘲笑和怜悯。他不想在自己的学徒面前也失去尊严,所以婉拒了孩子为他找新鲜鱼饵的请求。但当孩子跟他谈起自己5岁时就跟老人学打鱼的经历并且记得跟老人打鱼的所有一切过往后,老人意识到孩子的真诚和善良,最终答应让孩子帮忙捉第二天用于钓鱼的鱼饵。

跟随孩子的脚步,我们看到了老人的生存窘态,认识了老人被嘲弄的深层原因:老人的船帆上有用面粉袋子打的一些补丁,衬衫上打的很多补丁已经褪色,深浅不一。老人住在“窝棚”——用大椰子树上坚韧的苞壳做成——里,里面仅有一张床、一张桌子、一把椅子和用木炭烧饭的地方。老人的妻子已去世,他孤身一人,打鱼归来没有晚饭可吃。他没有灯,没有枕头,没有床单,没有厚衣服,没有鞋子。老人早晨喝的咖啡是赊账的,他船上不带吃的,只带一瓶水。

即便处在这样的生存窘态中,老人还是尽力维护着自己仅有的一些自尊。没有晚饭可吃却跟孩子说有“鱼煮黄米饭”,没有渔网可用也假装有,明明饥饿难耐,却对孩子说不大饿,明明阅读的是旧报纸,却假装是最新的报纸。在收到露天饭店老板免费送的晚饭和啤酒后,他想当面感谢老板,承诺送给老板“一块大鱼肚子上的肉”和一些别的东西。老人在孩子面前自诩眼力好,自夸是个“不同寻常的老头儿”,自觉有力气捕到一条大鱼,自称有捕鱼技巧。

由此可见,圣地亚哥已经身无分文、衣衫褴褛、家徒四壁、形影相吊、年老体衰了,他连续84天打鱼一无所获的惨痛经历已经成为同村渔夫眼中的笑料,孩子眼中曾经眼力、智力、力量兼具的“顶呱呱”的渔夫已经陷入绝境。84天一鱼不进的记录也快逼近自己以前的87天

记录了，老人已经无路可退了。老人表面是平静的，内心是焦虑的。“他不再梦见风暴，不再梦见妇女们，不再梦见伟大的事件，不再梦见大鱼，不再梦见打架，不再梦见角力，不再梦见他的妻子。他如今只梦见一些地方和海滩上的狮子。”当下，老人最在乎的是他曾经的远航和曾见过的狮子，他们代表了老人引以为豪的辉煌过去和曾经的强者地位。老人急于通过捕捉一条大鱼来证明自己，重温往昔荣光。

可以说，同村年轻渔夫对他的嘲笑和孤立、年老渔夫对他的同情和惋惜、孩子对他的崇拜和爱护、他对自己辉煌过去的留恋和珍惜促使他走向深海，为生存和荣誉而战。老人的一无所获、一文不占、一落千丈、心有不甘的处境迫使老人驶出安全范围，面对海上真正的“丛林法则”。

三、海上的“丛林法则”——弱肉强食，适者生存

海上的“丛林法则”体现了最残忍的食物链法则——弱肉强食，适者生存。海上动物之间，每天都在上演同一情节的剧目。这些你死我活的竞争无关对错，都是食物链各层级的生存之道。

1. 社会伦理视角下的动物间的生存关系——弱肉强食与温情脉脉并存

作为人类社会的一员，老人一面理解和接受动物世界的生存法则，一面对食物链上的弱者给予同情。84 天没有打到鱼的老人在岸上被看成弱者、失败者，他品尝了苦楚，内心伤痕累累。他了解弱者挣扎求生的处境，他推己及“鸟”，同情需要面对变幻莫测的大海的柔弱小鸟。但他也要苦苦求生，所以不等天色大亮，他就把四个裹着芳香美味沙丁鱼饵的钓钩笔直地投放在深浅不一的大海深处，吸引游动在不同深度的大鱼上钩。

老人目睹了海上第一次弱肉强食：水母毒杀小鱼，海龟吞吃水母。遵循趋利避害的原则，老人喜欢海龟吞吃水母，因为有时水母的黏液会残留在钓丝上，导致渔夫中毒，疼痛难忍。老人喜欢海龟和玳瑁，但老人也曾经乘船捕捉海龟，他也同情海龟，因为一只海龟被剖开、杀死之后，它的心脏还会跳动好几小时。而他还依靠进食营养丰富的海龟蛋才得以保持强壮体魄，在九十月份继续捕鱼。他还看到了金枪鱼围捕小鱼群并钓到一条失散的金枪鱼。

当然老人也见证了动物同类之间的感人画面。钓到大马林鱼的当天晚上，两条海豚游到渔船边，老人凭借两条海豚不同的喷水声辨别出他们是一雄一雌，老人喜欢他们“嬉耍，打闹，相亲相爱”的画面。

老人回想起之前跟马诺林一起捕鱼时，碰到一对大马林鱼，按照习性，遇到食物时雄马林鱼总是请雌马林鱼先食用，但是它们没有想到的是所谓“食物”其实是内置了钓钩的鱼饵。雌马林鱼被捕捉到后，雄马林鱼虽绝望无助但不离不弃。老人和孩子都伤心不已，他们只好恳求雌马林鱼的原谅，赶紧宰杀了它，以减少雌雄马林鱼的痛苦。

老人既看到了海洋世界的“丛林法则”，也目睹了海洋同类间的恩爱画面，海洋就是老人所处的人类社会的一个翻版。老人理解并接受“丛林法则”，喜欢“相亲相爱”的动物间关系，同情弱小群体。

2. 人鱼之战——强者对决激发更强大的自己

第 85 天中午，老人清晨下的 4 个钓钩依然毫无动静，老人百无聊赖，开始对着天上的

鸟、海中的鱼喃喃自语。正当老人打算随波逐流,小睡一会儿之时,其中一根钓钩陡然一沉,人鱼之战正式开始。老人对马林鱼的认识也经历了数次变化:一条愿者上钩、随时被杀的鱼,一条力大无比、恣意妄为的鱼,一条聪明机灵、决意死战的鱼,老人的兄弟、手足、朋友、对手。

1)斗智斗勇

老人通过钓索的抖动和力度判断大马林鱼在试探,在偷吃鱼饵,于是他放长钓索,轻轻攥着,麻痹大马林鱼警觉的神经。大马林鱼撕咬了几次鱼饵,试探了多次,钓钩也没有上浮的迹象,它最终禁不住沙丁鱼饵的诱惑,还是咬钩了。老人期望速战速决,希望大马林鱼吞下钓钩,钓钩刺穿心脏,马林鱼浮出水面,老人再用鱼叉刺死它。老人猛拉钓索,想收回钓索,但马林鱼力大无比,它嘴衔钓钩向远处游去。老人和渔船只能任由马林鱼牵引驶向大海深处。老人第一次承认自己势单力薄,无法抗衡,他希望马诺林在自己身边可以施以援手。

双方僵持了 4 个小时后,大马林鱼依然我行我素游向深海。老人只能希望它尽快浮出水面,在这之前,老人只能跟它耗着。老人口渴,喝了一口水,夜里天凉,老人也只有一条麻袋可以披在背上御寒。

2)相爱相杀

在跟大马林鱼相持期间,老人也展现了推己及"鱼"的一面,他开始欣赏这条大马林鱼的出色和奇特,老人觉得它很机灵,也许还懂得一些搏斗技巧,之所以一直不肯浮出水面,是因为选择待在深水里,才能远离"一切圈套、罗网和诡计"。正是由于大马林鱼多选择待在远离岸边的深水里,老人也只得选择驾船到谁也没有到过的地方寻找马林鱼。他们目前拴在一起,都孤立无援,都有奉陪到底的决心。

大马林鱼能做的就是继续待在深水里,继续凭借自己的力量拖动老人和渔船前行。面对这一不利局面,老人也积极思考对策。他一边与大马林鱼持续较劲,一边不得不割断其他垂钓的钓索,放弃咬饵的大鱼,将备用钓索连接在一起,以便集中精力与大马林鱼决斗。

第二天清晨,老人发现大马林鱼的体力并没有减少的迹象,而自己也不能猛拉钓索,避免因为钓索崩断或钓钩的豁口变宽,大鱼得以脱钩逃跑。

老人不得不考虑重新钓钩另一头马林鱼,他意识到跟大马林鱼的斗争将是一场持久战,他必须为此补充营养,做好准备。他一边肩扛钓索一边开始宰杀之前捕捉的金枪鱼,尽管没有酸橙、柠檬、盐,味道不如意,他还是逼迫自己吃下整条鱼,期望抽筋的左手赶紧康复。

大马林鱼第一次浮到海面,老人看到它的身长比渔船还要长 2 英尺(1 英尺约合 30.48 厘米,下同),比自己见过的、听说过的鱼都要大,自己也从来没有独自捕捉过这么大的鱼,但他坚信凭借自己的意志和智慧,他会杀死它的。

第二天傍晚,老人感到十分疲乏,他相信大马林鱼也一定很疲乏。他们在彼此的耐力极限处施压,这是一场体力、耐力和头脑的比拼。老人愈发佩服马林鱼的表现,他承认,"人跟伟大的鸟兽相比,真算不上什么。我还是情愿做那只待在黑暗的深水里的动物"。

老人一边自称喜爱大马林鱼,尊重大马林鱼,崇拜大马林鱼的高尚、能力和力量,想跟大马林鱼分享食物,把大马林鱼看成兄弟,当成手足,一边决心一定要杀死马林鱼。老人也知道这是不公平的,但老人只想证明"人有多少能耐,人能忍受多少磨难"。这种心态似乎充满了伦理矛盾,但这其实并不难理解,中外历史上有许多势均力敌的对手,他们彼此尊敬,惊叹于对方的智慧和力量，但立场不同，为了生存，只能相爱相杀。

为了给自己鼓劲，老人回想起自己曾在卡萨布兰卡的一家酒店里跟一位大个子黑人比赛掰手腕，比赛持续了一天一夜，他最终打败了那个“好样的，伟大的运动家”对手。之后很长一段时间，他有“冠军”的美誉，他认为“如果一心想要做到的话，他能够打败任何人”。

为了给自己打气，老人把自己的处境和大马林鱼的处境作了对比，他们都耗了一天一夜，但老人已经进食了一整条金枪鱼，还有一条鲯鳅待食，自己抽筋的左手已经恢复，自己的右手伤势不重。而马林鱼已经很久没有进食了，老人还想方设法增加阻力，让渔船被拖行的速度降下来。

在一天一夜的僵持中老人和马林鱼都展示了自己的体力、耐力和奉陪到底的决心，老人已经把这条大马林鱼看成自己的朋友。但要杀死自己的手足、兄弟和朋友，老人还是很难过的。老人深知钓钩挂在鱼嘴上对马林鱼没有构成太大的折磨，真正折磨马林鱼的是饥饿和难以捉摸的对手。老人也一天一夜没有合眼，尽管很困倦，他也不能把钓索绑到渔船上，因为他知道他必须用自己的身体扛着钓索以减轻钓索的压力，在必要时继续放出钓索，避免钓索被鱼挣断，因此，他只能边扛着钓索边短暂休息。

为了增加体力，老人剖开了捕捉到的鲯鳅，还在鲯鳅的胃里发现了两条新鲜、坚实的飞鱼。生鲯鳅难以下咽，但他还是把半条鲯鳅和一条飞鱼都吃进胃里了。

大马林鱼终于失去了耐心，饥饿迫使它冒险，它跃出水面多达 12 次，老人的备用钓索不断下放，马林鱼不得不面对新增钓索的阻力，也不得不面对多次跳跃导致背脊附近的那些液囊装满了空气而无法再潜入深水的尴尬。在老人眼里大马林鱼是一条沉着、健壮、毫无畏惧、信心十足的大鱼，而自己最好也毫无畏惧、信心十足。老人把第二条飞鱼也吃进胃里，因为他知道真正的交锋时刻迫在眉睫。

3）生死较量

老人和马林鱼在挑战彼此的极限。大马林鱼在水面画圈、撞击、打转，试图挣脱老人的钓索。老人汗流浃背、疲惫不堪、头晕目眩，但他坚持认为自己不能死在一条鱼的手里。他趁马林鱼向外兜圈的时候休息一下，等马林鱼向船靠拢时收回钓索。马林鱼每兜一圈，老人就收回一些钓索，马林鱼游弋的圈越来越小，老人也越来越筋疲力尽，几近晕倒。老人也理解马林鱼的苦苦挣扎，他承认没有马林鱼比这条“更庞大、更美丽、更沉着或更崇高”。老人也几乎崩溃，马林鱼迟迟不到近前，老人每分每秒都在煎熬，他在苦苦支撑，他说，“来，把我害死吧。我不在乎谁害死谁”。马林鱼又游了两圈，终于离老人越来越近，老人“忍住了一切痛楚，拿出剩余的力气和丧失已久的自傲，用来对付这鱼的痛苦挣扎”，将鱼叉刺进它的心脏。马林鱼最后挣扎了一次，高高跃出海面，最后一次展示了自己的体魄、力量和美丽。老人则用力过猛，头晕目眩，等到他再次清醒时，马林鱼已经肚皮朝上浮在海面上了。这已经是第三天的中午了。

马林鱼太大太重了，老人又没有帮手，所以只能将马林鱼绑在渔船一侧。老人挂起满是补丁的船帆，向西南方向返航。即便马林鱼被老人杀死了，老人仍然时不时觉得不可思议。他对死去的马林鱼极其尊重，认为马林鱼和自己“像亲兄弟一样航行着”，觉得自己只不过是靠了诡计才赢得了战斗，而马林鱼对自己并无恶意。

强大的对手往往能收获对手的尊敬，因为强大的对手能激发自己的潜能，帮助自己做更好的自己。老人与马林鱼战斗的两天两夜里,马林鱼所展现的惊人的体力、毅力和决心赢得了老人的敬佩,如果不是彼此因为生存压力而不得不斗个你死我活,老人更愿意做马林鱼的手足、朋友,老人甚至愿意做一条潜在深水的马林鱼。可以看出,高手对决,老人对马林鱼也是惺惺相惜的。

4)终极对决

在海上,老人不得不面对弱肉强食的“丛林法则”,但老人先天的同理心一直都在。他把大海、海风、海鸟、海龟、海豚、海鱼等都看作自己的朋友,甚至在面对马林鱼的强大挑战时,老人也跟它称兄道弟。那是因为包括老人在内,所有的生物都是按照自然法则生存繁衍的,它们依靠自己的力量参与物竞天择,它们收获了老人的尊敬。鲨鱼则不同,它们本应该依靠自己的力量去猎食,但它们却选择充当强盗,去劫掠别人的劳动果实。

老人满载胜利成果返航,但是刺杀马林鱼留下的大摊鲜血扩散到大海深处后引来了鲨鱼,而马林鱼太大,不能放在渔船上只能绑在渔船一侧,给了鲨鱼可乘之机。第一条到来的登多索鲨充满敌意,它目标明确,就是老人绑在渔船边的大马林鱼,对老人来说,他是明目张胆的劫掠者。老人奋起抗争也是因为“鱼受到袭击的时候,他感到就像自己受到袭击一样”,那是他拼命换来的,大马林鱼承载着他生存的希望,承载着他挽回荣誉的希望,他是不能允许自己的战利品被劫走的。老人趁登多索鲨撕咬马林鱼尾部时用鱼叉刺进了鲨鱼的脑袋,老人虽“并不抱着希望,但是带着决心和十足的恶意”。第一条鲨鱼被杀死了,老人也损失惨重,他损失了鱼叉,绳子, 40 磅的大马林鱼肉,更为严重的是大马林鱼又有新的伤口淌血不止,会招来更多的鲨鱼。老人知道其他鲨鱼会很快追随而来,他需要得力的武器,于是他把“刀子绑在一支桨的把子上”。

老人首次有了恐惧感,他的恐惧体现在他的自省和自我辩护上。他认为杀死大马林鱼是一桩罪过并开始为自己辩解。他认为自己只是位渔夫,靠捕鱼为生,自己杀死大马林鱼只是为了养活自己和给他人吃用,不像有些人是为了赚钱。但他又不得不承认除为了养活自己外,他也是为了自尊才杀死大马林鱼的。在杀死鲨鱼一事上,老人也以自卫为由辩护,他觉得鲨鱼靠自己的能力捕食谋生无可厚非,但劫掠别人拼命捕获的成果就另当别论了。

两条加拉诺鲨奔袭而来,老人的双手已经疼得不听使唤,但还是用绑了刀子的桨把杀死了两条贪吃的加拉诺鲨。老人又损失了四分之一的鱼肉,老人不忍直视残缺不全的大马林鱼,再次为跑到深海杀死大马林鱼抱歉,觉得既害了大马林鱼也害了自己。

一头铲鼻鲨咬住了大马林鱼,老人用桨把上绑的刀扎向铲鼻鲨脑子,老人成功杀死了铲鼻鲨,但刀刃断了,老人失去了最后一件锋利武器,只剩下无用的鱼钩、两把桨、舵把和一根短棍。

老人心里也承认自己被打败了,自己年老体衰,过了能用棍子打死鲨鱼的年纪了,但他还想试一试。两头加拉诺鲨并肩朝小船直逼过来,老人也盘算好使用桨把击打他们的时机和击打部位,他重伤了这两条加拉诺鲨。

老人一边与鲨鱼决斗,一边对残缺不全的大马林鱼抱歉不已,由于自己出海太远,把自己和大马林鱼都毁了。尽管没有得力武器,老人还是决心跟鲨鱼斗争到底。而他当时已经疲乏至极,只有双手、脊背、肩膀的剧痛让他意识到自己还活着。

午夜时分,成群的鲨鱼直扑而来,老人看不清目标,只能不顾死活地挥棍猛打,棍子也在混战中被攫走了，他用舵把击打鲨鱼，舵把断了，结果大马林鱼被洗劫一空，只剩下鱼头和尾巴了。

老人说："把它吃了，加拉诺鲨。做个梦吧，梦见你杀了一个人。"大马林鱼的得而复失打碎了老人的一切希望，他仍然一贫如洗，一无所获。他明白他这次是真的被打败了。老人之前的患得患失和负疚情绪随着大马林鱼的彻底失去也云消雾散了，"他此刻超脱了这一切"，甚至都不理睬前来寻找残羹冷炙的鲨鱼们。

四、虽败犹荣——重获尊敬

老人太疲惫了，他扛着桅杆和帆艰难地爬到岸上，路上不得不歇息 5 次才走回自己的窝棚，之后倒头就睡。

孩子清晨到窝棚里查看，终于见到熟睡的老人，看到他伤痕累累的双手时孩子心疼得落泪，他赶紧去露天饭店要了一罐滚烫的加了牛奶和糖的咖啡。老人的渔船周围聚集了很多渔夫，他们通过丈量大马林鱼的残骸估算大马林鱼的实际大小应该有 85 英尺长，是不可思议的巨无霸。

老人一改往日的倔强，"一个人可以被毁灭，但不能给打败"，醒来后在孩子面前承认自己被打败了，但不是被大马林鱼打败了，而是被鲨鱼打败了。当老人得知岸上除了孩子，还有人惦记他，海岸警卫队和飞机曾经搜寻过他，他很高兴。令他更高兴的事还有很多：他可以跟孩子讲话，不用对大海自言自语；孩子决定以后继续跟他一起出海打鱼，继续跟他学习打鱼技巧；老人可以安心养伤，孩子会趁大风休渔期间备齐比以前更精良的打鱼工具。

小说结束时，老人又梦见狮子。他捕捉的大马林鱼虽然被鲨鱼洗劫一空，但仅凭死鱼的残骸，人们就能想象那曾经是一条多么大的马林鱼。老人是名副其实的"顶呱呱的渔夫"，重新获得了渔夫们的认可，孩子也再次回到老人身边，老人再次信心十足，又可以拿丛林之王自比了。

五、结语

文学伦理学批评者认为，正是老人模糊了人类社会伦理与动物界伦理引发的伦理混乱才导致了老人的失败，因为老人已经完全接受了动物界的丛林法则，把自己变成了一条鱼。笔者认为，与其说老人变成了一条鱼，不如说老人把鱼看成了一个人。老人正是把人类社会伦理搬到了海洋世界，才有了老人的推己及鸟和推己及鱼的思考，才有了在公平环境下对强大对手肃然起敬的情感，才产生了既是猎杀者和被猎杀者，又是朋友和对手的伦理冲突。如果只是按照"丛林法则"行事，老人完全可以高高在上，鄙视自己的对手，尤其是当对手倒在自己面前时，但老人却以平等相待的方式对待马林鱼，"它活着的时候你爱它，它死了你还是爱它"。正是由于老人有人类伦理意识，在经历与马林鱼的生死竞争之后，又遭遇鲨鱼的围追堵截时，老人才怀疑自己是不是真的犯下罪行，开始反省和自我辩护。老人得出结论，"每样东西都杀死别的东西，不过方式不同而已"，而他以捕鱼为生，杀鱼是他的生存之道，天经地义。鲨鱼是劫掠者,老人出于保护自己正当劳动所得杀死鲨鱼,属于正当防卫。强者对决,在一对一方式时,老人完胜食物链顶端的鲨鱼,但在以一对百,缺叉少刀,缺粮少水,缺医少药的黑暗混战里老人虽奋力杀敌,但终因寡不敌众、后援无望而惨败。作为人类社会的一员,在面临生存压力时老人所展现的尊重对手、平等竞争、挑战自我、挑战极限的精神恰恰展现了人之所以为人的豪迈精神,老人这一"硬汉"化身恰恰是尊重自然、尊重秩序的典范。

参考文献:

[1] 聂珍钊. 文学伦理学批评导论[M]. 北京:北京大学出版社,2014.
[2] 海明威. 老人与海[M]. 孙致礼,译. 北京:人民文学出版社,2012.

师范院校英语语音课程建设模式探讨

曾玲琴，孟子舒①

（北京联合大学师范学院，北京 100011）

[摘要]英语师范生在英语语音课程结束后仍有音段问题，超音段问题更多，学生更期望后续能在实际运用英语时掌握良好的语音语调习惯，并有信心参与以及组织各种英语口语活动。师范院校英语语音教学内容的组织与安排应充分考虑英语师范生未来英语教师的岗位要求，解决课时设置与语音活动之间、教学内容与实际需求之间、教材设计与实际使用之间的矛盾，进行英语语音后续课程建设，培养英语师范生的“语音+活动”能力，体现“英语+师范”的特点。

[关键词]师范教育；英语语音；课程建设；语音教学；语音教材

中图分类号：G65

一、引言

英语语音教学不能只是语音理论知识的输入，理想的英语语音习得结果应该是发音正确、语调自然、语句顺畅，没有口音，具有极佳的清晰度和可理解度。刚入学的英语师范生在英语语音方面普遍存在各种问题，因此任课教师面临两大任务：一是需要系统地从元音、辅音的标准发音方法开始一个个纠音，培养重音意识，形成自然的轻读习惯，学会连读，为节奏作铺垫，配合语义，恰当使用平调、升调和降升调；二是让英语师范生学会相关语音知识、理论，获得相关纠音、正音经验，以备将来英语语音教学之需。著名美国语言教育家 Stephen Krashen 认为“青少年时期（一般指 12—18 岁）之后，发音就成为外语学习中最难的方面”。要想让所有踏入大学校门的师范生通过一个学期的英语语音课程就马上实现发音正确、语调自然、语句顺畅，并且做好将来英语语音教学知识储备是不现实的。对于师范院校而言，英语师范生还需兼具“英语＋师范”的特点，注重培养“语音+活动”能力，要与未来教师的英语语音要求以及英语教学活动能力对接，学生通过体验、模拟各种典型实用的英语语音活动的方法，进行成果展示和有效沟通与交流，为今后的英语执教能力打下语音基础以及具备参与多样化英语活动的体验与信心。

---

① [基金项目]2022 年北京联合大学教育教学研究与改革项目“基于 OBE 理念的高级英语语音课程教学创新研究与实践”（编号 12205561110-693）。

[作者简介]曾玲琴（1973—），女，苗族，贵州省凯里人，副教授，英语语言文学硕士，主要研究英美文学、英语语言教育等；孟子舒（1989—），女，汉族，河南驻马店人，讲师，教育学博士，主要研究英语教育、英语教师教育等。

二、英语师范生语音课程的后续问题

1. 课时设置与语音活动之间的矛盾

英语语音课程是高校英语专业的基础必修课,其教学目的是使学生获得英语语音的基本理论知识和基本技能,并为全面提高学生的语言技能打下良好的基础。教育部高等学校外语专业教学指导委员会英语组制定的《高等学校英语专业英语教学大纲》规定:英语语音课程在一年级开设,各校根据具体情况进行调整。有的院校把语音课设置为大学一年级的上、下二个学期,每周一个课时;有的设置为一个学期,每周两个课时;也有的增加了一倍的课时,在大学一年级上、下两个学期按每周两个课时来开设。这些课时开设方式虽有不同,但是教学内容模块基本一致,从开设目的来看,增加课时或者延长课程学期都是想通过更多实践来增加学习效果。典型的课时设置方式是一个学期,每周两个课时,该设置对于提高语音效果来说往往是期望值高于实际效果,学生依然会存在音素发音不准确的问题,而更多的是超音段的问题(例如在语调方面存在调群问题、重音问题、调核位置问题、调型误用问题),仍然需要更多的实践来进行磨炼。可以设置一些辅助的教学活动来进行改进,在句子重音方面,卜友红认为"教学中先从歌谣、诗歌等一些节奏性强的练习入手,逐步过渡到短句、短文,特别是一些节奏群与语调群相吻合的句子",在调核位置方面,采用"大量的口语对话、戏剧对白和不同题材的短文是最有效的调核重音训练素材"。而这些歌谣、诗歌、口语对话、戏剧对白都需要课下更多的时间来实现,甚至需要延续或者增设英语语音课程的课时设置。

2. 教学内容与实际需求之间的矛盾

美国语言教育家 Janet Goodwin 认为英语语音教学的目标有 3 个:使学习者能够理解和被理解,建立他们进入交际情境的信心,并使他们能够根据语境的输入来监控自己的言语。也即除了能听懂和被听懂,学习者还需要在交际中获得信心,并且适应、应变不同的语境。在有限的课时下,教师主要让英语师范生掌握基本的语音理论知识,以及意识到自己的语音存在哪方面的问题,从而进行改善。然而在实际语境中,学生更期望能用良好的语音语调进行交流,以及在朗诵、主持、演讲、唱英文歌甚至语音教学等活动中体现更好的语音水平。一般在"英语语音"课程学习结束后,英语师范生在语音提高方面仍然存在需求,在对北京联合大学师范学院英文系 434 名大学一年级英语师范生的课后调查问卷里, 77%的学生认为英语语音课程结束后,后续阶段应该巩固、深化英语语音语调知识学习以及进行英语语音活动实践(英语散文诗歌朗诵、英语播报配音、英语主持活动、英语场合演讲、英语儿歌教学、小学英语语音教学),而不是"纯英语语音语调纠音,不进行活动实践"。经过北京联合大学师范学院增设的"后续课程"(高级英语语音课程)学习,3 年来超过 78%的英语师范生认可课程模块里设置的英语语音实践活动对提高语音学习的效果,该课程也连年被学生评价为优秀的课程。模块里 6 项语音实践活动中学生最认可的前 3 项活动是"英语播报配音"(79%)、"英语散文诗歌朗诵"(70%)和"英语主持活动"(65%),而英语语音活动实践对培养未来小学英语教师教学技能最有用的两项是"小学英语语音教学"(85%)与"英语儿歌教学”（78%）。通过该课程的学习，75%的师范生认为语音语调获得了改善，83%认为获得了参与各种英语语音活动的体验以及信心，67%认为对培养未来教师的英语执教能力极其有益。

3. 教材设计与实际使用之间的矛盾

从教材的编写内容来讲，目前国内使用的英语语音教材并非只是英语语音知识的讲解，对于语音语调基础较好的学习者还提供了听读、口语对话、诗歌朗诵、听唱歌曲、演讲的实用练习，这些都体现了英语语音知识学习的实践性以及延伸性。例如：汪福祥、李孚声的《国际音标与语音》（1999）把大量的现代口语融入语音练习；张冠林的《大学一年级英语语音练习手册》（2006）针对音素和语调问题，编写了小诗、儿歌、生活用语，并且还在附录中选录了13首英文歌曲供学唱；罗敏、刘万宇的《英语语音教程》（2011）除了语音知识讲解配以听读练习外，在12~14章通过听唱歌曲、吟诵诗词、慷慨演讲的方式进行语音训练活动；刘森的《语音教程》（2021）除包含了10个单元的语音语调知识讲授和听、模仿、对话训练外，第11、12单元是为满足语音、语调基础较好学生的需求而设的，而这2个单元是为分析英语语音对演讲的作用而编写的。王桂珍的《英语语音教程》（2022）侧重于对语音知识的讲解，每一单元都有听、模仿、对话的练习，关联音视频，增加了微课；国外所使用的语音教程以英国剑桥大学的《剑桥国际英语语音在用高级》（修订版）（2019）为例，此教材面世以来被多个国家引进，是母语非英语者学习语音的经典教材，包含三个级别，分为三册，内容自成体系而深度逐渐增加。该书的高级册每一单元双页设计：左页讲解，右页提供大量练习，以口语为主，兼顾听力，配套资源含有大量课内外练习和语音游戏，其中 Section C 介绍对话中的语音，内容涉及流利口语的特点、语调如何影响语义，Section D 介绍正式场合如演讲中的语音，如商务报告、会议发言等。国内外的教材编写体现了英语语音学习需要循序渐进，大量实践练习以及后续实际运用的必要性。在有限的学习时间下，教材实践提高部分必然会被或多或少地省略或者选择性地使用，尤其师范生学完语音课程后，在见习和实习的时候遇上语音教学问题和参加各种英语活动需要辅导时出现知识和经验短缺，往往表现出回炉学习英语语音的迫切需要。

三、英语语音后续课程建设模式探讨

《高等学校英语专业英语教学大纲》按照每一学期为一级，对各单项教学要求进行了规定，二级、四级、六级、八级分别对应一年级下、二年级下、三年级下、四年级下，其中对英语专业语音的入学要求是“能熟练地运用拼读规则和音标读生词，能比较流利地朗诵没有生词、难度相当于高三英语课文的材料，口齿清楚，语音、语调大体正确”。这些“比较流利和大体正确”的英专学生在一年级结束的时候要“能自觉地模仿与纠音”，而在接下来的三年学习中语音水平仍然需要提高，而且是循序渐进，越来越高，直到毕业时达到“发音正确，语调比较自然，语流比较顺畅”。那么只设一个学期的语音课，如何来实现语音循序渐进，直到达到一个高水平的目标呢？一般来说需要三个助推力，一靠个人的自觉与锤炼，二靠各专业课老师的影响与督促，三靠各种英语活动、见习、实习的经验。这个要求本身也体现了英语语音的习得不是一门语音课就能解决的，是需要后续努力的。对于英语师范生而言，一年级的语音学习不仅是要达成“能自觉地模仿与纠音”的目标，还应该掌握语音理论知识，以及体验对未来英语教师岗位的语音要求，具有“英语＋师范”的培养特点。线上线下结合的英语语音课程的“后续课程”[可称为高级（高阶）英语语音课程]，可开设于师范院校一年级下学期，设两周一次的课时（留出时间让学生准备作业，录制视频上传，并且准备好进行线下展示）。教师要逐个查看视频，做点评，给反馈，最后在课堂上进行优秀作品展示，学生进行最佳作品投票，促进学生英语语音能力的自我实践与提高。英语师范生强化标准英语语音能力的同时，又能具备参与多样化英语活动的体验与动力，提前获得未来走上教师工作岗位的经验，并且为今后举办多姿多彩的中小学英语教学活动打下基础。以下是我校“后续课程”（高级英语语音课程）的一些实践总结，以供探讨。

1. 巩固、深化英语语音语调知识学习，重视语流语调教学，培养实践能力

高级英语语音课程需要巩固、深化英语语音语调知识学习，而不是重复英语语音课程的英语语音语调知识学习。马秋武认为“语音教学不仅要纠正学习者的发音，更重要的是培养学习者形成并建立所学语言的音系概念和意识，帮助他们获取所学语言的音系能力，从而真正掌握所学语言的实际发音”。如何构建发音体系？最好的办法还是多实践，还有培养多种能力，包含经典英语活动的参与经验，适合教授初学者的自然拼读英语语音授课能力，从口头的发音训练转变为完整的音系建构过程，真正习得英语的实际发音。展开多种英语语音实践活动（如英语散文诗歌朗诵、英语播报配音、英语主持活动、英语场合演讲、英语儿歌教学、小学英语语音教学等），举办、参与实体活动以及竞赛，在实践中建构发音体系。

2. 以英音为主，能模仿、区分几种主要英语国家的口音

2017 版《义务教育英语课程标准》里对小学英语语音知识的要求包含“在基本掌握一种口音的基础上，适当接触不同口音，为他们发展交际能力打下基础”的内容。2022 版《义务教育英语课程标准》对口音没有具体要求，但仍然重视对语音知识的培养：“语音和语义密不可分，语言依靠语音实现其社会交际功能。”目前国内义务教育的英语教材基本以英音为主要音视频载体，作为未来的英语教师，英语师范生除了主要掌握英音，也应该适当接触其他口音，以适应未来义务教育阶段英语语音教学需求。

3. 多元考核，朋辈互评，展示与投票

英语师范生的英语语音适合多元考核方式，不能完全是语音知识笔试，不能等同于口语或朗诵考试，考核方式也不适合一卷定成绩的考核方式。英语的各项实践活动应该是全员参与、逐个考核，每个学生都要完成课程设计里所包含的各项活动，并且留下学习痕迹，同时英语口试与语音知识笔试相结合，还可以线上线下结合（作业以视频形式提交，学生做好线下展示），同时举办比赛活动，学生可通过参加与组织比赛获得创新学分，通过教师评价、学生互评（甚至校际交流）、最佳展示、投票等，形成活跃的学习竞争氛围。

4. 提升英语教师语音素质，尝试新的教学方法

提高英语教师本身语音的素质以及推动团队建设和教学理念、方法的改变。培养提高学生英语语音的水平是所有英语专业课教师的职责，要在各专业课教学中贯彻“发音正确、语调自然、语流顺畅”的共识。作为英语语音课教师，不仅要在英语发音上做到标准，还要具备扎实的语音专业知识，熟悉英语的音段以及超音段特征，同时能对学生的各种发音问题作出正确判断和给出诊治措施。要打破常规教学方法，多尝试新的教学方法，如 OBE 模式或 BOPPS 模式等,可利用发音软件或者发音网站资源,变为教学活动的引导者、组织者、评估者。

5. 增强学生的交际情境信心,适应、应变不同的语境

培养学生的多元文化意识、思辨能力,增强学生的交际情境信心,适应、应变不同的语境。英语在世界各地既是英、美、澳、加等国家的母语,又是有些国家的第二语言或者外语,口音纷呈。语言没有优劣之分,学生要多接触,要用国际的眼光来学习英语,用思辨的角度看待当今世界问题,同时传播中国文化,增强文化自信。如在配音环节感受英美语音、文化的区别与特点,模仿得越像,自信心越强;在朗诵环节可选择英美经典、积极向上的短篇散文或者诗歌进行朗诵,也可选取中译外的经典文本进行朗诵;在演讲环节进行如国情民情、家国情怀、个人梦想与大国梦相融合的演讲主题等。

四、结语

《关于推动高等学校英语类专业教学改革与发展的指导意见》指出,教学内容组织与安排应充分考虑社会用人需求,体现以学生为主体、以教师为主导的教育理念,恰当充分地使用现代教育技术手段开展教学活动。对于英语师范专业而言,英语语音"延续课程"课程应注重培养师范生的"语音+活动"能力,与未来教师的英语语音要求以及英语教学活动能力对接,为今后的英语执教能力打下坚实的语音基础以及具备参与、组织多样化英语活动的能力。然而语音学习类似于学唱歌,要想说得地道、有腔有调就得学会识别英语这门语言的语音调子,找到感觉,最重要的是需要自己一遍一遍地练、领悟。这一切都需要勤学苦练,也是需要时间的,对于语音基础好、领悟力强的师范生来说,时间会短些,对于基础不好的师范生而言,就需要相对多点时间。这也需要老师的大量付出与监管,更重要的是学生的自觉性,不是学几十个课时就能解决的,需要大量的课外时间。如果学生的学习自觉性欠佳,由于学生的领悟力和基础各有不同,所产生的学习效果就会有较大差异。尤其是一旦语音课程结束后,再难以得到老师系统、持续的训练,大学剩下的时间基本靠学生的自觉性来训练自己的语音,甚至一直延续到实习、工作的时候都还要继续学习、提高。

参考文献:

[1] 卜友红. 中国英语学习者语调习得问题研究[J]. 外语教学与研究, 2016, 48(4): 569-582,641.

[2] 中华人民共和国教育部. 义务教育英语课程标准(2017 年版)[S]. 北京:北京师范大学出版社,2017.

[3] 中华人民共和国教育部. 义务教育英语课程标准(2022 年版)[S]. 北京:北京师范大学出版社,2022.

[4] 马秋武,赵永刚. 音系学、语音学与语音教学[J]. 北京第二外国语学院学报, 2017, 39(4):40-55,131.

英语听力课程混合式线上线下教学模式探索

李娜[①]

（北京联合大学师范学院英语语言文学系，北京 100011）

[摘要]随着信息技术的飞速发展，传统的听力教学模式已经不适应新时代的需求了，教学模式的改革势在必行。混合式线上线下教学模式越来越受到人们的推崇，该模式以学生为中心，教学方式更灵活，教学内容更多样，能有效激发学生的参与热情，进而提高教学效果。本文拟将混合式教学模式引入英语听力教学，以期为英语专业听力教学提供新的思路。

[关键词]信息技术；混合式教学；英语听力课程

一、引言

在英语听、说、读、写、译等几项主要语言技能中，听力居于首位，听力在英语教学与英语学习过程中的重要地位可见一斑。听力能力是外语交流的前提和基础，不但决定外语交流的顺畅程度，还影响外语学习者语言能力的整体发展（王艳，2018：69）。因此，可以毫不夸张地说，英语听力是英语专业学生需要优先发展的语言能力，是语言输入的重要途径之一。

本文拟以师范学院英语专业一二年级学生的听力教学为例，探讨听力课程混合式线上线下教学模式，尝试融合信息技术与英语听力课程，构建英语听力多模态线上线下混合式学习模式，以期为如何利用现代信息技术和线下课堂教学来提高学生的英语听力水平提供新思路，对英语专业听力教学起到一定的指导作用。

二、英语听力课的教学现状

目前的听力教学主要还是以传统的教学模式为主，王艳（2018：70）认为，传统的英语听力教学主要采用播放听力材料、学生做练习、教师纠正答案的模式，此种模式类似“听力测试”，注重听力理解的结果而非过程，这种做法无法发现导致学生理解错误的真正原因，也就无法采取针对性的解决措施，导致无法有的放矢地提高学生的听力能力。此外，传统的听力教材也存在一些弊端，无法调动学生的学习积极性，因此，英语专业听力教材多媒体化也

① [基金项目] 本文是北京联合大学 2020 年度校级教研项目（JK202006）“师范专业认证背景下英语专业师范生核心素养培养研究”的成果之一。

[作者简介] 李娜（1976—），女，汉族，河北人，硕士，教研室主任，研究方向为英语教学、翻译理论与实践。

是必然的(唐永辉,2004:25;黄伟,2016:150)。

本学院英语专业学生普遍存在基础知识掌握不牢固的现象,加上词汇量不够,理解能力也有待提高,这些都在不同程度上制约了听力水平的进一步提升,因此,在听力课堂上,语言基本功的训练始终是不容忽视的,正如王艳(2018: 70)所说的那样,语言基本功训练仍然是达成综合目标的基石和保障。除了语言基本功不扎实之外,学生的人文素养、思辨能力等方面也存在问题(颜巧珍,2020:69)。

三、混合式教学模式

现代信息技术的快速发展为英语教学的顺利进行乃至混合式教学模式的改革都提供了良好的契机和至关重要的技术支持。混合式教学是一种以引导学生自主学习、实现高效教学为目标的新型教学环境构建方式(任庆梅,2021: 45)。很明显,这是对传统教学模式的一次变革,是以学生为中心的教学,更符合新时代的需求和提高教学效果的要求。

C. R. Graham(2006)根据混合的目的将混合式教学分为三类:发生型混合、促进型混合、改变型混合。吴亚琴等(2021: 78)认为改变型混合指的是线上学习与面授教学相互融合和支持,其教学理念与教学设计发生了根本性的改变,更体现了以学生为中心,为进一步增加教学高阶性和挑战度都创造了条件。顺应时代需求的改变型混合是最佳的选择,也是教育教学改革的必然要求。

本学院英语专业学生的班容量在逐年扩大,班级一般有 40 多名学生,而且学生之间的个体差异还是很明显的,有部分同学的英语入学成绩刚刚到及格线,基础知识比较薄弱,有些同学则相对而言基础要好一些。传统的听力教学是无法同时满足不同水平学生的差异化需求的,而混合式教学更加灵活,可以设置不同的教学活动,在一定程度上满足了不同水平学生的需求。

混合式教学模式不仅能满足不同的需求,还创新了教师的教学方式和教学内容,以及学生的学习方式。无论是教师的教学还是学生的学习都不再囿于课堂这一范围,教学内容更加丰富多彩,更加多样化,各种海量的线上资源成为课堂内外教师的教学内容。王丽丽和张晓慧(2021: 147)认为,多种教学内容有效地补充了传统的课堂教学,更有助于实现课程教学的学科交叉融合,提升课程的难度,提高学生的综合素质。

混合式教学模式具备多元化的教学方式和教学内容,能够有效地激发学生的学习热情。孟彦莉(2011: 96)认为,混合式教学能够充分发挥教师在教学中的主导作用以及学生在网上学习的主体作用,有利于激发学生的学习兴趣,使学生获得积极的情感体验,从而达到最佳的教学效果。石虹(2021: 70)也认为混合式教学模式可以有效提高学生学习兴趣以及在教学活动中的参与性和自主性。

四、英语听力课混合式线上线下教学模式

听力理解是二语学习的核心,听力水平的发展则有助于其他语言技能的提高。(蔡晨,

2021：94；黄伟，2016：156）。鉴于以上提到的混合式教学模式的各种优势，笔者尝试将英语听力课程与信息技术相融合，充分利用线上教学的高度灵活性与新鲜的体验感，让学生有更好的内在情感投入和学习投入。

按照本专业学生培养方案和课程大纲要求，英语听力课程的课时为每周2课时，每学期共计32课时。很显然，课时是比较紧张的；每周一次课，课次之间间隔一周。课时少加上间隔时间长，加大了课程的难度。线上平台可以对学生的作业和测试进行细致的统计，包括整体平均分、每道题的平均分、完成时间、参与度、经验值等，大到整个班级，小到每个学生个体，教师可以对所有的细节一目了然，能够快速、及时地了解学生的掌握情况，针对统计结果制订后续的教学计划、调整后续的教学内容和教学方式。教师可以随时在平台上上传教学资源，发布学习任务和作业，开展学习活动，对学生的作业进行批改，更好地掌握学生的学习情况，采用辩论、讨论、问卷、调查等方式激发学生的思维，保持思维的活跃。线上教学还可以有效延展英语教学语言输入的时间和空间，具有效率高、教学方式灵活、学习体验好、利于整合优质教学资源、利于提高学生的学习主动性和课堂参与度等优势（王丽丽、张晓慧，2021：147）。

张佳一、郭乙瑶和苗兴伟（2021：59）研究发现，交流意愿与学习任务的趣味性和有效性呈显著正相关，学生普遍更有意愿参加有趣、有效的学习任务，学习任务的挑战性对学生的交流意愿也有一定影响。因此，混合式教学模式对教师提出了更高的要求，要将线上学习与线下面授教学有机地融合在一起，加大学生学习的深度，这对教师的专业知识乃至课堂驾驭能力都提出了更高的要求。在设计教学活动时，教师不仅要注意活动的有效性，还要注意活动的趣味性，激发学生的参与热情，提高参与度，从而提升教学活动的效果。单纯的听力练习已经不能吸引学生的注意力了，要辅之以其他教学活动。根据单元内容和单元主题的不同，教师可以设计不同的教学活动，比如：视频与音频结合，充分利用网络资源，甄选出适合学生认知水平的资源；名著朗读版一方面可以锻炼学生的听力，另一方面还能提升学生的综合英语能力。

针对学生中普遍存在的个体差异，教师在布置线上作业和测试时可以采用多层次的方式，设置不同难度的练习，同时可以将水平稍高的同学设置为助教，充分发挥同伴互助的作用。这样一来，师生同为评价的主体，充分发挥了教师和学生的主体间性，提高学生的参与度和获得感（关成勇、郭万群，2021：36）。任庆梅（2021：45）指出，个人学习、师生互动、同伴互动可以保证学生在学习过程中对活动的专注、努力和持续程度。线上学习可以有效地提升学生在这方面的体验，线上平台延展了教师的教与学生的学，可以实时上传学习任务，实时浏览统计数据，实时与学生进行沟通，实时进行线上答疑、线上讨论，实时制定个性化的针对性练习，既提高了学生个人学习的效率，又通过强化师生互动拉近了师生关系。与此同时，平台上设置的各种互评交流活动，一方面可以帮助学生减少学习的焦虑，另一方面，学生之间可以取长补短，相互帮助，共同进步，因为同伴的影响力往往大于教师的反复强调。

五、英语听力混合式教学模式的反思

首先，混合式教学模式更注重的是学生的学习和语言运用过程，是以学生为中心的，加之学生之间存在着很大的个体差异，因此，这种新型的教学模式在很大程度上增加了教师教学设计的难度。线上学习一方面解决了线下课时不够的问题，另一方面，教师要针对平台统计的不同的数据结果来设计线下教学内容和教学方式，给教师带来了前所未有的挑战。

第二，线上海量资源非常丰富，为混合式教学提供了很大的便利，但是资源质量良莠不齐。吴亚琴等（2021：79）提出了线上资源的局限性，比如：外来网络资源获取率和可利用率不高，外来资源的受众对象与本身的教学对象层次是否匹配、资源与本身课程内容是否对应、是否能满足自身混合式教学设计的需求等。同时，自主制作资源技术难度大、工作量大。因此，教师需要根据学生的认知水平和语言能力以及教学需要甄选出适配度最高的资源，进行加工处理，逐渐建成适合本专业学生的听力学习资源库。

第三，李利和高燕红（2021：148）担心混合式教学存在"场面热闹，内涵不足"，学习深度不足的问题。为了激发学生的参与热情，线上教学设置了各种活动，形式新颖，吸引了学生的注意力，极大地提高了学生的参与度，但是混合式教学并不是止于提高参与度的，而是借此激发学生的学习热情，毕竟兴趣是最好的老师。有了兴趣，教师才能引导学生进入接下来的教学环节。这样一来，混合式教学的浅层化表现就会逐步转化为深层化的学习体验。

第四，信息化时代为外语教学提供了丰富的教学资源和崭新的学习方式、教学方式，为英语教学提供了良好的契机，同时也带来了前所未有的挑战。在混合式教学过程中，学生不可避免地会受到网络的影响，分散注意力。还有些学生习惯了传统的教学模式，对新媒体网络学习积极性不高。蔡晨（2021：99）和尚建国（2016：61）都认为中国外语学习者在网络环境下的学习投入还有待于进一步引导和提高。因此，教师不仅要有意识地培养自身的新媒体素养，思考授课环节与新媒体素养的有机结合，利用线上平台使课程内容与学生学习有机融合，富有创造性和批判性，还要让学生逐步提升新媒体素养，不断启发学生对运用新媒体技术学习英语的新认识与思考（曾尚春，2021：73），毕竟本学院英语专业是为首都基础教育培养师资的，对于未来的小学英语教师而言，新媒体素养是必不可少的师范生核心素养之一。

第五，B. Adamson（2004）认为，外语教材传授的知识既包括语言知识本身，也包括历史文化、人文知识、道德价值等非语言知识。英语听力课程不仅要提升学生综合听力能力，锻炼学生的语言技能，还要培养他们的思辨能力和跨文化倾听能力。将培育和践行核心价值观融入国民教育全过程的关键在课程，核心价值观细化为学生核心素养只是第一步，而将核心素养落实在教育教学过程中，转化为学生自身的基本素质和能力，需要课程作为桥梁。换句话说，课程建设是培养学生核心素养的根本途径（辛涛，姜宇，2015：28）。通过开展英语听力课程混合式线上线下教学，实现人人皆学，处处能学，时时可学，切实提高英语听力教学效果。

参考文献：

[1] 蔡晨. 不同网络环境下英语学习投入比较及听力水平的关系研究[J]. 解放军外国语学院学报，2021，44（3）：93-101，161.

[2] 关成勇，郭万群. 混合式教学环境下基于 POA 的英语应用文写作多元评价辩证研究[J].

外语电化教学，2021(2):30-36,5.

[3] 李利，高燕红. 促进深度学习的高校混合式教学设计研究[J]. 黑龙江高教研究，2021(5):148-153.

[4] 任庆梅. 混合式教学环境下动机调控对大学英语课堂学习投入的影响研究[J]. 外语电化教学，2021(1):44-50,60,7.

[5] 石虹. 基于混合式教学的学术英语学习自主性及促进对策研究[J]. 语言与翻译，2021(1):67-72.

[6] 王丽丽，张晓慧. 基于产出导向的大学英语混合式“一流课程”建设研究[J]. 黑龙江高教研究，2021,39(3):146-151.

[7] 吴亚琴，刘世杰，孙慧敏，等. 改变型混合式教学的困境与对策——以专业英语为例[J]. 中国教育信息化，2021(7):78-81.

[8] 颜巧珍. 我国英语专业基础阶段学生英语语言能力现状探究——基于《欧洲语言共同参考框架》[J]. 中国外语，2020,17(4):69-76.

[9] 曾尚春. 产出性和接受性词汇量对英语听力理解能力的影响研究[J]. 高教学刊，2021,7(19):65-69,73.

[10] 张佳一，郭乙瑶，苗兴伟. 混合式教学中任务特征对英语交流意愿的影响研究[J]. 外语电化教学，2021(1):56-60,9.

本科英语专业基础课程中师范生能力培养途径探索——以高级英语课程为例

郑静[①]

（北京联合大学师范学院 英语语言文学系，北京 100011）

[摘要]英语师范生不仅要具备扎实的外语基本功和专业知识与能力，还要具备适应不同层次教育需要的教学知识与技能，这两种知识和能力必须加以平衡，不能有所偏废，本文参照《外国语言文学类教学质量国家标准》分析了英语师范教育人才培养的途径，结合该专业基础课程的特点，探讨了通过专业基础课程培养英语师范生实践能力的方法与途径，为把师范生职业技能培养融入专业基础课程，使“英语+教育”人才培养的艰巨任务能在四年本科教育中更有效地进行提供了有益的参考。

[关键词]英语师范生；专业基础课程；师范教育；人才培养

一、引言

2018 年教育部正式颁布了《外国语言文学类教学质量国家标准》（以下简称《国标》）。作为全国高校外语专业人才培养的指导性文件，《国标》提出了许多新思想、新要求和新概念，并首次在其人才培养目标的描述中用“外语类专业”替代了过去常用的“外语专业”一词。《国标》指出“外语类专业旨在培养具有良好的综合素质、扎实的外语基本功和专业知识与能力，掌握相关专业知识，适应我国对外交流、国家与地方经济社会发展、各类涉外行业、外语教育与学术研究需要的各外语语种专业人才和复合型外语人才”（教育部高等学校教学指导委员会，2018）。从《国标》制定的人才培养目标可以看到我们过去所说的“外语专业”实际上并非一个专业，而是与外语相关的多方向、多类型的专业，因此，《国标》中提出“外语类专业”较过去的“外语专业”是更为准确的专业描述。

外语教育作为“外语类专业”的一个培养目标和方向也具有两个层次的内涵，即：“具有良好的综合素质、扎实的外语基本功和专业知识与能力”和“掌握相关专业知识，适应我国……外语教育与学术研究需要的各外语语种专业人才和复合型外语人才”。由此可见，外语师范教育具有复合性的“外语+师范”的内涵，专业基础和师范技能两个方面必须平衡发展，然而，如何在有限的时间内实现学生既能精通外语又能掌握教授外语的能力，对于外

---

① [作者简介] 郑静（1975—），女，汉族，重庆人，副教授，硕士，研究方向为英语语言学与教学。

语师范教育而言一直是较大的难题，尤其对于地方应用型高校，在人才培养方向调整过程中，由过去复制传统研究型高校的人才培养模式转变为应用型人培养模式，如何保证外语师范生的专业能力与师范生职业技能平衡发展更是亟待解决的问题。本文从专业基础课程教学改革的角度探讨了在外语师范教育基础阶段解决上述问题的探索与实践。

二、外语教育人才培养途径

根据《国标》的人才培养目标，外语教育是外语类专业的主要人才培养方向之一，其中包括从事各级外语教学工作的外语教育人才，即师范生，也包括外语教育管理、研究和服务人才，即非师范生。本文主要探讨英语师范生的人才培养问题。由于英语师范生培养涉及英语专业能力和英语教学能力两个方面，而许多教育专家都认识到教师职业技能是一种高度综合化的素养，包括各方面的知识、能力和品格，不是短时间内就能形成的。培养教师素养是一项周期长、难度大的任务，必须贯穿整个师范生培养过程（陈晓堂，2021；王蔷，2010）。对于本科四年有限的教学时间，如何使学生既能精通一门外语，同时又掌握教授这门语言的技能，这对于外语师范教育而言是一个长期存在的问题。

为此，许多专家学者作了大量的研究，探索外语教育人才培养的途径，为人才培养指明了方向，同时也提出了一些具体的方法。首先，在教师教育课程设置方面，许多调查研究（李正栓、解倩，2016；何华清，2015；田贵森，2013）指出了外语师范专业教育类课程开设不足的情况，强调了开设系统教育理论和实践课程的必要性和紧迫性。其次，在专业基础课程教学方面，许多地方高校针对当地人才培养需求进行了因地制宜的改革与尝试，包括教育理念、课程目标、课程内容、教学方式、课程评价等方面的具体措施（李冬耘、李雅静、门博良，2016；汤红娟，2009），论证了专业基础课程对于师范生实践能力培养的巨大作用。尽管上述研究各有侧重，但都强调了外语教育人才不能仅通过教师教育的课程进行，专业基础课也应具备师范人才培养的特点，应有别于外语类专业的其他人才培养方向。

三、英语师范专业基础课程改革实践

结合我校应用型本科院校的定位和我系英语师范专业课程调整的实际情况，从2018年至2020年，以高级英语校级核心课程项目为依托，我们在课程目标、课程内容、教学方法和教学评价等方面进行了改革，以适应英语师范生培养的需求。

1. 课程目标对接英语教育人才培养目标

课程目标是教学内容与方法的指导思想与方向定位，必须与专业人才培养目标进行精准对位。针对我系英语教育专业的人才培养目标，我们对高级英语课程目标进行了修订，从知识、应用、整合、情感、价值、学习等6个方面与英语教育专业人才培养目标进行对接（详见下表）。

课程目标	支撑的毕业要求	支撑的毕业要求指标点
1. 知识:学生识别7 000~9 000个接受性词汇,记忆5 000个产出性词汇,包括:近义词、反义词和同根词,了解单词的语篇意义,能辨别词语的地位,认识什么是正式用语、非正式用语、中性词语、文学词语、口语用语等;完善和复习英语语法知识,了解特殊的句型结构及其语篇意义;了解英文写作的基本篇章结构和修辞方法	毕业要求3.具备人文与科学素养,具有英语学科核心素养,具有系统扎实的英语语音、语法、词汇等语言知识和熟练的英语听、说、读、写、译等语言技能,具有一定的英语口译和笔译能力和英美文学与文化文本释读能力。了解兼教学科的基本知识、基本原理和技能,并具备一定的其他学科基本知识,对学习科学相关知识有一定的了解。了解学科整合在小学教育中的价值,了解英语学科与其他学科的联系,以及与社会实践、小学生生活实践的联系。(H)	3-1:掌握英语学科核心素养,具有系统扎实的英语语音、语法、词汇等语言知识和熟练的英语听、说、读、写、译等语言技能 3-2:具有一定的英语口译和笔译能力和英美文学与文化文本释读能力
2. 应用:学生能够正确熟练地使用2 000~2 500个产出性词汇,掌握其在不同语境中的含义,能够使用这些词汇进行翻译和造句;能够灵活运用语法和句法知识阅读理解文章字面意义,准确归纳文章大意,能够通过单词和句子的语篇意义分析文章的内涵,在把握文章篇章结构和修辞方法的基础上判断作者的立场态度和写作意图		3-3:了解兼教学科的基本知识、基本原理和技能,并具备一定的其他学科基本知识,对学习科学相关知识有一定的了解
3. 整合:通过本课程的学习,学生能够将英语语言知识与英美文化背景、英语语言思维习惯、语境语篇、写作体裁等多种语言应用的相关要素进行融会贯通,对英文原版文学作品的思想性和艺术性(如构思、情节、人物、背景及其褒贬的寓意)进行批评分析,能够有自己的思考和观点,形成较强的文本分析能力	毕业要求7.初步掌握反思方法和技能,具有终身学习与专业发展意识。了解国内外基础教育改革发展动态,能够适应时代和教育发展需求,进行学习和职业生涯规划。具有一定创新意识,运用批判性思维方法,学会分析和解决教育教学问题。(M)	7-1:初步掌握反思方法和技能,具有终身学习与专业发展意识 7-3:具有一定创新意识,运用批判性思维方法,学会分析和解决教育教学问题
4. 情感:参与小组学习,具有团队合作意识,能够分享英语学习以及英语教学经验,进行成果展示和有效沟通与交流	毕业要求8.掌握沟通合作技能,理解学习共同体的作用,具有团队协作精神,具有小组互助和合作学习体验。(L)	
5. 价值:学生能够在批评性阅读的基础上树立正确的人生观和乐观的人生态度,能够在文化的对比中吸收各自所长,在阅读反思中获得文化自信、思辨力和英语专业学生的人文素养,形成英语师范生应有的人文底蕴、学科精神和完善人格,达到《高等学校英语专业英语教学大纲》(2000)的要求	毕业要求2.具有教育情怀,有从教意愿,认同小学英语教师工作的意义和专业性,具有积极的情感、端正的态度、正确的价值观。具有人文底蕴和科学精神,尊重学生人格,富有爱心、责任心,工作细心、耐心,做学生锤炼品格、学习知识、创新思维、奉献祖国的引路人。(M)	2-1:具有教育情怀,有从教意愿,对自己将来成为小学英语教师这个职业的意义和专业性有较高的认同,具有热心参与英语教育教学的心态和状态,具有积极的情感、端正的态度、正确的价值观 2-2:具有人文底蕴和科学精神,尊重学生人格,热爱学生,富有责任心,工作细心、耐心
6. 学习:学生能够利用各种媒体、云班课、手机APP、MOOC(慕课)、微课等线上学习资源自主学习,提升自主学习能力;在学习中能够思考学科教学方法,在课堂陈述教学环节中能够应用、对比、反思所学的教学方法	毕业要求4.掌握英语学科教学知识与能力,掌握现代教育信息技术在基础教育英语教学中的应用。在教育实践中,能够依据英语学科课程标准,针对小学生身心发展和学科认知特点,运用学科教学知识和信息技术,进行教学设计、实施和评价,获得教学体验,具备教学基本技能,具有初步的教学能力和一定的教学研究能力。(M)	4-1:掌握英语学科教学知识与能力,掌握现代教育信息技术在基础教育英语教学中的应用

相对于老版课程目标只对专业能力进行描述而言,修订后的课程目标增加了多种学习

方式,如小组合作学习、线上自主学习、网络平台和资源辅助学习等方式,通过这些多元的学习方式培养学生合作协调、人际沟通、现代教育技术的使用、自学和进行基础的科研等多方面的能力。由于师范生毕业后的日常工作面对的就是与学生、与学生家长和与同事之间的沟通、合作与协调,所以有学者(马兰,2004)指出“合作的价值远大于对师范生学业和专业实践能力的促进,在合作学习的教学理论中,蕴涵的是一种价值取向和人生态度,而作为一种价值观的合作学习,注重的是学生合作品质的培养,合作精神的养成,合作成为他们日后的工作和生活方式”。此外,运用线上平台和网络资源进行自主学习,对于师范生而言也是必不可少的教学技能训练,在互联网+的数字教育时代,能利用各种网络资源整合教学内容是未来教师不可或缺的教学能力。

2. 教学内容与方法突出师范生职业需求

课程目标的修订确定了教学内容与方法也要凸显师范生的职业需求。在教学内容上除教师讲授课本内容外,还以云班课为线上教学平台扩展相关学习内容,通过引导学生进行对比阅读,不仅夯实学生语言运用能力,培养互文阅读技能,同时还培养学生进行批判性思考的能力,树立正确的价值观和人生观,形成英语师范生应有的人文底蕴、学科精神和完善人格。如:高级英语课程第二学期所用《新编英语教程 6》中有一篇关于拖延症的文本,作者对拖延症提出了不同于传统观念的独特解读和理解,学生在理解上存在困难,针对这一问题,教师除在课堂中进行语言点讲解和引导学生进行语篇分析外,还在云班课上传关于这一话题的 TED(技术、娱乐、设计)演讲视频,让学生进行对比分析,并要求学生用说明文体裁将两个语篇进行对比分析,找到不同观点及其原因。教师在批阅作文修改学生语言问题的同时,了解了学生的分析能力和对文章话题的理解程度,学生在整个学习过程中,不仅有对文章的反复阅读和思考,提高了文本释读能力,同时通过听读课外原版语言材料获得了多视角理解问题的思维方式,促进了批判性思考能力的培养,同时通过写作任务又让学生实现了从阅读到写作的能力转换,锻炼了英文写作能力,图 1 为学生的作文与教师批改的情况,从中可以看到学生很好地把握到了不同视角对于同一问题产生的影响。

在教学方法上主要通过小组讨论、合作学习、课堂展示、线上平台展示等不同形式把“学生中心”的教学理念与微格教学形式相结合,形成师范生特色的英语专业基础课程,达成在专业基础课堂中实现“英语+师范”的教学目标。在高级英语课程建设中,学生的合作学习和课内外展示除了强化专业实践能力外,更把教育技能融入其中,学生不仅要获得知识,更要获得获取知识与传授知识的能力。这一过程不是让学生自然生发的,而是教师在教学过程中有意识地向学生阐述教学目标、教学内容、教学进度安排,指导学生逐渐进行教学尝试。学生的教学展示一般放在学期中,在教师充分进行教学示范的条件下,教师指定部分内容由学生自学并分小组讨论,最后进行小组呈现。学生自学内容可与课前预习相结合,也可以是单独的自读篇章。这两种形式教师都会给出详细的要求或内容框架,引导学生进行教学呈现。图 2 为高级英语第二学期第三单元第二篇阅读的预习清单,任务包含不同层次的文本阅读理解,涉及概括、分析、综合等语言运用能力。学生在独立完成任务的基础上进行小组讨论,最后由小组成员分别进行英文陈述。教师通过不同层次的问题,引导学生进行阅读分析,逐渐培养学生获得文本释读能力。在我校对北京市各区英语学科教研员的调研中,我们了解到文本释读能力是中小学英语教师的核心素质,在教学工作中起着至关重要的作用，在高级英语课程中，培养学生的这一职业素养体现了专业基础课程在教师教育中发挥的重要作用，同时也为在专业基础课程中融入师范教育找到了有效的途径。

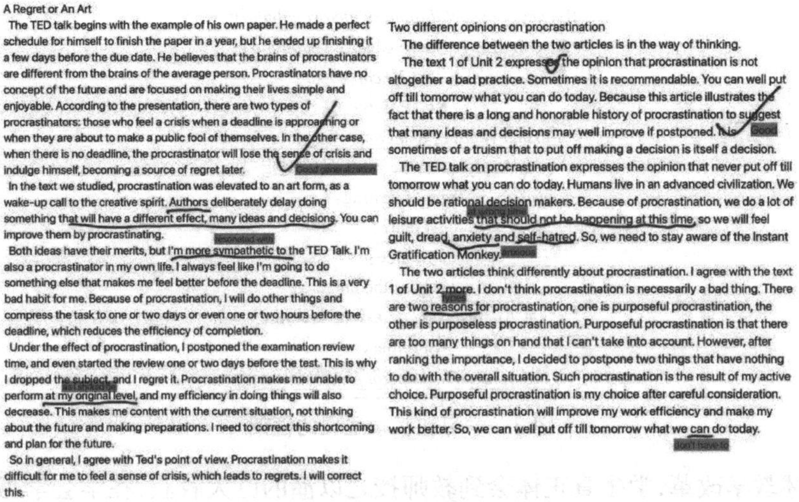

A Regret or An Art

The TED talk begins with the example of his own paper. He made a perfect schedule for himself to finish the paper in a year, but he ended up finishing it a few days before the due date. He believes that the brains of procrastinators are different from the brains of the average person. Procrastinators have no concept of the future and are focused on making their lives simple and enjoyable. According to the presentation, there are two types of procrastinators: those who feel a crisis when a deadline is approaching or when they are about to make a public fool of themselves. In the other case, when there is no deadline, the procrastinator will lose the sense of crisis and indulge himself, becoming a source of regret later.

In the text we studied, procrastination was elevated to an art form, as a wake-up call to the creative spirit. Authors deliberately delay doing something that will have a different effect, many ideas and decisions. You can improve them by procrastinating.

Both ideas have their merits, but I'm more sympathetic to the TED Talk. I'm also a procrastinator in my own life. I always feel like I'm going to do something else that makes me feel better before the deadline. This is a very bad habit for me. Because of procrastination, I will do other things and compress the task to one or two days or even one or two hours before the deadline, which reduces the efficiency of completion.

Under the effect of procrastination, I postponed the examination review time, and even started the review one or two days before the test. This is why I dropped the subject, and I regret it. Procrastination makes me unable to perform at my original level, and my efficiency in doing things will also decrease. This makes me content with the current situation, not thinking about the future and making preparations. I need to correct this shortcoming and plan for the future.

So in general, I agree with Ted's point of view. Procrastination makes it difficult for me to feel a sense of crisis, which leads to regrets. I will correct this.

Two different opinions on procrastination

The difference between the two articles is in the way of thinking.

The text 1 of Unit 2 expresses the opinion that procrastination is not altogether a bad practice. Sometimes it is recommendable. You can well put off till tomorrow what you can do today. Because this article illustrates the fact that there is a long and honorable history of procrastination to suggest that many ideas and decisions may well improve if postponed. It is sometimes of a truism that to put off making a decision is itself a decision.

The TED talk on procrastination expresses the opinion that never put off till tomorrow what you can do today. Humans live in an advanced civilization. We should be rational decision makers. Because of procrastination, we do a lot of leisure activities that should not be happening at this time, so we will feel guilt, dread, anxiety and self-hatred. So, we need to stay aware of the Instant Gratification Monkey.

The two articles think differently about procrastination. I agree with the text 1 of Unit 2 more. I don't think procrastination is necessarily a bad thing. There are two reasons for procrastination, one is purposeful procrastination, the other is purposeless procrastination. Purposeful procrastination is that there are too many things on hand that I can't take into account. However, after ranking the importance, I decided to postpone two things that have nothing to do with the overall situation. Such procrastination is the result of my active choice. Purposeful procrastination is my choice after careful consideration. This kind of procrastination will improve my work efficiency and make my work better. So, we can well put off till tomorrow what we can do today.

图 1　学生的作文与教师批改的情况

Task list for preview of Unit 3 text 2

1. Get some background information about the author, and think about how the essay is related to the author's background?
2. If the paragraphs are grouped into the following parts, try to give the main idea for each of them?
   Paragraph 1-2/Paragraph 3-8/Paragraph 9-13/Paragraph 14-22
3. What did the author intend to express through this essay? What is the theme of the essay? (read for the main point)
4. How did the author express his thesis through the narration? (find the details supporting the main idea)
5. What can be revealed by the comparison between the depiction about the convicts including the executed Hindu and his inmates and that of the jail guards, including superintendent, jailer, and warders? (read for implied meanings)
6. What aroused the author's reflection about capital punishment? And how can that lead to his reflection? (read for implied meanings)
7. What can we infer from the reaction of those jail guards in the proceeding of the execution and after the execution? (read for implied meanings)

图 2　高级英语第二学期第三单元第二篇阅读的预习清单

对于自读篇章，教师会帮助学生拟定微格教学框架，指导学生对部分学习内容进行教学呈现。如图 3 所示，教师在前期教学的示范基础上为学生拟定了学习和教学呈现的框架。

Outline for Learning Presentation

1. <u>*Topic understanding*</u>

Topic related background:

Personal interpretation:

2. <u>*vocabulary learning*</u>

We can get special topic related vocabulary:

We can also get more general vocabulary:

From Text 2 I can learn

Key Points:

3. <u>*Further reading and comprehending Text* 2</u>

Ⅰ Analysis on the form of writing

Type of writing:

Genre:

Source:

Ⅱ Analysis on the language

Ⅲ Analysis on contextual structure

Summary

4. <u>*thoughts and ideas got form this essay*:</u>

图 3 学习和教学呈现的框架

通过上述教学改革,学生真正体会到教师授之以渔的巨大收获,在学会学习的同时也锻炼了师范生的教育技能。通过一个学期的实践,笔者将学生的小组微格教学呈现编辑成册,作为学生学习学案,留给学生作为今后教学的参考,同时也为以后的学生做借鉴。当课程结束时,学生们收到厚厚的一本学案,都切实感受到一学期的收获。通过这种形式,不仅在情感态度上激励学生热爱未来的教师职业,也在方法与途径上给学生以启发,为其未来的教师职业生涯奠定良好的基础。

3. 多元教学评价

对于课程目标、内容和方法上的改革,教学评价也应实现多元化,以激发学生的学习积极性和配合的教学方法改革。在高级英语课程建设中,课程评价采取以过程评价为主、终结性评价为辅的评价模式,充分肯定学生的学习成长过程。在评价方式上采取教师评价、师生互评、小组互评、学生自评相结合的形式,使评价不仅是评定学习成果的手段,更重要的是使其成为一种学习方式,尤其是通过师生互评和学生互评,学生们找到差距,在互相对比和激励中提高学习成绩。

四、结语

外语师范教育是一项艰巨的任务,不仅要使学生具备良好的外语水平,同时又要使其具备完善的教师职业技能,两者必须很好地平衡并且贯穿到整个本科四年的教学中,专业基础课程和教师教育课程不能割裂,师范生的实践能力"不能够仅仅留给'学科教学论'、教学见习和实习,加强学科间的整合,是提高师范生专业实践能力的途径之一"(汤红娟, 2009)。因此,英语师范教育的专业基础课程也必须具备师范教育人才培养的特点,从课程目标、内容和教学方法上与师范教育人才培养目标接轨,才能达成英语师范人才培养的目标。

参考文献：

[1] 程晓堂.《国标》背景下英语专业英语教育方向课程设置参考框架[J]. 中国外语，2021，18(3)：16-23.

[2] 李冬耘，李雅静，门博良. 应用型本科背景下英语专业师范生培养途径探索[J]. 外国语文，2016，32(1)：150-154.

[3] 李正栓，解倩. 教师教育与非师范教育：师范院校发展策略研究——以外语专业为例[J]. 河北师范大学学报(教育科学版)，2016，18(1)：86-91.

[4] 何华清. 地方师范院校英语专业教师教育类课程设置与教学现状调查[J]. 中国高教研究，2015(1)：102-106.

英语专业四级阅读测试新题型分析及其教学反拨启示

郑静①

(北京联合大学师范学院英语语言文学系,北京 100011)

[摘要]2016 年英语专业四级考试(TEM4)进行了改革,其中阅读测试在题型和测试内容上都有了较大的变化,本文通过分析近三年(2017 至 2019 年)的阅读测试,从阅读篇幅、文章体裁、测试内容等方面揭示了专业四级考试侧重考查的阅读能力,从测试的"教学反拨作用"视角指出了其对专业英语阅读教学的指导作用。

[关键词]英语专业四级考试;阅读测试;教学反拨作用;阅读教学

一、引言

高等学校英语专业四级考试(以下简称 TEM4)是教育部高等学校外语专业教学指导委员会英语组根据《高等学校英语专业英语教学大纲》(简称《教学大纲》)的要求,全面检查已完成英语专业基础阶段课程的学生是否达到《教学大纲》所规定的各项语言技能/能力、语言知识和专业知识目标的水平测试。始于 1992 年,于 1997 年、2004 年和 2016 年进行了三次比较大的改革,目前施行的考试为 2016 年改革后的形式。其中,阅读测试题型增加了简答题,测试时长增加为 35 分钟。作为英语专业的全国性考试,其意义不仅在于检测英语专业的教学水平,更重要的是对英语教学的指导和引领。从测试的六要素而言,反拨作用(backwash effects)即测试对教学的影响,是教学各环节中不可忽视的重要因素。本文通过对近三年(2017 至 2019 年)阅读测试的变化,旨在为英语专业的阅读课堂教学找到方向。

二、近三年阅读测试变化

从考试内容来看,近三年专四阅读测试的变化主要有以下几个方面:首先,阅读测试的篇幅从四篇减少为三篇,但整体阅读字数和题量不减,这意味着单篇阅读篇幅和难度增加,对考生的快速阅读能力和阅读技巧的运用提出了更高要求;其次,三篇文章的类型基本固定为:两篇说明文或论述文,一篇小说节选或短故事。2017 年小说节选为 *Sons and Lovers*

① [作者简介]郑静(1975—),女,汉族,重庆人,硕士,副教授,研究方向为英语语言学与教学。

Chapter 9，2018 年小说节选自美国短篇小说家 Kate Chopin 的 *The Story of an Hour*,值得注意的是这两篇小说都是以刻画人物心理为主的现代主义小说,而不是以情节为主的现实主义小说。2019 年是一篇小故事,语言、情节和人物刻画都比较简单,难度较前两年有所降低;最后简答题中分析总结题型比重有所增加,要求考生能用自己的语言组织答案。具体情况见下表。

(2017—2019)简答题测试内容、题型及能力要求

年份及题号	考题内容	题型	能力要求
2017-51	What does This in Para. 2 refer to?	细节题	考查对指示代词指代的具体内容,可在上下文中直接找到答案
2017-52	Why did Fisher have to battle in the courts after he found the treasure (Para. 4)?	细节题	考查对明确陈述的逻辑关系的把握,可在上下文中直接找到答案
2017-53	Why did Miriam wear a new net blouse on Sunday afternoon?	分析总结题	本题对应文章选自 *Sons and Lovers* Chapter 9,考查学生综合分析能力,结合文章的语句进行归纳总结,不能在上下文中直接找到答案
2017-54	What is the meaning of the sentence "...he would spare neither himself nor anybody else" in Para.5?	句意阐释,即:paraphrase	结合文章意思,用英文解释句意。包含阅读分析和对单词、句型的理解与表达。本题特别考查了对 spare 一词语篇意义的解释
2017-55	Explain the meaning of the last sentence of Para.11 according to the context?	看似是句意分析,实则是分析总结题	与上题比较,本题主要考查语篇分析与理解
2018-51	Of all the values mentioned in the passage, which one is regarded as the most fundamental?	细节题	考查对明确陈述的逻辑关系的把握,可在上下文中直接找到答案
2018-52	What can be inferred from the sentence "not all awards are as noble as the Nobels." according to Para.2?	看似是句意分析,实则是分析总结题	本题主要考查语篇分析与理解
2018-53	What conclusion can be drawn from Para.5?	分析总结题	考查归纳总结能力
2018-54	What was Mrs Mallard's mood when she was left alone in the room?	分析总结题	本题对应文章为美国短篇小说作家 Kate Chopin 的短篇小说 *The story of an Hour*, 本题要求考生读懂主人公的情感变化,并进行归纳陈述
2018-55	The doctors said that Mrs mallard died of heart disease—of joy that kills. What do you think is the real cause of her death?	分析总结题	要求对小说中的人物进行正确判断
2019-51	What does the statement "..., don't expect the taxpayer to bail you out." mean?	句意阐释,即:paraphrase.	结合文章意思,用英文解释句意。包含阅读分析和对单词、句型的理解与表达。本题特别考查了 bail...out 的词意,这一词意也可从语篇中猜测出来。

续表

年份及题号	考题内容	题型	能力要求
2019-52	Why did the shop assistant lead the elderly woman to find the DVD instead of finding it for her?	细节题	考查对明确陈述的逻辑关系的把握，可在上下文中直接找到答案
2019-53	What does the last sentence in Para. 16 imply about the daughter's attitude towards her mother?	分析总结题	考查学生综合分析能力，不能在上下文中直接找到答案
2019-54	What are the two main advantages of reading literary fiction according to the passage?	分析总结题	考查学生综合分析能力，结合文章的语句进行归纳总结，不能在上下文中直接找到答案
2019-55	Why is reading special when compared with plays and movies?	细节题	考查对明确陈述的逻辑关系的把握，可在上下文中直接找到答案

上表显示，近三年简答题中分析总结题型共 8 道，占 53%，而能够在文中直接找到答案的细节题每年不超过 2 道。

从阅读能力要求来看，分析综合类题型的增加以及文章篇幅的加长，意味着学生要能够调控阅读速度，善于把握文章关键信息、文章体裁和整体结构，才能保证更好的阅读理解。在对本系英文阅读问题的访谈中，很多学生认为速度和正确率是二元对立的矛盾体，误认为只要延长阅读时间就能更好地理解，把文本释读的低效归因于阅读时间表现出学生阅读能力的薄弱。有的学生采取看完问题直接从文中找答案或先看问题然后带着问题阅读的策略对付考试，对于篇幅较长且测试题以综合分析或推测判断为主的阅读测试，直接找答案的效果显然不好，而带着问题阅读反而增加了阅读负担，事实证明所谓的“应试策略”对于阅读能力低下的学生而言无异于无源之水，不仅不能起到提高阅读成绩的效果，反而使学生对英文阅读产生误解，严重影响英文阅读学习态度和阅读能力的提高。

从近三年的阅读测试的文章类型和篇幅变化不难看出其对阅读效率的强调，即：用有限的时间正确理解不同类型的文章，阅读重点落在文章要点和整体结构上，要求学生根据文章体裁进行快读和略读。下面以 2018 年考题为例分析考题中对篇章阅读能力的要求。

PASSAGE ONE 是一篇说明文，是很典型的“主题句”文章。

从考题来看，本篇文章共 3 道题。选择题 41 题和简答题 51 题的答案都集中在前四段，测试对关键信息的把握，是通过关键词可以在原文中定位答案的细节题。选择题 42 题提问文章的说明方法，考查文章的篇章结构。这样的考题设置，实质上是要求考生在文章开头要慢读，进入第五段至第七段的“主题句”结构段落后，则需要快读把握说明文的整体结构，而不是逐字逐句阅读。其实，我们在生活中阅读类似的说明文也是采取同样的方法，说明试题是具有较好的“效度”（validity）和“真实性”（authenticity）的。

PASSAGE TWO 看似不是常规文章结构，没有明显的主题句，但全文的关键词、句非常明确，即：“All the awards ”& “Not all awards are as noble as the Nobles. ”文章从 Para.2~6 围绕 all the awards 按照不同地域和不同领域进行列举，逻辑脉络清楚，这几段考生都可以快读。从 Para.7 开始出现了问句“Why have all these awards and ceremonies appeared recently?”

文章从现象的罗列进入了成因分析，逻辑串联由好几个“however”完成，呈现出对比和递进的关系，是关键信息出现处。最后一段以词组“On the surface”和句型“it seems”开头表明作者要进行更深入的探讨，挖掘更深层次的原因，这是全文的重点，由于作者通过提问来引出主题而不是直陈观点，所以此处不但不能快读，更要确保弄清作者的意思。作者的两个问句把“publicity”与“marketing”对立起来，把“awards”与“genuine recognition”对立起来，暗示这些名目繁多的 awards 于社会无益，于鼓励真正的成就无益。这一段是选择题 47 题的考点，也是简答题 52 题答案的参照。

这篇文章是论述文，从现象到原因，需要考生把握快读与慢读的转换。在现象陈述部分要快读把握关键信息，在原因分析和观点呈现部分要在重要的连词处慢读以把握逻辑关系，弄清作者的观点和态度。考题设置很好地考查了考生把握文章结构进行快读的能力。

PASSAGE THREE 是一篇短篇小说，具有现代主义小说特征，情节简单，空间转换很少，主人公进入房间后一直是心理描写和窗外景物的烘托，直到倒数第三段主人公才从房间出来。试题考查考生把握文章结构进行快读查询关键信息的能力，简答题 54 题要求考生对主人公心理变化进行总结，55 题要求考生对主人公心理进行推测，这两道题都测试了考生对文章整体结构的把握和对语篇逻辑的解读。

三、阅读教学启示

通过上述试题分析可见，提高阅读效率不仅可以训练学生寻读与扫读等快读技巧，更重要的是可以培养学生把握不同文章体裁，根据阅读需要合理调整阅读速度，快速理解关键信息和整体内容的能力。近三年的 TEM4 很好地反映出 2015 年由外语专业教学测试专家委员会发布的《关于英语专业四级考试（TEM4）题型调整的说明》（以下简称《调整说明》）对阅读能力的要求，即：“能掌握所读材料的主旨大意，了解说明主旨大意的事实和细节；既理解字面意思，又能根据所读材料进行判断和推理；既能理解个别句子的意义，也理解上下文的逻辑关系。能在阅读中根据需要自觉调整阅读速度和阅读技巧。”

因此，在阅读教学中应特别注意文章结构分析和语篇理解能力的培养。目前泛读教材的练习多注重单词积累、阅读量和阅读速度的训练，使阅读理解限于从字、词、句子到篇章的逐级累加形式，很多学生养成了限于细节，一叶障目的阅读习惯，不仅阅读速度慢，也影响理解。在教学中应增加篇章结构分析和与之相适应的阅读理解练习。

阅读研究专家 Oakhill（2015）等人曾对阅读过程有非常简明扼要的梳理。他们把阅读理解分成两个层面：第一个层面是词汇认知，第二个层面是对这些词所表达的意思按文本的排列组合进行处理。两个层面所涉及的主要内容包括：activating word meanings，understanding and linking sentences，making inferences，comprehension monitoring，understanding text structure 等（曲卫国，2017）。如何将两个层面的能力进行融合，或者实现从第一层面能力向第二层面能力很好的过渡则是教学中的难点。从阅读能力涉及的具体内容来看，在课堂教学中应增加对 comprehension monitoring，understanding text structure 的重视。在泛读教学中除了扩大阅读量外，还应对文章体裁的特点进行总结和归类，引导学生学会对文章的篇章结构和文字组织方式进行分析，掌握细节理解和全局把握相互配合，细读与略读合理转换，慢读与快读相结合的阅读技巧。

其次，近三年的阅读测试分析还显示文学阅读已成为不可或缺的阅读内容。2015 年《调整说明》对于阅读内容有明确说明，指出考生要能读懂：

（a）英美国家出版的中等难度的文章和材料；

（b）难度相当于美国 *Newsweek* 的国际新闻报道；

（c）难度相当于 *Sons and Lovers* 的文学原著。

近年来随着我国外语专业教学改革的深入，人文素养和批判性思维能力在外语专业教学中日益引起重视，外语教学专家们不断呼吁英语本科阶段的阅读教学中应引入人文阅读的理念，在阅读课上加强人文学科内容的阅读，推广人文阅读模式（曲卫国，2017）。然而，专家们也指出："在英语专业本科阶段的所有阅读活动当中，文学阅读是教学难度最大、最具挑战性的一个特殊类别……文学教师最终应以帮助英语专业学生从一名普通读者成长为一名专业读者为己任。"（林斌，2019）因此，我们不仅应该在阅读课堂中增加文学阅读的比重，更应该在所有专业课程中把"人文主义思想理念在教学过程中逐渐渗透到英语专业的文学教学之中，最终体现在学生的人文素质上。"（林斌，2019）

由于我校师范生专业基础课时较少，而学生基础又较薄弱，在语言学习和阅读技能上要花费大量的时间，因此，在专业基础阶段阅读课程主要是为高年级的文学阅读课程奠定基础，教师可利用线上教学平台指导和监督学生进行扩展性的课外文学阅读。通过定期验收阅读进度以保证阅读效果。

最后，阅读虽然主要是文本与读者之间的互动，但在阅读教学中仍然要组织学生进行阅读交流活动，使学生能在阅读方法和内容理解上相互借鉴、互相启发，从而提高课堂教学效果。

四、结语

测试是教学中不可或缺的重要环节，其功能不仅是检测与反馈，更重要的是其对教学的反拨作用，尤其是面对大型权威的标准测试，教师不仅要认真阅读考试大纲，更要分析测试内容，深入了解测试的效度与信度，调整优化教学，提高学生的语言水平和测试成绩，使测试起到积极正面的反拨作用（beneficial backwash effects）。

参考文献：

[1] 曲卫国，陈流芳. 谈谈英语本科专业阅读教学指导理论选择出现的偏颇——兼议人文阅读教学的重要性[J]外语教学理论与实践，2017（3）：34-41，17.

[2] 林斌. 文学阅读的专业内涵及教学策略——也谈外国文学教学的人文思想渗透[J] 外语教学理论与实践，2019（1）：1-8.

[3] 刘宝权，胡芳芳. 英语专业四级阅读测试效度研究——以 TEM4（2016）新大纲样题阅读任务为例[J]. 外语电化教学，2018（1）：70-75.

英语专业学生翻译应用能力培养策略探究

陈卫红 ①
（北京联合大学师范学院，北京 100011）

[摘要] 当今世界经济快速发展，文化交流日益增强，伴随着"一带一路"进一步走向纵深，文化输出出现新的机遇。在大环境背景下，英语专业学生的应用翻译能力如何提高，英语专业翻译课程如何改革，是亟须解决的问题。本文以学生应用能力为导向，探究如何进行翻译课程改革，提高学生的综合翻译能力。

[关键词] 英语专业翻译；应用能力；策略探究

一、引言

随着中国综合国力的增强，中国勇敢地担当起"大国责任"。"一带一路"倡议的提出让世界为中国瞩目。中国需要在文化交流方面消除障碍，提升大国形象，最终实现地区的共同繁荣与发展。作为英语专业教师，能否让英语专业的学生担当起如此重任，我们任重道远。

二、英语专业翻译教学及其重要性

"翻译理论与实践"课程是英语专业教学的一个重要组成部分，是高等院校外语专业高年级学生的一门重要的专业课。该课程的学习建立在基础英语、英语阅读、英语写作等课程的基础之上，训练学生的英汉、汉英翻译技能。该课程以学生为主体、以能力为核心，以实践为媒介，着力培养学生的学习能力和实践能力。

三、英语专业翻译教学存在的问题

首先，随着现代科学技术以及教学理念的不断更新，很多英语教师依旧采用传统的英语教学方法，仍以教师的授课为主体，传统教学课件为主要授课内容。专业课堂缺乏趣味性，学生的实际参与度不高。其次，由于教师对于英语翻译教学的认识水平不足，对翻译教学的要求也不一样，部分高校甚至没有完整的、体系化的教学标准，体系不健全，自然也就无法从根本上提升学生的英语翻译能力。最后，教师自身水平有限，没有足够的翻译实践，所以授

① [作者简介]陈卫红（1979—），女，河南安阳人，硕士，副教授，研究方向为翻译理论与实践、英语教学。

课只能纸上谈兵，不能很好地将翻译知识融入翻译实践中。

四、英语专业翻译教学建设目标

以习近平新时代中国特色社会主义思想为指导，落实立德树人根本任务，秉承OBE（基于学习产出的教育模式）教育理念，创新教学方法、教学模式和评价方式。对标专业培养目标，优化更新教学内容，合理开发教学活动，培养学生思辨及动手能力。大胆更新教学方法，提高课程趣味性和知识性。采用翻译工作坊，加强学生间的合作交流、翻译理论的应用，提高翻译技能和效率。同时，引入CAT（计算机辅助翻译）等先进的翻译技术，实现多模态、多角度、学生为主、寓教于乐、寓教于行的教学模式。推进教学成果可视化，科学化发展，提高学生的译文鉴赏和翻译实务能力。平时的考核采用个人翻译和小组活动相结合。小组活动明确分工，作品要有分享和展示。

五、英语专业翻译教学改革措施

1. 加强教师团队建设

翻译理论与实践课程是一门实用性很强的专业课，授课教师应具有双师素质。英语专业教师应该深入翻译公司、教育科技公司或开展各项翻译活动的相关行业进行行业实践。建议翻译授课教师取得二级及以上翻译资格证书。同时，可以邀请业界专家为翻译课提供行业标准的咨询，协同制定实践教学任务。

2. 明晰课程教学目标

通过翻译课程的学习，学生能够了解翻译基本理论、翻译背景知识和翻译训练的基本技巧。学生能够正确理解翻译中的文化对比、思维对比和语言对比，使用不同的翻译技巧，完成不同文体的文字翻译。通过本课程的学习，学生能够掌握中西方文化差异，在翻译过程中有效地解决文化冲突，同时处理不同文体的翻译。学生能够参与小组学习，具有团队合作意识，能够分享英语笔译以及实战经验，进行成果展示和有效沟通与交流。学生通过学习本课程培养其关心时事的信息意识，积累知识，掌握文献检索、资料查询的基本方法，提高各项交际技能综合运用的能力，提高综合人文素质。学生能够利用各种媒体等线上学习资源自主学习，提升自主学习能力。

3. 优化重塑教学内容

根据该课程教学目标和教学标准，将“翻译理论与实践”的主要教学内容分为两大部分：翻译基本知识与技巧以及实用文体的翻译实践。翻译基本知识与技巧包括：翻译与文化、中英思维方式及语言对比、词法翻译、句法翻译、修辞翻译、句子功能的再现等章节。实用文体翻译包括：散文翻译、小说翻译、旅游翻译、新闻翻译、科技翻译、介绍性文本翻译等章节。

4. 改革创新教学方法

以学生为中心，采用启发式、项目式和研讨式等多种教学方法，加强课堂的互动性，注重教学过程的监管。在教学过程中，采用翻译工作坊，激发学生学习兴趣，促进学生广泛参与翻译实践。具体采用文本解读、分组翻译、组内讨论、初稿拟定、术语统一、文风对照、定稿拟定、教学讨论等步骤，加强学生间的合作交流，不同文体翻译章节均以成果形式来分享和交流。同时，积极调动学生的学习积极性，可以进行中国剧本和外国童话的翻译和编排。

5. 科学设计考核方式

课程教学过程注重培养学生的批判性思维，重视能力培养，提高过程考核的客观公正性。课程成绩评定注重过程性考核和多元考核相结合。平时的考核采用个人翻译和小组活动相结合的方式。小组活动应明确分工，注重小组贡献，作品要分享和展示。利用网络互动功能，引导学生参与作业和讨论成绩的评定。每次的课堂小组作业，翻译实践的评定都以一定分值比例分配给学生互评和教师评分，提高学生的参与度和积极性。同时，注重优化过程考核，检测学生的翻译实务能力。学生有提高成绩的意愿时，可以多次提交翻译文稿，或参与译文点评。

六、结语

翻译作为学生英语综合能力的重要组成部分，最能体现学生的英语综合运用能力水平。在“一带一路”倡议背景下世界发展更加趋向于国际化的背景下，为了适应市场需求和政策需要，高校教师在进行英语翻译教学时，应当不断改革自身的教学方法，加强对学生翻译能力的了解和培养，不断强化学生的理论基础和实践能力。除此之外，还应该顺应时代发展，加强与国内外高校和企业的合作，在提高学生专业知识的同时，也增强他们的知识的实践应用能力，全面提升学生英语翻译能力。

参考文献：

[1] 孙莹莹. 重视大学英语翻译教学提高学生英语应用能力[J]. 海外英语，2020(10):38-39.

[2] 王晓芳，崔军. 基于职教云平台的线上线下混合式教学模式[J]. 电子技术与软件工程，2018(13):124-125.

[3] 杨卉.“一带一路”背景下高校翻译教学改革与实践[J]. 湖南科技学院学报，2018，39(2):137-138，141.

[4] 张卓亚，杨欣.“一带一路”背景下云南高校旅游专业实践教学改革与探索[J]. 教育现代化，2018，5(39):113-114.

The Innovative Curriculum Construction of Intensive Reading Course

Zhang Liang①
(Teachers' College of Beijing Union University, Beijing 100011)

Abstract: Intensive Reading is the core course of English Majors at Teachers' College of Beijing Union University. During the years of teaching research and practice, the teaching team has accomplished the construction of school level network course and college level excellent course as well as several teaching research projects. The teaching team also launched the project of the innovative curriculum construction. The course, based on the bountiful previous achievements, aims to construct online and offline mixed teaching mode in hopes of improving class teaching efficiency, motivating extracurricular teaching activities, integrating ideological education into the teaching, thus cultivating qualified English normal students for the basic compulsory education of Beijing, the capital city of China. The paper summarizes the innovative curriculum construction from five aspects: necessity of constructing innovative curriculum, BOPPPS teaching model, Mosoink (an online teaching platform), ideological education and construction problems and corresponding solutions. Taking features of Intensive Reading course into consideration, the paper claims that the innovative curriculum construction is an effective teaching exploration, which stimulates students' self-directed learning, save teachers and students' energy to maximize the teaching effect within the limited offline periods, and train the excellent normal students with solid language skills and necessary teaching skills. Hopefully, the construction fruit would be gradually and widely applied to the English teaching in an all-round way.

Keywords: innovative curriculum; intensive reading course; BOPPPS; Mosoink platform; ideological education

---

① [Fund Project] This paper is one of the achievements of the Innovative Curriculum Construction Project of Beijing Union University (12205561107) in 2020.

[Author] Zhang Liang(1981-), female, born in Zhoukou City, Henan Province, associate professor, Master of Arts, mainly engaged in the study of English teaching and British and American literature.

I.Introduction

Intensive Reading is the compulsory course for English majors of Teachers' College of Beijing Union University, which is the core course for the freshmen and sophomores. The prerequisite courses include English pronunciation, English reading and English writing. Intensive Reading is one of the most important courses known as "the three most" courses: the longest course (4 semesters), the most class hours (384 class hours) and the highest credits (24 credits).

According to *the Outline of College English Teaching for English Majors* (2000), Intensive English is to cultivate and enhance students' comprehensive ability to use English, mainly through language training and the interpretation of discourse analysis, to gradually increase students' reading comprehension ability, to help students understand English expressions and characteristics of various genres, to enlarge vocabulary, English idioms, the commonly used sentence patterns, to cultivate and improve the basic oral and written expression ability, and to expose students to foreign cultures and enhance students' critical thinking.

Combined with the actual situation of Teachers' College of Beijing Union University, syllabus of Intensive Reading course set six teaching objectives: knowledge, application, integration, emotion, value and learning. The six teaching objectives serve the graduation criteria. First, graduates have humanities and core literacy of English subject, have systematic and solid language knowledge of English pronunciation, grammar, vocabulary, proficient English listening, speaking, reading, writing, translation and other language skills, have certain English interpretation and translation ability and English and American literature and cultural text interpretation ability. Students understand the value of subject integration in primary education and the relationship between English subject and other subjects. Students master the skills of communication and cooperation, understand the role of learning community, cultivate the spirit of teamwork, and obtain the experience of group mutual assistance and cooperative learning. Students master English teaching knowledge and ability, master the application of modern educational information technology in basic education English teaching. In educational practice, normal students can use subject teaching knowledge and information technology to carry out teaching design, implementation and evaluation, obtain teaching experience, and have basic teaching skills, preliminary teaching ability and certain teaching research ability.

II.Necessity of constructing Innovative Curriculum

Although Intensive Reading has the longest terms and the most class hours, there are obvious deficiencies of practical class teaching.

Firstly, there are many teaching contents, extensive styles and complicated language points.

The foundation of students is uneven, and the teaching progress cannot be adapted to individual conditions.

Secondly, class hours are limited; classroom teaching mainly depends on teacher's lectures. Students are busy taking notes and can hardly internalize the knowledge in the limited time. Passive teaching mode makes teachers exhausted, cannot stimulate students' interest in learning, and affect the improvement of English application ability.

Thirdly, after the enrollment expansion, the class size of English normal students increases, with 4 teaching classes in each grade, 42-43 students in each class. The traditional teaching method cannot be student-centered and carry out rich classroom activities.

Fourthly, the updating speed of supporting teaching materials is slow, which is not conducive to students' mastering the latest knowledge; Students' participation in classroom teaching is low, and cannot form effective learning.

Lastly, the development of the extracurricular teaching activity, known as "the second classroom", is not satisfactory; it is lack of scientific and effective supervision and detection means. There is a lack of systematic and effective communication platform between extracurricular students and teachers. The implementation of flipped classroom does not keep up with the development of modern educational information technology, and does not keep pace with the learning habits and study methods of contemporary college students.

III.BOPPPS Teaching Model

BOPPPS, known as an effective teaching model, is a teaching model based on the constructivism and communicative approach. It is a teaching framework based on David Kolb's experiential learning mode. Kolb put forward the experiential learning mode in 1984. According to him, learning is not the acquisition and transmission but the process of creating knowledge through the transformation of experience. He regards learning as a cyclic process starting and ending with concrete experience: concrete experience-reflection & observation-abstract generalization-action and practice-concrete experience. A coherent learning experience is formed through such a continuous cycle, in which student automatically complete feedback and adjustment.

Compared with traditional classroom teaching, BOPPPS teaching model highlights participatory learning and emphasizes active role of learners in the classroom, which is the fundamental difference between BOPPPS and traditional classroom teaching design. There are three obvious advantages of BOPPPS model: firstly, the mode emphasizes clear and attainable learning objectives; secondly, the mode highlights student-centered teaching and the active participation of students; thirdly, the mode pays attention to the reflection of teaching process. According to the transformative learning theory, it is these key elements that constitute the basic points necessary for students to deeply participate in and complete the learning process (Zhang, 145).

BOPPPS divided teaching objectives into six modules: bridge-in, objective, pre-assessment, participatory, post-assessment and summary. BOPPPS refines the goals, expands the learning space, most important of all, involves students in learning and stimulates their initiative to the utmost. Thanks to the modern technological devices, BOPPPS combines in-class learning and beyond-class learning, thus improving the self-directed study and realizing the most efficient learning style. According BOPPPS, the first three modules, bridge-in, objective, pre-assessment, focus on memory and comprehension, which are not necessarily carried out in class. Instead, teachers can flexibly make use of network class to complete the parts ahead of the classroom teaching. In this way, not only students are free to utilize learning materials at their own pace in their spare time, but teachers are allowed to focus on the advanced learning procedures concerning analysis, evaluation and creation, thus an effective learning is secured within the limited credit hours. A whole teaching procedure can be designed as follows.

Teaching Procedure	Purpose	Students' Tasks	Teachers' Tasks	Platform
Bridge-in	Arouse interests; provide background information	lead-in activities	Provide background information; design lead-in questions	Mosoink
Objective	Online self-directed learning;	Self-study tasks on words, phrases and sentence patterns	Provide teaching materials, including PPT, video tips, micro-lectures, etc.	Mosoink
Pre-assessment	Test preview effect	Complete quiz	Design quiz; offer answers and feedbacks	Mosoink
Participatory	Involve students in learning; trigger internalization in learning	Attend class with puzzles; Solve the problems through activities	Design activities such as presentation, group discussion, debate, etc.	Classroom Activity
Post-assessment	Test learning effect	Complete quiz	Design quiz; offer answers and feedback	Mosoink
Summary	Summarize key points, replay learning process	Summarize study effect; check the leakage	Announce the study effect ; solve the remained puzzles	Classroom Activity

IV. Mosoink Cloud Class Platform

It is clearly seen that Mosoink is the main platform to implement the BOPPPS teaching mode. Mosoink, a cloud class platform, was widely applied.

Mosoink is the first free classroom interactive app in China. It is also the only intelligent teaching tool integrated with artificial intelligence technology in China. Take Intensive Reading class as example. Teachers create a class on the app and obtain a unique class number. Students download the app and input the class number, then they can join the class and an online classroom is thus constructed. The platform has comparatively powerful functions. In another word, it can realize almost all the functions that offline classroom offer to students, of course, except to see teachers in person. The platform makes the online teaching easier and more convenient.

Before class, teachers upload teaching materials onto the platform. The app keeps track of each student's study. If some students don't check the homework, finish the tasks or read the class notice, the app will inform teachers immediately. The dynamic detection helps teacher get to know the study of students.

During the class, teachers call the roll online. To make sure the timely and effective attendance, teachers can set the time limit like 30 seconds or 1 minute. Moreover, teachers can apply different functions of the platform in the process of teaching, such as poll and vote, brainstorming, online quiz, panel discussion, etc. The app will record students' participation automatically and exhibit it with detailed data. Online teaching fits student's study habit, and greatly motivate student's enthusiasm and passion for the online class.

After the class, teachers assign tasks online. The platform enables the students to upload audio files, video clips, written tasks. Moreover, students can take online quiz whenever they want. The platform not only enriches the forms of the assignment, but also offers adequate opportunities to practice language skills like listening, speaking, reading and writing.

As for the test and assessment, the platform takes full advantages of AI technology and saves a lot of energy of teachers. For example, after accomplishing the construction of exam item bank, teachers are able to start a quiz at any time. After the test, the app automatically provides scores, rankings, scoring rate of each question, thus teachers can give targeted explanation to the test and help students master the difficult points efficiently in the shortest time.

After two semesters' construction and practice, it is safe to say that Mosoink platform well meets the demands of constructing Innovative Curriculum of Intensive Reading course.

4.1 Optimize and clarify the teaching objectives

Bloom's classification of objectives divides curriculum objectives into six levels: memory, comprehension, application, analysis, evaluation and creation. One of the three key elements of BOPPPS effective classroom model is to emphasize, pay attention to and clarify the attainable learning objectives. In the first three modules of classroom teaching, i.e. bridge-in, objective and pre-assessment, teachers design cognitive questions based on memory, comprehension and application, and provide direct, clear and no objection answers. In the last three modules, i.e. participatory learning, posttest and summary, advanced cognitive problems centered on analysis, evaluation and creation can stimulate students' thinking and cultivate their thinking ability, concept and self-evaluation ability. The first three modules are mainly achieved through Mosoink platform and the extracurricular activities.

4.2 Optimize and reshape the teaching content

BOPPPS mode based on Mosoink platform makes full use of mini lectures, MOOCS and other resources, and apply Mosoink app to carry out the after class activities, then the limited class hours are concentrated on participation and creation to achieve the purpose of high-level learning. The learning contents like memorizing, understanding and are time-consuming and ineffective in classroom teaching. When teachers assign them to students on Mosoink, it helps urge students to learn independently, so that students can effectively make use of fragmentation and repeatedly learn at their own pace. It is especially useful for students with comparatively weak language foundation.

4.3 Reform and innovate teaching methods

BOPPPS mode based on Mosoink platform changes the traditional teaching mode based on teachers. In the classroom, heuristic, task-based and discussion based teaching methods are used to guide students to carry out research-based learning and collaborative learning. Students submit audio files, videos, texts and other assignments on the cloud class. According to the students' completion, teachers comment and answer questions, students write their own learning reflection, and teachers give targeted guidance.

4.4 Reform the way of examination and pay attention to the process management

Intensive Reading course is an examination course. In the past, it didn't emphasize process assessment, such as routine quiz, final exams and mid-term exams. However, as for the scientific assessment of language study, process management is far more important than result assessment. In addition to the traditional assessment methods, it is necessary to establish a course feedback system and make full use of the dynamic monitoring, question bank, questionnaire, brainstorming and other systems on the cloud class system. Through the statistical tracking function of the test system, it is easy to get to know the students' online time, learning situation and homework completion, thus help teachers supervise and encourage students with low learning enthusiasm, so as to facilitate the overall improvement of students' ability. At the same time, teachers can also infer the overall difficulty of learning tasks and decide whether the completion time is appropriate through students' learning progress and homework completion progress, so as to find and solve problems in time.

V. Ideological Education in Intensive Reading Course

In addition to the innovation of teaching mode and platforms, Intensive Reading course also integrate the ideological education into the process of teaching. Intensive Reading course contains culture and personality education. English majors should not only have a solid foundation in English language, but also have a broad range of knowledge and a solid humanistic quality. Students master English language, understand the history, politics, humanities, national conditions, customs and habits of English speaking countries, and gradually form a systematic understanding of Chinese and Western cultures under the guidance of teachers at different stages. Intensive English is a language skill course based on the training of listening, speaking, reading, writing, translating and other skills. It integrates cross-cultural comparison to enhance students' global literacy. At the same time, it deepens the attention and understanding of Chinese traditional culture, cultivates noble sentiment and sound personality, and leads students to grow into political awareness, moral quality, cultural literacy, moral integrity and cultural integrity Global talents in the new era of all-round development of ideology.

The ideological education of Intensive Reading course is designed based on and beyond the reading materials in the text book. In general, the course takes English texts as the starting point, digging out the connotations in the reading, such as humanities education, cross-cultural literacy, critical thinking, comparison and mutual learning between Chinese and Western cultures; At the same time, with the goal of cultivating high-quality and application-oriented primary school English teachers for the capital's basic education, the course highlights the full skills of future teachers, such as writing on the blackboard, courseware design and production, recording micro video, etc.

Innovative Curriculum of Intensive Reading Course aims to integrate ideological education into the class naturally like salt into soup without trace; the ideological and political content of Intensive Reading occur throughout the whole process of teaching. The teaching activities are divided into pre-class, in class, after class and practice. The whole process of education is embodied in different stages. Pre-class activities focus on cultivating students' autonomous learning ability, helping them overcome difficulties and strengthen their will; in-class teaching can cultivate students' professional ability and help them polish their professional abilities; after-class activities focus on the cultivation of students' internalization ability, and summarize the knowledge through reflection; at the same time, the most important part of learning language is to practice. Using the platform of cloud class, language skills training and teaching skills training activities are arranged to cultivate students' education and teaching ideas and ability. The detailed teaching practice is as follows.

Before class, listening and speaking tasks are usually arranged in Intensive Reading class, such as reading words and texts in audio or video mode; besides, before every class, students will have a five-minute presentation that every student will be asked to make slide, record micro lesson video and upload it to the platform. The purpose of these activities is to cultivate Normal students' autonomous learning ability, and at the same time, to improve their application ability of modern educational means.

In class, Intensive Reading has carried out a wealth of classroom activities, returning the leading role of learning to the students. The class usually applies group discussion, performance, speech, debate and other forms as well to activate the classroom atmosphere, create an open and positive language environment, help students forge professional highlights and improve professional competitiveness.

After class, one of the tasks of Intensive Reading class is to summarize the key points of the unit, sort out and explain the mistakes ever made and make reflections on them. Students summarize the key points and difficulties, make courseware to explain difficult problems, especially wrong questions, and record the whole process of review and reflection after class in the form of micro video. Compared with the traditional learning methods, the best learning method is to teach others. When students fully master knowledge and are able to teach others how to deal with the problems, it is safe to say that they completely master the knowledge. For instance, in the past, when students made errors in the language exercises, especially in the vocabulary and grammar, teachers were exhausted to explain the exercises one by one and students were burdened to takes notes and wrote down the explanations at length. However, the learning effect was far from satisfying. Students were just busy taking notes without reflecting why they made mistakes and how to avoid them next time. Since the class changed the way of summarizing the mistakes and took the method of recording videos to explain mistakes, students have acquired the habit of facing to the camera to explain the exercises, just like the teachers teach students. It is obvious that this form not only deepens student's mastery of the knowledge but also greatly cultivates normal students' teaching ability, thus laying a good foundation for their future teaching career.

VI. Construction Problems and Corresponding Solutions

The teaching team of Intensive Reading course has carried on the construction of Innovative Curriculum for one and a half year. During the exploring and constructing process, the team confront various problems.

Firstly, to apply BOPPPS mode based on Mosoink cloud class helps split teaching tasks and improve the class teaching efficiency, however, in teaching practice, teachers find that the workload to deal with the online tasks doubles and trebles, which increase teachers' burden and cost much time. For example, traditionally, teachers check students' reading in class. It might take some time in class but teachers were able to point out the problems immediately, thus the work was done. But now, students record audio and video files and upload onto the cloud class, teachers have to listen or watch each student's reading and give feedback online. Take the author's one class as example. There are 41 students in one class. Each time one student submits at least 5-minute reading tasks, then teachers listen or watch them one by one and write feedback online for at least 2 minutes, which means teachers need to spend 5 hours more or less to complete the correction of one task, let alone writing tasks. It is undeniable to say that one to one guidance is the most effective way to help students, but in reality the time cost is unimaginable as well.

To solve the problem, the teaching group worked out several solutions. Firstly, to classify and rate the online tasks and have the teaching assistants (normally higher grade students) to help check the reading assignments. Secondly, to further study functions of the cloud class, such as the mutual evaluation and mixed evaluations. Thirdly, to introduce other teaching assistant tools. Take writing tasks for instance. The teaching group bought the service of Pigai website, which help teachers correct writing conveniently and guide the students revise writing problems online. Last but not least, to calculate workload of online working hours and apply for more teaching load. Of course, how to calculate the workload is up to the College Academic Affairs Office.

Secondly, to integrate ideological and political education into Intensive Reading course is worth trying, but it puts forward higher requirements for teachers. To add ideological and political education into routine teaching needs to grasp a degree. Contemporary young people don't like preaching. Improper operation may accomplish the very opposite. Beijing Union University is at the forefront of the national curriculum ideological and political construction and has achieved rich results. The course ideological and political competition is held every year to encourage all disciplines to combine the ideological education with subject education in hopes of achieving the goal of cultivating talents in an all-round way. Compared with other majors, English majors have their particularity. English majors are inevitably under the influence of western civilizations. Language is a world view. Therefore, it is imperative to integrate ideological and political education in English teaching. However, how to conduct the ideological education and what to convey in the teaching need exploring.

The way to deepen the research is to practice. In 2020, the author, on behalf of the teaching group, participated in the 3rd Course Ideological and Political Education Competition of Beijing Union University. With the help of team members, the author studied the theory and practice of ideological and political education at the college level. It was found that the research on English course and ideological and political education is comparatively few and simple. The teaching group carefully combed the integration points of curriculum and ideological and political elements and explored the proper way of practicing it in the class teaching. Finally, the author won the first prize of the competition and the Intensive Reading course was conferred the Excellent Ideological and Political Course of Beijing Union University. In 2021, the group members took part in the competition again and won the second prize at the college level. Through these contests, the teaching group deepens the understanding and operative skills of English major and ideological and political education.

VII. Conclusion

The construction of Innovative Curriculum has been carried on for one and half a year. Until now, the project group has finished the teaching plan of BOPPPS teaching model and cloud class construction on Mosoink app, and has half combed the integration of Intensive Reading course and ideological and political education. Compared with the traditional classroom, BOPPPS model based on cloud class turns "duck-stuffing" class into students-centered mode. Moreover, teachers are able to assign various tasks and process assessments are highly valued. The innovative course construction lays a solid foundation for the effective implementation of classroom design. Besides, the integration of ideological and political education into routine teaching serves well the goals of cultivating qualified English normal students and help students master not only the language skills but also the teaching abilities required in the future career. Hopefully, the innovative curriculum might be gradually and widely applied to the Intensive Reading course in the English major teaching.

References

[1] DAVID A K. Experiential learning: experience as the source of learning and development [M]. New Jersey: Pearson Education, 2015.

[2] YAN X X. Research on flipped classroom teaching model based on BOPPPS model [J]. Journal of Yuncheng University, 2019, 37(5):83-86.

[3] LIANG Z. Teaching design and practice of BOPPPS [J]. JLTR, 2019, 2:145-147.

基于移动智能终端的英语语法教学设计

安玉青①
（北京联合大学师范学院 英语语言文学系，北京 100011）

[摘要] 随着信息技术的迅猛发展，教育理念不断发展更新，信息化的教育必将引起教育思想的创新和教学模式的变革。在互联网环境下，借助移动智能终端工具对英语语法教学进行相关研究，具有十分重要的现实意义。移动学习突破了时间和空间的限制，是对传统教学方式的有效补充。基于移动智能终端的英语语法教学设计，强调将移动学习与传统课堂教学有机结合起来，激发了学习者参与英语语法学习活动的兴趣和主观能动性，有力地促进了英语语法教学效果的改善，是英语语法教学改革的有益尝试。

[关键词] 移动学习；英语语法；教学设计

一、引言

进入21世纪以来，当今世界的科技进步日新月异，人们越来越深切地感受到，以互联网为标志的新型传媒力量正在深刻地影响着人们的学习、工作和生活方式。互联网环境已成为继经济、政治、文化环境之后，又一个影响社会发展的十分重要的关键因素。随着“互联网+”时代的到来，信息技术得到了迅猛发展，不断推陈出新，促使教育领域出现了新的发展变化，教育理念不断发展变革，信息化的教育必将引起教育思想的创新和教学模式的变革。教育部办公厅印发的《2017年教育信息化工作要点》中指出，要不断推进信息技术在教学中的深入普及应用，深入推进信息技术与教育教学深度融合，并大力推广将线上教育与线下教育相融合的混合学习的模式。因此，高校英语语法教学应当积极响应国家政策号召，紧随时代发展步伐，进一步强化对互联网资源的有效利用，借助移动通信技术构建多元化混合式教学模式，充分调动学生对英语语法学习的主观能动性，从而提高英语语法的教学效果及教学质量。由此可见，在互联网环境下，借助移动智能终端工具对英语语法教学展开相关研究，具有十分重要的现实意义。

---

① [基金项目] 本文是北京联合大学2020年度教育教学研究与改革项目（JJ2020Y010）“基于移动智能终端的英语语法教学研究”的成果之一。

[作者简介] 安玉青（1975—），女，河北定州人，博士，讲师，研究方向为英语语言学及教学。

二、移动学习简述

随着各种智能手机和手机操作系统的普及与日渐成熟，移动学习（Mobile Learning 或 M-Learning）应运而生，它是一种新型的学习形式和手段，被认为是一种未来的主要学习模式，换句话说，是未来不可或缺的一种学习模式。

1. 移动学习的定义

针对如何界定移动学习这一问题，国外众多研究者进行了广泛的讨论，不同专家对移动学习有不同的理解。一些技术专家高度强调设备的新颖性及其功能；另外一些研究者关注学习者的移动特性；还有一些研究者关注在非正式情景下的学习，这也导致了对移动学习和传统教育进行比较的思考。按照 Aleksander Dye 等人的说法，移动学习是一种在移动计算设备辅助之下，能够在任何时间、任何地点发生和进行的学习，移动学习所使用的移动计算设备必须能够有效地呈现学习内容，并且提供教师与学习者之间的双向交流。由此可见，移动学习是学习者利用无线移动通信网络技术以及无线移动通信设备，获取教育服务、教育信息、教育资源以及与其他人进行沟通交流的一种新型学习形式。移动学习基本打破了时间和空间的限制，而且在学习内容和进度方面也具有相当大的灵活性，这种学习方式势必会成为未来教学和学习的一个全新而必要的手段和模式。

2. 移动学习的特点

移动学习实现的技术基础是移动计算技术和互联网技术，即移动互联技术，这使得移动学习具有区别于其他学习形式的独特之处。

首先，移动学习具有鲜明的多媒体特性。当今社会已经进入了“互联网+”时代，各种新型智能手机逐渐普及，手机操作系统也日渐成熟。通过多媒体技术与现代通信技术相结合，各类学习终端不仅具有多种媒体信息处理及人机交互功能，而且能实现多媒体信息资源传递和共享功能，这使得人们能够充分利用大学、公共图书馆、各种社会教育机构的教育与学习资源。可见，在移动技术迅速发展的今天，移动终端对多媒体特性的支持能力也日益增强。

其次，移动学习具有泛在性特征。这里所说的泛在性，是指任何人（Anyone）在任何时间（Anytime）、任何地点（Anywhere）学习任何信息（Anything），这是由移动学习的技术设备的移动性决定的。在移动学习过程中，学习者只要拥有能够无线上网的移动智能终端设备，就可以享受自由、方便且有效的学习资料的传送，学习者不再被限制在教室或者电脑桌前，可以自由自在、随时随地进行不同目的、不同方式的移动学习。

第三，移动学习内容呈现微型化特点。在移动学习期间，学习场所、学习工具、学习资源等都是可以移动变换的，在如此复杂的学习环境之中，学习者的注意力比较容易分散，可能会受到其他信息及事情的干扰或者吸引。因此，移动学习内容往往是小范围的、易于理解的知识单元。

第四，移动学习具有及时性特征。移动学习是因时、因地、随需要而发生进行的，也就是说，尽管学习者可能处在不同的场合环境，但都可以随时利用移动技术，通过手持移动设备联网查询和获取所需要的信息和知识资源。由于在移动计算环境下,学习时间和空间不受限制,学习者可以在需要某些知识的时候立即进行学习,同时教师也可以通过移动互联网,借助移动智能终端及时地与学习者进行沟通交流,所以移动学习又被人们认为是一种及时学习。

3.移动学习的优势

上文的分析表明,移动学习表现出了区别于其他学习形式的多项鲜明特点,因而相对于传统教学来说,移动学习也具备一定的优势。

第一,移动学习更加灵活方便。传统教学中的教学形式是以教室为主的面对面教学,尽管也可以利用现代信息技术,上课的场所仍然受限于可以连接互联网的普通教室或电脑教室,除非有特定的校外教学参观活动,一般来说,教学活动很少能超出教室或者学校围墙之外。而移动学习能够弥补传统教学的这一缺憾,使得教师和学生不受时间和空间的限制,教师和学习者可以通过移动智能终端设备,在任何时间和任何地点,随时随地组织和参与教学活动,非常灵活方便。

第二,移动学习更容易满足学习者的个体需求。现代教育提倡学习者的个性化学习,即学习者根据自己的实际情况,合理掌控学习进度、学习时间、学习地点、学习内容等。移动学习为学习者提供了个性化的自我定制的学习平台,符合个性化学习这一教育理念。在移动学习过程中,学习者能够根据自身需要,更多地关注分析和解决问题的某一个步骤或细节,并进行反复操练,以便更好地掌握解决问题的方法。在移动学习中,学习者还可以选择多种不同的测试,从不同角度检验自己的学习成果,同时也可以得到一定的反馈建议,并及时与同伴和教师进行沟通交流,从而获得更好的帮助和进步。

三、英语语法混合式教学设计

目前,随着信息技术的高速发展,智能手机等设备在高校学生中早已获得广泛使用,广大师生对手持智能终端设备以及相关应用软件的使用方式都非常熟悉。再加上校园无线局域网络的发展及完善,使得移动学习的开展有了坚实的现实基础。

1.教学设计原则

进行基于移动智能终端的英语语法教学研究,应遵循以下几个原则。

第一,把移动学习与传统课堂教学结合起来。充分利用移动学习的优势,使之与传统的教学方法结合起来,以便充分发挥不同教学法的优势,互通有无,从而实现混合式教学。在传统的英语语法课堂教学过程中,教师经常是只注重对新知识或语法点的讲解,很少关注学生对所传授知识的反馈,从而导致学生对课堂知识不求甚解或者理解得不透彻,并继而对学习也失去了兴趣。而英语语法混合式教学在网络环境中的移动学习的补充之下,能针对这一现象有较好的改善作用。例如,学生可以通过移动终端充分做好预习工作,把不懂的问题拿到课堂上进行提问或讨论,这样就充分发挥了学生的主导作用。

第二,把个体学习与合作学习结合起来。在英语语法课堂教学中,教师根据学生的知识及能力水平,把学生分成若干小组,将学习任务分配给各组的学生,让他们跟组内成员相互帮助、相互学习,合作完成任务。学生根据课前教师在移动应用软件上发布的有关教学资源,进行自主学习并完成相应的任务清单,在此过程中,对于不懂的地方,通过和小组成员进行讨论交流,共同完成学习任务。

第三,把课内教学与课外学习结合起来。对于一些英语语法知识掌握得比较慢的学生来说,课堂上遇到的问题可能无法及时在课内解决,教师在课后也不可能面对面逐一进行讲解,利用移动应用软件进行学习就可以解决这个问题。在课外,学生可以通过移动学习,提前预习或者认真复习教师提供的学习资源,对于一些不懂的语法问题还可以在线上与教师沟通交流,而一些学习能力较强的学生则可以选择学习拓展性英语语法知识。

2. 教学活动设计

英语语法混合式教学活动主要涉及课前、课中以及课后 3 个阶段的活动。

在课堂教学之前,教师根据即将学习的内容,登录移动应用软件发布相关的学习资源及学习任务,告知学生要预习的内容以及重、难点部分。学生可以根据自己的实际情况自主进行移动学习,充分体现了以学生为主体进行学习的教育理念。学生在学习中遇到了任何问题,可以选择在线跟同学交流讨论,相互帮助,合作解决疑难问题。

在课堂教学过程之中,教师可以根据学生在移动学习中讨论较多或咨询较多的问题,以及学生的课前学习任务完成情况,对相应的知识点进行针对性详细讲解。另外,教师也可以组织与教学内容相关的课堂讨论或者测试活动。由于移动智能终端具有大容量存储功能和便于携带的特点,学生在课堂上可以利用移动应用软件,与教师随时进行师生互动,比如参与抢答、讨论或测试活动。这样,传统以教为主的教学方式就被替换为以学为主的教学模式,按照切实有效的个性化原则来组织教学活动,注重培养和提升学生的自主学习能力,并在实践中进一步强化合作学习的观念,强调及时性反馈和学习内容的适应性调整,从而实现因材施教和因人而异的教学要求,全面提高学生的综合素质。

在课堂教学之后,教师可以在移动应用软件上发布相关作业及拓展性任务,并指定助教学生评判或要求学生互评一些客观性作业,以加深学生对相关知识的理解和掌握。学生可以利用移动智能终端存储的信息,随时随地进行移动学习,并且利用网络环境与教师和同学进行在线交流。学生如果在课后仍然存在没有理解清楚的英语语法结构或知识点,可以在移动学习中在线留言,获得教师即时或延时的解答。这样不仅加强了师生之间的互动交流,也进一步弥补了课堂教学的不足。

3. 教学评价设计

英语语法混合式教学的评价包括两个方面的内容:一方面是阶段性评价,另一方面是总体性评价。阶段性评价主要来自移动终端应用软件上面存储的智能化数据统计分析,包括学生出勤情况、学习资料的使用、学习资源的利用、学习互动、课堂任务及小组合作等学习过程中的评价和参与课堂测验及阶段性考试等学习效果的评价。这是教师掌握学生学习情况的一个非常方便的手段,有助于提高教学水平。教师可以酌情参考并合理利用阶段性评价。总体性评价主要包括学生的个人期末考试成绩以及小组合作学习的成果汇报成绩等内容。总体性评价反映了学生在一个学期之内的综合性学习效果,也是教学评价的重要组成部分。

四、结语

基于移动智能终端的英语语法教学,将移动学习与传统课堂教学有机结合起来,是对以往单一课堂教学模式的一种变革,也是一种创新型学习方式。它拓展了学习者的英语语法学习时间,拓宽了学习者获取语法知识和相关资源的渠道,充分满足了学习者个性化学习的需求。与此同时,这一新型教学方式进一步加强了师生之间以及学生与学生之间的相互交流,激发了学习者参与网络在线和课堂互动活动的兴趣和主观能动性,有力地促进了英语语法教学效果的改善,是英语语法教学改革的有益尝试。

参考文献:

[1] 石子娟. 基于移动智能终端的混合式学习模式探讨[J]. 新课程(下),2016(8):152.

以合作与实践为基础的语言课堂教学
——美国 UW-PLATT VILLE 访学见闻

丁宝邝①

(北京联合大学师范学院 英语语言文学系,北京 100011)

[摘要]本文通过作者在美国威斯康星州立大学普拉特维尔分校访学时的见闻、听课与研究,客观总结了该校在普通应用本科特别是英语专业上的学科和教学特点,分析了该校在本科生培养上的理念和实践,并结合国内相关情况进行对比和总结,以期在英语教学上有更多有成效的思考和实践。

[关键词]建模;沟通;实践

一、引言

在美国威斯康星州立大学普拉特维尔分校访学期间,笔者参与了若干门课程的旁听,以及和访学课题相关的科研。同时,对于一些语言课程进行了仔细的研究,扩展了自己的学术视野,增强了对于外语教学的认识,在各方面都取得了很大的收获。同时,也亲身体验了学校丰富多彩的校园文化,加深了对美国大学生学习生活特色的认识。

二、UW-Plattville 课堂教学的特点

1. 完善的教学平台

这里的课堂教学对于新媒体教学平台的使用给笔者留下了极其深刻的印象,这种教学平台几乎覆盖了学生在校学习的所有方面,包括所有课程的学习资料、课堂内容、课后的讨论和作业,都在这个平台上得到了体现。这个平台还为学生自主学习提供了极大便利,有助于学生学习时间的管理,方便他们互相讨论和交流,以及后期教师对他们学习情况的指导和检查等。

2. 课堂教学的互动性

首先以创意写作课程为例,在这门课程中老师和学生所有的教学和学习活动以及作业处理都是在网上进行的,老师会在课堂上讲授 20 到 40 分钟之内的写作理论,并且当场会让

① [作者简介] 丁宝邝(1975—),男,汉族,安徽人,研究方向为英语语言学和英语教育。

学生有一些小的创作，重点是让学生课外进行创作，并上传到教学系统中，上课时教师和学生们一起分析每个人的创作。这门课很值得我们学习的一点就是把思想道德教育贯彻到了课程当中。比如老师所举的例子，所布置的写作题目都和学生的成长相关，包括他们的情感发展、家庭观念、职业取向以及个人及社会与国家之间的关系等。

另外笔者想谈谈西班牙语课，很有课堂气氛并且很有创造性。比如老师对于课堂的组织形式就很有特点，极大地减少了老师讲授的时间和内容，很少讲授所谓的语法点或者单词的用法，也不会像中国老师一样举很多的例子，而是几乎把所有的教学内容贯彻到具体的语言使用环境当中去，比如大量的对话，电影片段分析以及充实、有效和生动有趣的角色扮演等等，学生几乎忘记了是在学习一门新的语言，而是把精力放在如何交流上，从而带动了语言的学习。

3. 得当的教师自我建设

在这次访问期间，美国大学教师的个人学术追求、教学目标建设、教学细节把握等各方面都给笔者留下了深刻的印象。学校为每一位教师提供了单独的办公室，办公室内办公设施完善，并设有办公区和接待区，笔者经常能见到学生们登门拜访老师，探讨各种问题，师生互动非常频繁。教师们极为自律，理性看待师生关系，尊重学生学业取向和个人隐私，尊重人的发展规律和个人选择。另外，在这里，笔者体会到了课堂教学和学生的需要密不可分，教学的目的必须和学生的特点结合起来，并且在多方面对学生作出严格要求。教师必须在如何让学生对课程感兴趣，甚至启发他们做更深入的学习上多下功夫，从而增强课程教学的韧性和含金量。

三、对国内英语教学的相关反思

1. 改变传统的教学模式，重视语言输出能力培养

英语教师必须重视口语教学。以英语口语课为例，既探讨新的教学模式又探讨怎样提高大学生的英语口语能力。口语教学需要更多的提前准备，比如提前一周或者更多的时间让学生进行准备，适当减少课堂教学活动的随机性，因为，不充分的语言输入会导致语言输出质量的低下，降低教学成效，对教学资源也是一种浪费。教学任务必须明确，教学评价方法要告诉学生，再以组为单位确定主题的表现形式。课后准备就是让学生利用各种资源搜集资料。课堂展示就是要求每个小组进行大约 10 分钟的展示。课堂评估要求在小组表演完后按照评估标准进行打分，对存在的问题进行分析。

2. 改进学生的学习动机

教师应增强与学生之间的情感交流，一个和谐、生动的课堂气氛无比重要（Xu, 1991）。比如给学生更多探讨问题的自由，让他们毫无顾虑、轻松愉快地谈论自己的英语学习，引导学生对自己的英语表现进行有针对性的反思，借助不同程度和不同个性学生的回答，引导学生学会接受别人真诚和认真的评价，尤其要对习惯于沉默的学生多加引导和鼓励。提问学生时，要注重引导，有耐心，这比回答问题的内容本身更为重要，以免引起他们更深的焦虑，导致更多的交流障碍。教师要善于让学生意识到自己所学知识可以在实际的语言实践中得到充分的运用并取得成功，这样能使学生体验到学习成就，从而激发学生的学习信心和决

心，而且可以形成外语学习的氛围(Smith, 2011)。

3. 高度关注沉默学生

语言的学习高度依赖于语言实践，而语言实践的核心之一就是语言参与(Goodson, 2010)。不少中国学生在英语课堂上经常沉默，有客观上的原因，比如真的是水平有限，难以参与，但也有主观上的原因，比如习惯了用一支笔应付学习和考试，习惯了从脑到笔的学习方式，习惯了学习要用脑，而不是用嘴的传统思维。这将严重影响课堂进程和教学组织，更严重影响学生本人的语言能力培养。教师必须在这方面下功夫，促使学生放弃沉默，积极参与。没有学生参与的教学无异于教师的自我演讲，而对于语言课堂来说，这样的课堂体现的是一种失败的教学过程。

4. 改善师生交流

长期以来，教师和学生的配合是一个问题，因为它源于另外一个长期没有得到解决的问题，那就是，学习和教学是什么关系？教师角色和学生角色是对立的吗？认知学理论认为，教和学是一个整体，是一个过程的不同角度。教师不能只做知识的搬运工、宣传员，而是要积极参与学生的学习过程，而这个过程，必须是糅合进教学本身的，而不是独立于其以外的。所谓“我教了我应该教的，学不学是你的事”这种思想会割裂师生关系，把教和学分开，割裂了二者的关系，将不利于教学效果的达成。

四、结语

在此次访学期间，笔者认真对比了中美普通大学语言教学的异同，体会到了语言习得理论在美国的实践有他们自己的独到之处，很值得参考和借鉴。特别是，美国大学对学生学习资源的保障做得非常好，教学服务很完善，很有保障；教师和学生基于专业学习的师生交互，方式多样而直接，内容丰富而多样，给笔者留下了非常深刻的印象。语言课堂需要改进师生互动、教学一体性、提高课堂有效性等问题，这必须引起国内大学语言教师的高度重视。

参考文献：

[1] GOODSON，PATRICIA. Predictors of international students' psychosocial adjustment to life in the United States：a systematic review[J]. International journal of intercultural relations，2010(2)，90-91.

[2] SMITH，RACHEL. A review of the acculturation experiences of international students[J]. International journal of intercultural relations，2011(6)，44-45

Advantages and Disadvantages of Flipped Classroom in English Teaching

翻转课堂在英语教学中的优势与不足

周楚昀①

（对外经济贸易大学国际经济贸易学院，北京 100029）

[摘要]翻转课堂是当今英语课堂教学的一种新方法。它把课堂内的教学活动和课堂外的教学活动相结合，这种模式不仅有利于学生，也有利于教师和家长。将这种教学法应用于英语课堂中，会带来以下的好处：学生可以按照自己的节奏学习外语、英语教师可以不受地域限制相互合作、家长可以和孩子一起学习，并在有需要时及时帮助自己的孩子（尤其是低年级的孩子）。然而，任何事物都有两面性，翻转课堂也是如此。每个学生在活动中的参与度很难观察到，这导致它在英语教学中应用不足。虽然翻转课堂有缺点，但是作者认为应用翻转课堂这一教学方法在英语教学中利大于弊。在当今社会，利用翻转课堂在英语教学中是一种很好的教育方式。

[关键词]翻转课堂；英语教学法；教学改革

Abstract: The flipped classroom is a new pedagogical method in today's English classroom. It combines in-class activities and outside activities, which benefits not only students, but also teachers and parents. When applying this pedagogy in English class, students can learn a foreign language at their own pace, English teachers can collaborate with each other without geographical restriction, and parents can learn together with their children and help them in need, especially for junior grade students. It is clear that every coin has two sides, so does the flipped classroom. The engagement of each student in activities is hard to observe, which causes it to be inadequate in applying in English teaching. Although flipped classroom has disadvantages, I deem that the pros of flipped classroom in English class outweigh the cons. It is a good way to educate students in today's society that uses a rich variety of English learning resources.

Keywords: flipped classroom; English teaching pedagogy; teaching reform

① [作者简介] 周楚昀（1995—），女，汉族，北京人，来华英文留学生项目负责人，硕士学位，研究方向为教育领导力。

1. Introduction

The flipped classroom is a new pedagogical method in today's English classroom. The Flipped Classroom is an efficient way to provide a stimulating English learning environment for teacher and student alike, which is used by more and more teachers. Nowadays, the focus of Students-centered Teaching in our country has been curriculum reform. Flipped Classroom has advanced into one of the most welcomed teaching methodologies (Li Wang, et al, 2020), which can fit the needs of Students-centered Teaching. With the help of Flipped Classroom, students can have a better understanding of the learning content and learning objectives. At the same time, outside classroom activities or take-home activities boost students' self-learning abilities and improve problem solving skills (Yiou Huang, 2021). On the teaching resource platform, students can not only search for learning materials but also communicate with peers and teachers. Accordingly, they can discuss or solve problems in the first place. The information on the platform can assist students acquire the learning objectives under their own interests and own learning abilities. When students find the content difficult to understand, they can interact and watch, discuss, practice and learn over and over again until they acquire the knowledge finally. Flipped classroom creates a student-centered learning environment in English, which can effectively improve students' learning quality and English using ability.

2. The Advantage of Flipped Classroom in English Teaching

2.1 Students Learn English at Their Own Pace

As we all know that the English learning ability of each student is different, so normal classroom teaching can't possibly fit everyone's need, there are always the high achievers looking for more to do and those who struggle to master basic skills. In original English classroom, teachers often neglect students' differences and force students to keep the same pace in learning. However, with the help of the flipped classroom, there are multiple opportunities for students of all levels and interests to learn at their own pace (Hani Morgan, 2014). The various types of learning materials, resources, or videos the teachers gave before class provide students a lot of freedom in learning English. These information can assist students acquire the learning objectives under their own interests and own learning abilities. When students find the content difficult to understand, they can interact and watch, discuss, practice and learn over and over again until they acquire the knowledge finally. Flipped classroom creates a student-centered learning environment in English, which can effectively improve students' learning quality and English using ability.

2.2 English Teachers Collaborate Together without Geographical Restriction

In today's English classroom, some teachers do not keep up to date with the advanced teaching methodology due to the lack of academic communication. They still use the traditional teaching mode in English class and neglect to mobilize the enthusiasm of the students. Accordingly, the quality of English teaching is difficult to improve in their classroom. With the development of fast-pace society and education reformation, the traditional teaching instruction is unsuitable for English learning. Only by keeping up to date with the advanced teaching methodology and keeping learning can English teachers teach students effectively and successfully. Flipped classroom provides a golden chance for teachers to communicate together, to learn from each other as well as to collaborate on teaching issues (Hani Morgan, 2014). By sharing video on the Internet, English teachers can easily have access to others' teaching and ideas so that they can improve their own work. In this way, no matter you are in big cities or small countries, you can communicate with other domestic and overseas English teachers at any time.

2.3 Parents Cooperation

For some students, especially for the junior grade students, they may find it difficult to finish the school work all by their own. Under this circumstances, parents' cooperation in learning is of great demand. Flipped classroom assists parents who want to help their children academically by engaging with the videos. Nowadays, with the raising standard in English education, parents find it difficult to help their children academically because they have forgotten specific academic skills or are not aware of new standards and ways of learning (Hani Morgan, 2014). By watching the videos, parents can learn with their kids and help their children immediately as they understand expectations. Flipped classrooms are the parents' preferred way of instruction for their children according to a parent survey.

3. The Disadvantage of Flipped Classroom in English Teaching

As for the disadvantages of the flipped classroom, the engagement of each student in activities is hard to observe. It is hard for teachers to examine whether the students watch the videos or not (Hani Morgan, 2014). And it is difficult for teacher to see whether the students are learning or not. For the students with good self-control and initiative, they can finish all the requirements before class. However, for the students lack of the abilities to learn English by themselves, Flipped Classroom may not work very well. Although the system can record the percentage of videos a student watch, we can hardly verify the authentic. How to effectively guide students to make good use of the learning materials before, in or after class is what the teacher should think carefully before applying Flipped Classroom in English teaching. Teachers should also contemplate how to combine self-evaluation or group evaluation in activities to assess the English learning outcomes(Yiou Huang, 2021). Furthermore, it is not easy for students who cannot have access to technology tools at home (Musallam, 2012). Although electronic products can be easily available by students nowadays, we cannot leave a single student behind. Opening library during weekends or after class, may be a good solution.

4. Conclusion

Although flipped classroom has disadvantages, it is a good way to educate students in today's society that uses a rich variety of learning resources. When students had been supplied with optional videos to watch at home, they came to class much better prepared than when they had been given a textbook to read. As a teacher, we should think about both the pros and cons of the flipped classroom when we apply it in our class. I deem that the best way is to use flipped classroom as a motivational tool for students who do not prosper in the classroom. It means that we might think of using it two or three times a week to motivate students' learning. It is clear that if you use it everyday, watching videos will bore students and maybe they will not watch them anymore, but some students may benefit from the repeated opportunities to learn.

Reference

[1] WANG L, WANG W, LIU B, Overview for development and core elements of flipped classroom concept[J]. International journal of social science and education research, 2020, 3(7): 1-5.

[2] HUANG Y. Implementation and effect analysis of flipped classroom teaching of management in application oriented universities[J]. International journal of social science and education research, 2021, 4(3):374-378.

[3] HANI M. Focus on technology: flip your classroom to increase academic achievement[J]. Childhood education, 2014, 90(3):239-241.

新入职教师对学术英语教学模式的探索与展望

李洪欢[①]

（中国政法大学外国语学院，北京 100088）

[摘要] 为了适应高等教育国际化趋势和响应国家教育战略任务，学术英语课程在高校大学英语教学的改革过程中突显了其课程的优势，但是关于学术英语的定位、教学模式等维度还有待讨论。新入职教师结合了以往国内外学术英语教学研究基础以及作者在英国杜伦大学语言班、DCAD（杜伦大学技术发展中心）关于英语学术技能课程的学习经验和在杜伦大学教育学院、商学院的教学经历，通过尝试侧重于学生学术英语技能的发展对学术英语教学模式进行了探索与展望。

[关键词] 学术英语；教学模式；教学改革；新入职教师

作为新入职教师，也为了响应新文科对课堂教学改革的新要求，对学术英语教学发展方向的探索不仅是目前高校课堂和学术英语教学改革面临的重要任务，而且也是刚从国外留学归国的新教师融入国内大学教学体制和响应国家高等教育政策的良好契机。Hutchinson & Waters 认为学术英语（English for Academic Purposes，EAP）是为学习者专业学习提供语言支撑的教学。为了响应《中国教育现代化 2035》的教育战略任务“开创教育对外开放新格局，全面提升国际交流合作水平，推动我国同其他国家学历学位互认、标准互通、经验互鉴”的目标，2020 年《大学英语教学指南》中提出“大学英语课程可通过专门用途英语教学让学生学习与专业相关的学术英语或职业英语，获得在学术或职业领域进行国际交流的相关能力”，并在教学目标中提及“要培养人文精神和思辨能力，使学生在学习、生活和未来工作中能够恰当有效地使用英语”。因此，从人才培养和课程需求的角度来看，学术英语的课程设置应该更适合高等教育国际化要求，亦有助于培养专业领域的国际化人才，从而促进专业发展国际化，进而迎合高等教育国际化目标，并且，学术英语的课程设置也需要语境的支撑，从而发展特定学科中的语类能力和元话语能力等各类专业语言技能。但是，学术英语之争也在学术界以及教学实践中持续发酵：关于学术英语是否需要替代通用大学英语还是要与其并存的问题。并且，尽管高等教育国际化趋势进一步突出了学术英语的地位，各高校也进行了大学英语教学的改革，促进了学术英语的传播，但目前关于学术英语的定义、教学模

---

① [作者简介] 李洪欢（1994—），男，汉族，博士，中国政法大学外国语学院英语教师，研究方向为英语学科教学、教师教育发展和现代教育技术。

式等维度还有很多问题尚未定论。

自 2012 年我校进行大学英语课程改革以来,大学英语和学术英语之间就有着一根既神奇又神秘的纽带。在国际化日益发展和教育信息化政策推进以及学术英语课程教学模式改革过程当中,高校教师,尤其是从海外留学归来新入职的教师,在实践学术英语教学的过程中还是会产生许多新问题,也需要持续地根据国家教育政策与国际形势进行及时调整。本文将基于我国高等教育政策和课程国际化,对我校为大一新生开设的学术英语课程进行教学模式的探索与展望。

作为留学归国后刚入职的新教师,笔者结合了以往国内外学术英语教学研究基础,在英国杜伦大学语言班和 DCAD(Durham Centre for Academic Development)关于英语学术技能课程的学习经验,和在杜伦大学教育学院、商学院的教学经历,并在 2021 年秋季学期对学术英语的课程模式进行了改革的尝试,即从传统以讲授为主的"大学综合英语"的教学模式到以学生为中心并侧重于学术英语技能的学术英语课堂教学模式的调整与改变。因此,2021 年秋季学期的学术英语(一)课程设置大致分为 7 个部分:Lectures(课堂讲授),Workshops(工作坊),Seminars(研讨会),Tutorials and Reviews(辅导课与复习课),Debate(辩论),Presentation(演讲),Office Hour(课下面谈时间)。其中,课堂讲授(Lectures)紧扣教材内容,通过对《学术思辨英语》教材(复旦大学出版社)前五单元的集体备课和内容的深度分析与挖掘,包括对课文内容以及此门课教学资源的增补和教学资源电子化建设以应对信息化时代下的学术英语教学模式和内容的改革,并在此基础上对传统的课堂讲授进行更新与改进,力求实现学术思辨英语教材的主要目标,把学生的被动学习变为主动思考,把碎片化的知识获取变为系统性的知识梳理,在能力上提升学生的思辨意识和与之对应的英语表达能力。同时,这门课也将思政元素通过教师自身在国外多年留学的体验和感受润物细无声地融入课堂教学当中,并始终把立德树人作为学术英语课程教学的根本任务。

工作坊(Workshops)和研讨会(Seminars)的主要目的是在结合学术英语思辨这本教材的基础上,提升学生学术英语核心素养(Core Literacy of Academic English),通过不同形式的学习方式来辅助学生形成具有学术特征的思维观,同时也可培养学生的国际化视野。在新学期伊始,学生通过对自己学习策略的了解和对学习元认知的培养,对小组合作形式的初探,和对研讨会教学模式的渐进式的熟悉,让学生对学术英语的课程形成一个初步的概念。随着与本科一年级水平相适应的学术英语工作坊和研讨会的展开和推进,使学生们意识到大学学术英语的教学目标与高中英语教学目标的异同之处,从而让学生们能够更加有的放矢地进行学术英语的学习。其中,在外语教学与研究出版社和我校大学英语教研室共同举办的学术英语课程人文经典阅读分享会中,学生通过栩栩如生的文字阅读展示出中西文化之间碰撞的激烈的火花和对中国优秀文化的传扬与继承的肯定。

辅导课与复习课(Tutorials and Reviews)多以师生游戏互动、学生小组学习、学生个人学习和师生一对一辅导的模式开展,从而满足每个学生的个性需要和期望,促使每个学生都主动、生动活泼地发展,进而突显立德树人的人才培养模式和学生自主学习能力探索的深刻内涵。英文辩论课(Debate)不仅加强了对学生思辨能力的培养,而且通过与时事的紧密关联,学生也锻炼了如何用英语来表达严谨的逻辑、犀利的观点,进而加强了学生对于国际视野的培养与训练,也彰显了我校的法律特色,为今后涉外法律人才的培养奠定了坚实的基础;并且,在辩论赛的设置中,也加入了时事政治的元素,从而促进法学学科学生在进行专业知识学习的同时,也关注社会时事,进而增强社会责任感。同时,小组以课文单元为主题的演讲和个人以“家乡”主题的演讲(Presentation)可以巩固学术英语课程当中课文和语言知识点的学习,培养学生树立正确的价值观和小组合作精神,在培养学生学术英语能力(EAP Competency)的同时涵养他们兼容并蓄的胸怀和家国情怀,增强民族认同、文化认同与国家认同,提升以英语语言为媒介的“中国表达”的能力和“中国文化”的自信,让学生能够在学习学术英语这门课的同时也能讲好中国故事,弘扬中国文化。另外,学术英语的设置除了与学生课堂内的互动,还设置了课下额外的与同学面谈和答疑的时间(Office Hour),从而在教学中把知识传授与思想教育相统一,发挥学科教学内容、教学方式方法和教师人格的育人作用。

通过第一学期对我校现有的学术英语课程体系的初体验和对国外语言课(EAP Course)模式的借鉴,作为一名新入职教师,在2021年秋季学期在对学术英语(一)的教学探索过程当中发现了以下几个关于学术英语课程教学模式的疑难点。

首先,学术英语这门课程到底是重“学术”还是重“英语”,是强调“通用学术英语”还是强调“专门学术英语”。虽然第一个学期已经进入尾声,但是作为新教师,笔者还是会在这个问题上面迟疑不决并无法给出定论。因为在第一学期的学术英语(一)教学大纲当中,有课文、词汇、转义、翻译等“英语”教学的要求,又有对各种学术技能训练内容的“学术”要求。其中,既有对阅读技巧、文献检索技巧、学术演讲能力等“通用学术英语”的涵盖,又有对于我校优势学科法学学科各类学术话题的涉及。未来进行探索的领域可以围绕着未来我校学术英语的发展,例如如何适应新时代的发展,如何把学术英语和国际化人才培养结合起来,如何跳出“大学英语”教学的舒适圈从而进行“真正”的“学术英语”的教学工作。因此,在国际化背景下学术英语的“后大学英语时代”当中,如何对我校学术英语教学进行一个精准的定位,如何与我校人才培养方案相适应与配合将是在今后学术英语教学过程当中需要着重思考的问题。

其次,由于教研室所给出的教学大纲当中已有丰富的教学安排,但是在“学术”内容方面又有待完善,再加上自己非常希望把国外留学学习到的关于学术英语的教学模式融入学术英语(一)课程的教学当中,从而导致学生和教师双方都感觉到极大的课程压力,因此这门课给学生们的直接感受既是“包罗万象”,又是“压力倍增”。从高中刚刚毕业的大一新生不仅仅要学习和掌握学术思辨英语教材当中所规定的单元章节难点与重点,还要进行各类“超规格”的学术技能的训练,比如说各领域热点话题文献检索的能力,按照学术规范撰写文献综述的能力等。另外,学生的形成性评价对于学生来说也是“一波未平,一波又起”,每周学习反思的撰写、课内的文章总结、课外的文本阅读和额外的读书报告、学术海报设计与制作、各类研讨会和工作坊等,学生每周都会阶段性地受到学术英语的“进攻”,这也无疑极大地增加了学生的课业负担。同时,大一新生对于“学术”的概念和评判亦是“人云亦云”,教师在教学过程当中,不仅要对一些学术概念进行重复讲解,还要对每位学生的学习反思、课内文章总结、课外阅读读书报告、学术海报等作出及时的反馈以确定学生的学术发展“方向”。在学术英语(一)第一学期的形成性评价当中,任课教师需要占用相当一部分休息时间对每位学生的作业评阅多次,例如每周学习反思的撰写、课内的文章总结、学术海报设计与制作等。同时又要对学生多次提交的作业进行及时性和建设性的反馈来满足对学生进行“个性化”指导的效果。

因此,在教育信息化时代,如何能够利用现代教育技术来减轻教师和学生的课业负担,如何能够让教师更多地满足每一位学生的学习需求,如何能够利用电子教学资源来进行学术英语本地化的可持续性的发展,如何在教育信息化时代和国际化背景下对学术英语教学模式进行改革,将是今后学术英语教学当中需要进行探索的重点。另外,面对新时代新要求,在学术英语教学当中的课程思政建设工作还需要继续探索、深化和完善,努力实现教师与学生的同频共振,以在课堂更多地体现立德树人并实现更佳的润物细无声的育人效果。

参考文献:

[1] 蔡基刚. 中国高校实施专门学术英语教学的学科依据及其意义[J]. 外语电化教学，2018(1):40-47.

[2] 赵艳琳. 大学英语教学转型——从通用英语到学术英语[J]. 教师,2021(11):42-43.

英语教师教育与发展研究

英语(师范)专业人才培养方案改革的文本调研报告——基于北京联合大学师范学院2023版培养方案制修订背景

杨岸青[①]

(北京联合大学师范学院 英语语言文学系,北京100011)

[摘要]在北京联合大学启动2023版培养方案制修订工作暨师范专业认证的背景下,对华东师范大学、上海师范大学和南阳师范学院的英语(师范)专业进行文本调研。对照师范类专业认证标准、教师教育课程标准的相关要求,重点围绕培养目标—课程设置—实践教学环节3个维度进行人才培养方案的比较分析,从而有助于更加清晰地定位英语师范人才的培养目标,使即将展开的2023版英语(师范)专业培养方案的制修订工作更加合理,可以将英语师范生培养成为能够在北京市小学教育领域从事英语教学和研究的高素质、应用型小学英语教师。

[关键词]人才培养方案;文本调研;师范类专业认证

一、引言

英语(师范)专业人才培养方案是在北京联合大学启动2023版培养方案制修订工作暨师范专业认证的背景下展开的。根据北京联合大学师范学院的总体部署,英语(师范)专业拟于2023年正式参加师范类专业认证工作。围绕上述两项工作,英语(师范)专业先期开展了英语(师范)专业2023版培养方案的文本调研工作。根据北京联合大学师范学院教务处的要求,每个系部至少调研3个同名师范类专业培养方案,涉及院校覆盖1个985或211师范类院校、2个地方型师范类院校。其中,对于单科类师范类专业,可参照小学教育(专业方向)模式进行调研,专业方向为单科类师范类专业。为此,英语语言文学系调研了3个同名师范类专业培养方案,涉及院校覆盖1个985或211师范类院校以及2个地方型师范类院校。

根据要求,在本次文本调研中,调研工作的主要内容是了解上述院校英语(师范)专业人才培养方案和师范类专业认证工作,对照师范类专业认证标准、教师教育课程标准的相关

① [作者简介]杨岸青(1967—),男,云南江川人,博士,教授,研究方向为英国文学和英语教育。

要求，重点围绕培养目标—课程设置—实践教学环节3个维度进行培养方案的比较分析，从而有助于更加清晰地定位英语师范人才的培养目标，使即将展开的2023版英语（师范）专业培养方案的制定更加合理，也为学生将来能够走进小学学习和实践打下良好的基础。英语语言文学系文本调研列表见下表。

英语语言文学系文本调研列表

调研院校	院校简介	调研专业	文本名称
华东师范大学	2017年入选双一流大学建设高校A类	英语专业（师范）	本科生培养方案2021年6月2日英语系英语专业（师范）
上海师范大学	2017年入选教育部卓越教师培养计划实施院校	英语专业（师范）	外国语学院英语专业师范培养方案（2021）
南阳师范学院	河南省属普通本科高校	英语专业（师范类）	英语专业人才培养方案（2020版）

二、英语（师范）专业文本调研的主要内容

（一）培养目标分析

1. 目标定位

作为双一流大学的院系，华东师范大学英语（师范）专业的培养目标起点较高，该专业致力于培养适应国家教育改革发展需求，具有高度社会责任感和使命感、良好道德修养和心理素质、较强创新精神和团队协作精神，有理想、有道德、有知识、有文化、守纪律的教研型卓越教师。

作为地方性院校，上海师范大学立足上海、面向全国，培养理想信念坚强、师德高尚、教育情怀深厚、人文素养良好、学科知识扎实、专业能力和跨文化能力强、教育教学能力突出，具有国际视野、创新精神、反思能力及合作精神，在中小学英语教学、教研及管理等方面的骨干教师。

作为河南省属普通本科高校，南阳师范学院英语（师范）专业的培养目标则更接地气，对英语师范生的培养目标更加务实，立足南阳、服务河南，致力于培养热爱教育事业，德智体美劳全面发展，具备扎实的英语语言基本功、系统的教育教学知识与师范技能、良好的文化素养，具有终身学习与发展能力，身心素质健康的（基础教育骨干教师）社会主义教育事业建设者与接班人。

和双一流大学相比，两个地方性院校更着力于服务所在省市的具体需要，强调英语能力、教育教学能力的培养以及师德的养成，而双一流大学的目标定位则在此基础上更高、更广，视野更为宽阔。

2. 能力要求

华东师范大学对师范生的能力要求是全方位的，毕业要求竟达11条之多。该专业要求

学生要掌握扎实的英语语言知识和语言交际能力,具备较强的英语教学实践和研究能力。对师范生毕业5年后的期望则包括具有较强的自主发展能力、不断拓展国际视野和跨文化交际的能力、具有较强的教育实践能力、能开展高水平的教学研究能力和班级管理能力。

上海师范大学的毕业要求则中规中矩,能力要求表述以师范认证标准为准,即具有专业能力和跨文化能力,能够依据中小学英语课程标准,针对中小学生身心发展和学科认知特点,运用英语学科的理论教学。

南阳师范学院则要求师范生具有扎实的英语语言基础知识和跨文化交际能力,具有较强的英语学科教学组织能力。和上述两所院校最大不同的是,南阳师范学院同时要求师范生了解中学德育方法,具有教书育人意识,课堂能够合理融入课程思政内容。在课程思政方面,南阳师范学院具有超前意识,这是前两所院校所不具备的,这一点值得我们进行学习。

3. 知识要求

华东师范大学对师范生的知识要求较高,该专业要求学生拥有完善的英语专业知识结构、良好的人文素养、一定的国际视野和较高的信息化水平,并丰富和加深对英语教学理论的理解。对师范生毕业5年后的期望则包括完成在职教育硕士进修学习任务,获得硕士学位,体现了双一流大学高标准和严要求。

上海师范大学要求师范生学科知识扎实,掌握英语学科的基本知识、基本原理和基本技能,理解英语学科知识体系的基本思想和方法。

南阳师范学院要求学生具备扎实的英语语言基本功以及系统的教育教学知识。在毕业要求方面,南阳师范学院还要求师范生熟悉中国语言文化知识,了解我国国情和国际发展动态;掌握相关人文社会科学和自然科学基础知识。在这一点上,该学院与前两所院校相比更具超前意识,与目前开展的“三进”工作的目标较为接近,值得我们借鉴。

4. 素质要求

华东师范大学对师范生的素质要求体现在职业素养方面,要求师范生具有创新能力、批判性思维和综合素质,成为适应社会主义现代化教育事业发展需要、从事英语教学与研究或相关教育管理工作的卓越的高素质人才,即要求师范生成为师德高尚、教育情怀深厚,追求主动发展、专业发展,并能不断自我更新和完善的面向未来的卓越英语教师。

上海师范大学要求师范生师德高尚、教育情怀深厚、人文素养良好、教育教学能力突出,具有国际视野、创新精神、反思能力及合作精神。

南阳师范学院的素质要求主要依据《中学教师专业师范生教师职业能力标准(试行)》,着力培养能够适应中学英语学科教学与教育管理要求,有理想信念、道德情操、扎实学识、仁爱之心的好老师。

(二)课程设置

1. 课程结构分析

1)华东师范大学英语专业(师范)

总学分:156学分

总学时:3 618

公共选修课:30学分,占19%

通识教育课程:12 学分,占 8%

学科基础课程:24 学分,占 15%

专业教育课程:69 学分,占 44%

教师教育课程:21 学分,占 14%

在学科基础课程、专业教育课程和教师教育课程中,实践课程共 32 学分,占 21%。

2)上海师范大学英语专业(师范)

总学分:155 学分

总学时:2 848

通识教育课程:38 学分

教师教育课程:7 学分

专业教育课程:84 学分,包括

专业基础课程:44 学分

专业主干课程:22 学分

专业方向课程:18 学分

专业拓展课程:9 学分

实践类课程:17 学分

3)南阳师范学院英语专业

总学分:169.5 学分

总学时:2 649

通识教育课程:通识教育必修课 41.5 学分

通识教育选修课 8 学分

学科基础教育课程:39 学分

学科专业课程:专业核心课 19 学分

专业选修课 15 学分

教师教育课程:教师教育核心课 20 学分

教师教育选修课 2 学分

实践教育:教育见习 1 学分

毕业实践 14 学分

综合实践 10 学分(第二、第三课堂自主完成)

分析:华东师范大学和上海师范大学英语师范专业学分接近,但是前者学时较多。而南阳师范学院英语专业总学时则为 169.5。学分的多少很大程度上与生源质量的高低成反比,生源质量较高,学分可以压缩;生源质量一般,则需要多开课程、增加学分以确保足够的人才培养时间。

2. 专业核心课程设置分析

1)华东师范大学英语(师范)专业

专业核心课程包括:①学科基础课程:共计 4 门,综合英语(Ⅰ-Ⅳ),共计 16 学分, 288 课时,第一至第四学期开设;②专业必修课程:共计 24 门,学分要求为 51 学分,总课时为 1 044,第一至第六学期开设。其中具有特色的安排是包含如下课程:当代国际关系(2 学分）、学术论文写作和毕业论文（6学分）。

2）上海师范大学英语（师范）专业

专业核心课程包括以下方面。根据该专业培养方案的定义，专业基础课程和专业主干课程为专业必修课程。其中：专业基础课程共计22门课，需修满40学分；专业主干课程共计12门课，需修满22学分。其中专业基础课程均为英语专业课程；专业主干课程则包含中国文化概要（2学分）、研究方法与论文写作（2学分）、英语课程与教学论（2学分）、中小学英语课程标准解读（1学分）、微格教学（0学分16课时）、中国故事口译实践（2学分）、外语教学理论与实践（2学分）等特色课程。

3）南阳师范学院英语专业

专业核心课程包括以下方面。

①学科基础教育课程：12门课，39学分，均为英语专业基础课程；

②隶属于学科专业课程的专业核心课程：共计10门课，19学分，基本为英语高年级课程，并包括：西方文明史（2学分）、中国文化概要（2学分）。

分析：从上述3所院系的专业核心课程的设置可以看到，在专业基础课程方面，3所院系区别不大，基本上开设的都是英语基础课程，均为基础必修课程，包括综合英语、英语语音、英语口语、英语阅读、英语写作等；3所院系的所谓专业主干课程或专业必修课程所指的均为英语专业高年级课程，在这方面3所院系各具特色，其中华东师范大学和南阳师范学院的课程设置较为传统，所开课程是已运行多年的英语专业高年级课程。其中南阳师范学院的做法可以理解，对于这类地方院校英语技能的培养是首要的。唯独上海师范大学在这方面与时俱进，具有鲜明的时代特色，为专业核心课程探索出了新路。比如：将几门英语教育类课程融入专业核心课程之中，英语课程与教学论（2学分）、中小学英语课程标准解读（1学分）、外语教学理论与实践（2学分）这些课程有机地融合了英语类和师范类课程，堪称融合类课程的典范；而中国故事口译实践（2学分）这门课则直接呼应了外语类院校“三进”工作的开展。但是，上海师范大学在创新课程模块的同时，也有分类不太科学的地方，比如微格教学（0学分16课时）这类实践课也被列入进来，这个需要注意。

3. 教师教育课程设置分析

1）华东师范大学英语专业（师范）

教师教育课程：共计21学分，占比14%，包括：①教育理论类课程2门：心理学、教育学（4学分）；②教学技能训练课程2门：信息化教学设计与实践、教学技能训练（3学分）；③学科教学课程3门：英语教学技能发展（Ⅰ，Ⅱ）、英语学科教学法（6学分）。

2）上海师范大学英语专业（师范）

教师教育课程：共计7学分，四门课：教育学原理（2学分）、中学生心理学（2学分）、学校教育改革专题（2学分）、中学教育心理学（2学分）。从该专业开设的中学生方面的教师教育课程可以看出，这些课程开设得更为精准，直接对接培养目标和毕业要求。此外，该专业在专业方向课程中设了英语教学模块，比如：教学活动设计（2学分）、英语试题设计（2学分）、教师语言与演讲（1学分）、二语习得研究（2学分）等；并在拓展课程中又设立了人工智能与教学模块，比如语料库语言与英语教学（2学分）、英语学习软件应用与二次开发（1学分）、人工智能辅助英语教学（1学分）、爱心学校班级管理与教学实践（2学分）等。

这些课程都可以视为教师教育类课程,但是在该专业均不计入教师教育类课程。

3)南阳师范学院英语专业

教师教育必修课程为11门,合计20学分,其中学校心理辅导、教师专业发展、班主任工作及班级管理为特色课;中学英语教学设计、中学英语课程标准与教材研究则直接对标培养方案,有的放矢。此外,该专业还开设了11门课,至少选修2学分,其中:英语师范生教学技能训练、中国英语教育史、英语学习策略、教育政策与法规解读、教育名著选读等课程较有特色。综上,南阳师范学院的教师教育必修课和选修课学分合计为22学分。

4. 实践教学环节的比较与分析

1)实践教学内容、实践教学学分、实践教学学时

(1)华东师范大学英语专业(师范)。

学科基础课程、专业教育课程和教师教育课程中,实践课程共32学分,占总学分的21%。其中:

教育见习(一)(1)(第5学期36学时)

教育见习(二)(1)(第6学期36学时)

教育实习(6)(第7学期216学时)

(2)上海师范大学英语专业(师范)。

实践教学类课程9门:教育见习(0.5)、创新实践(理论)(1)、教育见习(第5学期)(1)、教育见习(第7学期)(1)、教育实习(6)、教育研习(第8学期1周)(1)、毕业论文(6)、创新实践(实践)(第5、7、8、10、11学期共计16学时)。

(3)南阳师范学院英语专业

实践教育课程分为以下两类。

①毕业实践:教育见习(1)(第6学期2周)

教育实习(8)(第7学期18周)

毕业论文(设计)(6)(第8学期10周)

②综合实践:综合素质教育(10),第二、第三课堂自主完成。

2)教育见习、教育实习具体周数安排

(1)华东师范大学英语专业(师范)。

教育见习(一)(1)(第5学期36学时)

教育见习(二)(1)(第6学期36学时)

教育实习(6)(第7学期216学时)

(2)上海师范大学英语专业(师范)。

实践教学类课程9门:教育见习(0.5)(第4学期1周)、教育见习(第5学期1周)(1)、教育见习(第7学期1周)(1)、教育见习(第8学期1周)(1)、教育实习(第10学期)(6)、教育研习(第8学期1周)(1)。

(3)南阳师范学院英语专业。

实践教育课程分为:①毕业实践:教育见习(1)(第6学期2周)

②教育实习(8)(第7学期18周)

5.调研院校人才培养模式分析

在OBE教育理念的视阈下,人才培养模式是由培养目标和毕业要求决定的,也是实现培养目标和毕业要求的必要手段。仔细研读上述3所院校的培养方案可以看出,其人才培养模式均最大限度地呼应了本专业的培养目标和毕业要求。

1)华东师范大学英语专业(师范)

作为国际大都市上海的双一流高校,华东师范大学英语专业(师范)的培养方案秉承全时空育人理念,其人才培养模式是由英语课程设置、养成教育与毕业要求的关系矩阵决定的。其培养目标和毕业要求均为顶格要求,强调的是完善的专业知识结构、良好的人文素养、一定的国际视野和较高的信息化水平;要求学生通晓英语教学理论,具备较强的英语教学实践和研究能力。其毕业要求超出了教育部师范类认证中学教育标准规定的8个能力,拓展为11条。课程结构并没有太大调整,但是学时达到3 000以上。此外,该专业制定了详尽的养成教育方案,着力发展德智体美劳各项能力与素质,要求学生必选内容和任选内容的活动合计必须20项以上,所覆盖的活动模块(共11个)不能少于8个。此外,在培养方案中还为师范生推荐了135本中外经史哲、文学作品的书单。这些活动呼应了华东师范大学的全时空育人理念。这个浸透着全时空育人理念的人才培养模式可以归结为:英语技能培养+英语教研能力+实践活动。

2)上海师范大学英语专业(师范)

根据培养方案,其专业课程结构分为五大板块。其中通识教育课程旨在进行人格和公民教育,涵养人文情怀与气质;教师教育课程旨在培养师范生的基本职业素质;专业教育课程旨在强化专业知识,提升人文素质;专业拓展课程旨在让学生可以根据自己的专业发展方向和职业规划在不同模块中选修一定课程;实践性环节则包括创新时间、教育见习、实习、研习和毕业论文。这五大板块环环相扣,既有衔接也有融合,将英语专业和师范类教育课程有机地融合到一起,形成你中有我、我中有你,互为渗透的"1+1 > 2"的理想模式。

3)南阳师范学院英语专业

南阳师范学院则从自身的办学定位出发,立足南阳、服务河南,致力于培养本省本市的师范人才,其培养模式中规中矩,践行"以学生为中心、以产出为导向、持续质量改进"的理念,并依据《中学教育专业师范生教师职业能力标准(试行)》,围绕学生素质、知识、能力,着力于培养能够适应中学英语学科教学与教育管理的"四有"好老师。从其培养方案和课程设置可以看出,其人才培养模式更为实用、更为接地气、更着眼于就业,其主干学科为英语语言文学,但是其开设了大量的教师教育课程,无论是必修课和选修课,都比较丰富,既实用又有趣,还比较具有针对性。其英语专业课程亦体现了该专业的针对性和灵活性,比如其开设的"中学英语语法"。此外其人才培养模式的另一大特色是其对实践的重视,比如在专业选修课程中开设了语音实训、听力实训、TEM实训、口语实训等,这些课程将英语知识培训变成了对英语专业四级考试等等级考试具有针对性的英语技能实践课,很有创意。南阳师范学院的另一个务实之处是根据生源的具体水平设定相应的学分,其总学分为169.5学分,为培养合格人才设置更为基础的课程。

三、英语(师范)专业文本调研的主要启示

就3所院校系部所进行的同名师范类专业培养方案的文本调研,结合师范类专业认证的标准,对2023版英语(师范)专业的制修订工作的主要启示如下。

首先,要进一步完善OBE教育理念下的课程与教学设计,正如《北京联合大学新版普通本科培养方案指导性意见》所指出的:“纵向上,进一步完善人才培养目标、毕业要求及指标点、课程目标支撑关系,凸显出毕业要求的支撑度和完成度。横向上,以专业认证/评估为标准,优化课程内知识结构,理顺课程间逻辑关系。”培养目标和毕业要求决定了人才培养模式,而人才培养模式是实现培养目标和毕业要求的必要手段。上述3所院校系部的培养方案均是以OBE教育理念为指导。

北京联合大学师范学院英语(师范)专业的人才培养目标和毕业要求首先应该服从于北京联合大学的办学定位,根据《北京联合大学章程(2022年修订)的通知》,学校对标北京“四个中心”城市战略定位,建设高水平应用型大学,办学宗旨为“发展应用型教育、培养应用型人才、建设应用型大学”。同时,培养方案还需要依据《北京联合大学“十四五”专业建设与发展规划(征求意见稿)》以及北京联合大学师范学院的“十四五”规划制定。根据办学定位,北京联合大学师范学院英语(师范)专业培养的应该是服务北京市属小学的敬业、合格的教育工作者。其次,人才培养目标和毕业要求应该突出北京联合大学“培养应用型人才”的办学宗旨,从学科专业角度,未来小学英语教师应该具有过硬的英语专业知识。英语(师范)专业必须以学习和研究英语语言和英语教学为主线,学习研究英语语音、语法、词汇等语言知识,学习研究现代教育理论知识和英语学科教学知识,培养综合运用英语语言能力,掌握英语学科核心素养,培养英语学科教学能力。其中专业基础课应涵盖基础英语、英语语音、英语听力、外教口语、英语阅读、英语视听说、英语写作、口译、笔译、英美文学作品选读、英语语言学基础、第二外语。同时应尽量做到按照师范类专业认证要求开设课程。英语教师教育平台课则应涵盖必修课,包括教育学、教育心理学、英语学科教学论、英语教学设计与教学技能、优秀英语教师案例分析、小学英语教材研究、英文绘本阅读与教学、基础教育英语教学改革与实践。选修课则应涵盖英语教育技术、英语教师教育与发展、英语教师口语、第二语言习得、英语课堂管理、英语语言测试与评价、英语戏剧教学等课程。

教师作为小学生们极其重要的人生导师,其专业素养和综合素养都十分重要。除了应具备扎实的专业知识和专业素养之外,还应大力增加实践教学比重,增设教育见习和教育研习。大胆改革教学实训课,采取请进来、走出去的办法,请小学老师进课堂现身说法,也让英语师范生走到小学一线课堂去切实历练。如果有条件,实践活动可以延长至1年。英语师范生最好顶岗执教,及早积累班级管理的经验。通过锻炼学生的执教能力,让未来教师具备较强的教学能力,能用专业知识上好专业课。从师范类认证标准方面,小学英语师范专业人才的核心素养还包括沟通协调能力和优秀人格品质。应培养学生的沟通能力,让学生学会和学生、家长沟通。教育工作者最大的意义不在于简单地把书本的知识传递给学生,而是在教学过程中立德树人。英语师范生要热爱自己的职业,热爱自己的学生。要具备一定的情

商,善于与学生、家长、同事、领导进行顺畅的沟通,建立良好的师生、家校关系对于教育和教学也是至关重要的。综上所述,英语师范专业的培养目标是培养英语能力、英语专业知识与英语教育教学能力齐头并进,拥有较好的人文综合素养以及开阔的国际视野,富有创新精神,具有独立思考能力与一定科研能力的应用型、高素质小学英语教师。

参考文献:

[1] 教育部高等学校外国语言文学类专业教学委员会英语专业教学指导委员会. 普通高等学校本科外国语言文学类专业教学指南(上)[M]. 北京:外语教学与研究出版社,2020.

教师专业发展的个人理论诉求

李海霞①
（北京联合大学师范学院 英语语言文学系，北京 100011）

[摘要] 教师在教学中存在依赖经验的倾向，这是因为经验中存在原始态的理论使教师能够快速、有效地解决教学中的问题。但是，原始态的理论只能使大部分教师停留在胜任阶段。因此，教师需要将原始态的理论升级为成熟的个人理论，包括个人教育哲学和个人教育理论2种类型。教师通过树立自觉的专业意识、在经验中学习和在交流中学习来接近理论。

[关键词] 经验；个人教育哲学；个人教育理论

经验对处于不同专业发展阶段的教师具有不同的价值：新手教师有赖于经验的逐渐积累以度过生存期，熟手教师在经验的日益丰富中形成实践性知识而确证专业地位，专家型教师的成长则离不开经验对理论和实践的融通。但是，正是因为经验的价值巨大，教师存在过度依赖经验的倾向，夸大了教学经验的合理性，过于关注如何解决问题，导致了教师与理论疏离，求真意识丧失、方法主义盛行——其实质是反智主义。可以通过改变对经验的态度实现对反智倾向的纠偏：教师经验有自身价值，它们就像一颗颗闪闪发光的珍珠，教师能端出一盘子的“大珠小珠”，问题在于，一颗颗零碎的珍珠无法支撑起教师的专业发展，教师需要将珍珠串成理论之“项链”。

一、教师为什么需要有自己的理论？

教师的经验是其在教育现场中通过反思获得的“体验式”认知。如杜威所言，“一种经验，一种非常谦逊的经验，能够产生和蕴含任何数量的理论（或理智内容）”，“一两经验胜过一吨理论”，就是因为经验中的“理论”是活的，对于实践来说，它们比客观的、普遍的、价值中立的理论更有用。教师的经验中包含了这样的“理论”——个人内在理论，这是一种理论的原始态，一种尚未完全脱离产生理论主体的，以言说和一定范围内的共同经验为内容的存在形态，当然这个“理论”是加引号的，因为它们是“未经编码的直觉性观念”，尚不具备传统理论的概念性和系统性特征。“理论”与教师的实践完美贴合，作为一个格式塔使教师获得了一种现实能力——经验取向的教师能够快速、有效地解决教育实践中的问题。理论的力量可见一斑。

但是，原始状态的理论使大量教师停留在经验阶段，只能成为胜任型教师而不能成长为

① [作者简介]李海霞（1978—），女，河北省定州市人，博士，讲师，研究方向为英语教育、教育哲学和教师教育。

专家教师,从而阻碍了教师的专业发展。这与经验发挥作用的内在逻辑有关。教师专业发展的本质是在教师身上所发生的积极改变,教师改变是一个从表层改变到内在改变的连续统一体:材料和活动的改变、教师行为的改变,包括价值、信念、情感、伦理、身份等在内的意识形态与精神灵性的改变。表层改变比较容易实现,深层改变则比较困难,但教师真正的改变、根本性的改变则往往依赖于内层的信念与精神层面的改变。经验改变教师内在信念与精神遵循的逻辑是"行动—效果—态度","行动"多指试误式或探索式行动,"态度"则是行动的结果而非原因,只有一小部分教师在探索中不断整合,获得进一步专业发展,成长为优秀教师。显然,这是一种自发的、不成熟的专业发展状态,带有偶然性,一来这种发展状态需要依靠概率,胜任型教师成长为专家型教师终究是小概率事件(这也造成了一个严酷的事实:遇到好老师只能凭运气、靠概率);二来这种状态也导致了教师专业地位的丧失(专业意味着教学的可教可学性)——只要你愿意,随着时间的流逝、经验的积累,你就能自然而然成为胜任的教师,甚至是专家型教师!

因此,教师的专业发展不仅需要经验中的原始态的理论,更需要将原始态的理论升级为个人的成熟的理论。

二、教师需要什么样的个人理论?

教师的专业发展遵循的逻辑是"理论—信念—行动",理论(这里的理论指的是穆尔所说的广义的教育理论,关心的是塑造有教养的人)塑造教师内在的教育信念,教师在教育信念的前提下去寻找内蕴着教育理论(这里的教育理论指的是传统意义上的教育学,关心的是教育规律)的个性化、人格化的方法,从而提升和改善教育实践,其中的理论作为道德内容,确保教师总是在从事真教育和好教育,以形成教师的个人教育哲学为表征;教育理论作为理智内容,确保教师们的"方法"是有理论依据的教育实践,以形成教师的个人教育理论为表征。二者不是随着时间自然形成的,而是后天培育而成的,并体现在每一个具体的教育情境之中,从而实现优秀教师的大批量培养,提升了教师的核心竞争力。

1. 个人教育哲学

处于每个发展阶段的教师都拥有自己的教育信念:或来源于过去的经验,或来源于理性认知,个人教育哲学属于后者。如索尔蒂斯所言,"个人教育哲学就是教师自己的教育哲学,是一套个人的信念,认为在教育领域内什么是好的、正确的和值得做的"。它的形成与系统化是教师专业发展中最具深远意义的内在改变。教师的个人教育哲学包含两个基本成分,其一为观念,其二为规范。观念意味着哲学论说中的解释性,它显示着对"事""物"的性质和价值关系的理解;而"规范"则意味着哲学论说中的实践性,它显示着对价值诉求与内在逻各斯之"呼唤"的响应。对于个人教育哲学而言,规范成分的意义更为重要。规范主要来自两个方面:一是以本质展开的方式的实践所提出的要求,具体表现为逻各斯,落实为"真教育";一是以价值诉求所导致的行动倾向,具体表现为信念,落实为"好教育"。这即是说,个人教育哲学既包括本质成分(是什么),又包括价值成分(追求什么),还包括原则成分(应该怎样做)。

个人教育哲学具有如下特点:①系统性——个人教育哲学是关于教育、学科、教师、教学以及学生等关键词的一整套教育信念；②建构性——个人教育哲学并不是要求教师学习哲学知识，成为满腹经纶的哲学家，而是强调以哲学思辨的方式来思考教育过程中的种种现象；③抽象性——个人教育哲学是合乎逻辑地组织在一起的概念、判断、推理的体系；④可明言性——个人教育哲学是有意识的哲学思辨的结果，是可以用语言描述并传播的。

2. 个人教育理论

个人教育理论是教学经验概念化的成果，即对蕴含典型经验的教学行为进行归纳和提炼，使零散的、蕴藏于民间的教学经验显性化、系统化，生成具有强烈实践性的教学理论。这是对自然经验中的个人内在理论的升华，将经验视为认知的对象，在概念逻辑的运作中，教师通过反思逐渐生成自身关于教育教学的概念和体系建构。

但是，反思并不必然是概念认知，只有在概念框架内进行的反思，才是真正的理性认知，才能提高教师的抽象思维能力，从而真正超越经验。一般而言，反思所需要的概念框架是由教育理论提供的，主要通过两种方式。第一种方式是在经验中求助于教育理论。第二种方式是用教育理论进行验证。无论哪种方式都是活化教育理论的过程，教育理论通过与经验的互相联结不断调整教师的意识结构，最终内化为教师的个人教育理论。

教师的个人教育理论往往蕴含在教师的教学实践——一系列"有说法"的做法中，教师通常也将之称为"经验"，当然，这与自然状态下的经验有本质区别。如福建省数学特级教师任勇在对中学数学教学进行研究和实践的基础上，提出了 24 条行之有效的"土"经验。之所以说这些经验"土"，是因为其中的"说法"与高大上的教育理论不同，是教师的个人教育理论，是教师的"原创思想和独到思考"。

三、教师构建理论的内在机制

教师不断接近理论的过程是教师的实践从自发的、不成熟的经验状态转化为自觉的、成熟的专业状态的过程，经由树立自觉意识、在经验中学习和在交流中学习的过程来实现。

1. 树立自觉意识

"路漫漫其修远兮"——形成个人的理论系统、成为专家型教师是一个艰苦的过程，需要持续努力和多年如一日的坚持，这一过程的起点在于教师是否能够树立自觉的专业发展意识。

费孝通先生提出"文化自觉"理论时，认为自觉就是对文化的"自知之明"，明白它的来历、形成过程，所具有的特色和它的发展趋向。将费先生的观点迁移到教师专业发展上来，教师"自觉的专业意识"是指教师对教育教学的自知之明，其实质是从教师依赖技术、方法的自发状态转化到价值领域，从而引发深层次的反思，这一过程将导致整个知识和行为范围的价值、信仰重组。这种变化是深入的、系统的，维娜·艾莉将其称为"转化型学习"——它像是一次强有力的闪电，能够释放改变生活的巨大能量。

树立自觉发展的意识，其最重大的意义在于将教师从经验的发展轨道切换到理论上来：教师获得了驱动自身专业发展的原动力和源动力。

原动力指的是原来的、先前的动力，它的作用在于"确立目标和方向"。在与很多优秀教师的访谈中，我们发现绝大多数教师都是在"我要成为一名优秀的教师"的追求中走向卓越之路的,这也验证了顾泠沅先生的研究结论:名师的诞生是追求卓越的结果。力求更好的目标和方向成为这些教师不断进步的动力。

如果说原动力只是帮助教师完成了成长轨道的切换,那么对教育明明白白的爱则为教师提供了源源不断的动力,我们将这种理性的爱称为"源动力"。拥有这种源动力的教师绝不会出现职业倦怠的现象。

对教育教学的自觉导向理解性认知,理解性认知导向理性之爱。彼得斯说:"如果我们想要改变人们的情绪性态度或反应,我们的主要工作,应在于使他对自己与世界之间的关系改变看法。""对自己与世界之间的关系的看法"就是理解。"理解"(understanding)这一词的字面意思是"立于当中"(stand among)。这就意味着跨越"置身事外"(即对象化认知)界限而走向亲密与共情。客观化、对象化的反面就是理解,它包括联系、相关、亲密甚至一体性,意味着教师超越对教育世界对象化、客观化的认知,追问教育的本源,意味着在师生关系中,将技术倾向下对物的"我-他"关系转变为对人的"我-你"关系,在这种关系中,洋溢着教育之爱,教育成为诺尔所说的"一种带有母亲般关怀的父亲的工作"。基于理解,教师能够保持对教育持续的热爱,而且这种热爱会直接体现在师生关系上,教师对学生不再是冷冰冰的职业的爱,而是展现母亲般的"教育之爱",用帕尔默的话说,这就是面向"心灵"的教育。

2. 在经验中学习

相对于经验中原始态的"理论",个人教育哲学和个人教育理论仍然未曾脱离理论主体,它们仍然是教师"个人"所拥有的,但是它们是成熟的理论——它们是教师从经验中基于概念建构的"一套"理论。个人理论从不成熟到成熟,离不开思考和学习,王栋生就是用"我一直在想、在学"来概括自己的成长之路的。但是对于教师来说,学习不能通过"学院式"教师学习来实现,而是要将学习的场域变换到教育现场,通过不断地在经验中学习来实现。"在经验中学习"是杜威的主张,他强调的要点在于学习的过程和意义:学生通过实践成为知识的参与者从而活化知识。本研究主张"在经验中学习",意图在此但不仅限于此:教师如何在"发现问题—分析问题—解决问题"的逻辑框架中参与建构以理论的形式为表征的知识。

1)主动发现问题

有经验的实践者有两种处理问题的途径。其一,他们可以运用已经形成的常规来解决问题,这样就可以减少他们需要解决的问题数量。其二,他们可以在更高层次上重新表征问题并投入由于经验而释放的脑力资源来加以解决,或者质疑一些原有的常规,最终实施一种高水平的行为。后者正是专家教师和非专家教师的关键差异所在。其实质是教师面对重复性工作的态度。"重复性"是教师职业的一大特点,如何在重复性中提高,依赖于教师将问题变多而不是变少——将貌似正常的工作"问题化",主动去发现问题、定义问题,才能走出经验的舒适区。音乐特级教师祁德渊老师正是从这个角度出发,主张要做"有心计的教师"——教师不是重复的机器,教师必须在每一个班不断重复的时候,发现自己的不足,调整自己的状态。

教师有心计,即教师拥有主动发现问题的意识,标志着教师从被动发展到自觉发展的转变,也表明了个人愿意迎接新挑战的态度。在迎接和追求挑战的过程中,需要超越本身目前的能力水平,即"在能力边缘工作"。

2)在分析和解决问题中接近理论

Korthagen 从专业学习的角度提出了一个基于经验接近理论的学习模式。这一学习模式涉及 3 个水平,包括格式塔、图式和理论,其中,格式塔指整体性的经验,是整合具体经验的结果;图式是将格式塔概念化并在概念之间建立联系的结果;理论则是对概念联系的体系化。从单个经验到格式塔是自然发生的过程,从格式塔跃升到图式以及从图式跃升到理论需要借助反思。Korthagen 模式最大的价值在于说明了为何优秀教师能够做到快速有效地解决问题:图式或理论通过水平退回(level reduction)分别完成内化,转化成内隐的缄默知识,形成新的格式塔,如此循环往复。依赖经验的教师停留在格式塔水平,不再继续向图式和理论水平发展。借助这个框架,并进一步细化反思的水平和作用以及图式和理论的类型,来展示教师在经验中接近理论的过程。

教师在教学实践中,需要解决各类已呈现或主动发现的问题,这需要反思。反思发生在 3 个层次。第一层次:包括教师对与当前专业知识教授的给定原则和标准有关的实践反思;第二层次:如果他们的实践是能辩护的,教师也将需要批判性反思那些原则和标准自身的适用性;第三层次:对于蕴含着当前专业知识原则和标准的更普遍的信念和价值观——关于人类本质、人类社会等——可以提出深入的质疑。胜任型教师的反思多停留在第一层次,关注的是方法或技术本身,进一步的发展需要将反思提升至第二层次和第三层次:方法背后的理论以及教育的本源理解。这 3 个层次分别对应常识之师、科学之师和哲学之师。我们要超越的正是常识之师,科学之师拥有自己的一套教育理论,哲学之师则拥有自己的一套教育哲学,只有这三者交汇才能养成实践智慧。这 3 个分层蕴含着反思的两种作用:一种是工具性作用,使思维方向发生转向,目光向后,发生过的事情成为“课题”;另一种是批判性作用,使理所当然的常规工作问题化,对问题回答的方式和深度,决定了教师进一步发展的高度。

在图式阶段,教师对教育现象进行教育理论和教育哲学层面的反思,初步形成概念上的认识,建立简单的概念之间的联系。随着教师建立的图式越来越丰富,教师有意识地按照一定逻辑将自己的图式结构化,并将其明确表达出来,这代表教师进入了理论阶段。图式和理论阶段存在一个知识形态的转化过程:概念和理论使教师的实践知识显性化,显性化的概念和理论又通过内化为格式塔的一部分转化为缄默的知识。如果把教师的经验比作珍珠,这正好是教师挑选珍珠(发现问题)、打磨珍珠(概念化)、串成项链(理论化)和把项链挂在自己的脖子上(理论内化)的过程。

3. 在交流中学习

教师在经验中学习并不是一个封闭的、独白式的过程,而是在与有不同优势和视野的其他人的对话、交流中进行的。依赖经验的胜任型教师倾向于在“实践共同体”中交流,其侧重点是方法、技能;但是,单纯地模仿别人的优秀经验而忽视背后的思想,教学有可能得到一个坏结果。因此,教师更需要参与“话语共同体”交流。

“话语共同体”的特点之一就是“话语共同体中的成员使用某些特殊的词汇。”这些词汇为教师提供各种观点、概念或理论,教师正是借助这些话语完成在实践中的“知识的进化”。在话语共同体中学习,其实质是教师对理论的诉求,正如一些在职教师所表达的那样:“希望有接地气的专家给老师们在理论提升方面引领一下;希望有个圈子论坛什么的,不是走形式而是通过真正的交流活动来论道。”

一般而言,教师可以参加两类"话语共同体",一类是具体的"话语共同体",如教师之间、教师与各领域专家之间面对面的口头交流;一类是抽象的"话语共同体",如教师通过阅读其他教师或各领域专家的作品进行精神交流。具体的话语共同体因为受到时间、空间的制约,交流的广度、深度都会受到局限,因此教师更多受益于抽象的话语共同体,在抽象的话语共同体中,教师是一个符号复合体,通过视域融合—抽象概括获得间接经验。

经验学习和交流学习两条路径交汇,促成了教师独特的教育教学思想的诞生。如王崧周的"诗意语文"、吴正宪的"好吃又营养的小学数学教育"思想、薛法根的"小学语文组块教学"思想、杨斌的"语文教育美学"思想、李吉林的"情境教育"、孙双金的"情智教育"全部遵循这一生成路径。基于理论,教师的教育实践无不闪烁着智慧的光芒,教师不再是循规蹈矩的教书匠,而是挥洒自如的教育家、艺术家。

参考文献:

[1] 杨世伟,周海赟. 教师经验的价值、局限及其超越[J]. 当代教育科学,2018(1):38-41.
[2] 蔡春. 教师的哲学诉求——兼论教师教育的路径问题[J]. 教育研究,2018,39(3):83-93.
[3] 魏宏聚. 教学经验的本质、概念化路径及价值[J]. 课程·教材·教法,2017,37(9):44-51.

英语教师眼界知识内涵解析与价值阐释

孟子舒，曾玲琴 ①
（北京联合大学 师范学院，北京 100011）

[摘要]英语教师的主要活动场域为课堂，教师的全专业属性则在课堂活动中展开与凸显。教师知识是教师专业发展的基础。作为英语教师知识结构的组成部分，眼界知识指英语教师为了更好地达成教育教学目标，所具备的超越基础性专业知识的广阔的语言知识、文化知识和跨域的知识等。眼界知识在课堂教学活动中的运用既体现教师学科本质观和学科育人观，外化教师专业素养，亦帮助学生建立并强化知识之关联、开阔学生视野。眼界知识旨在使学生在获得丰富的英语知识的同时，实现英语学科的核心素养的形成。

[关键词]教师专业发展；教师知识；眼界知识；学科核心素养

一、问题提出

在信息化时代背景下，随着教育改革进程的不断推进，如何培养高素质的卓越教师，进而提升整体教育质量，已经成为当今教育领域的重要议题。无论从国际层面还是国内层面，诸多政策及报告均反映了该时代需求。对英语学科而言，因英语学科作为一门外语，兼具学科属性与文化属性的先天特殊性，英语教师的知识在英语教师专业生涯的开端即处于举足轻重的地位，英语教师完备的专业知识是其教育教学开展的基础。

随着教师专业生涯的进展，如何进一步完善知识结构，搭建良性知识结构体系，是英语教师发展专业能力的关键，亦是英语课堂教学中教师有效教学行为的来源与基石。对于英语教师而言，教师专业的属性体现在教的属性、学的属性和学科内容的属性上。与此相对应的教授专业属性、学习专业属性与学科专业属性在教育实践场域中建构出全专业属性的全貌。因此，在英语课堂场域中，英语教师学科知识是教师全专业发展的基础和生长点，亦是长期以来研究者关注的热点。

---

① [基金项目] 本文是北京联合大学师范学院 2021 年度院级科研培育项目"师范专业认证背景下的英语师范生教学观探究"的成果之一。

[作者简介]孟子舒（1989—），女，汉族，河南驻马店人，教育学博士，讲师，主要研究英语教育、英语教师教育等；曾玲琴（1973—），女，苗族，贵州凯里人，英语语言文学硕士，副教授，主要研究英美文学、英语语言教育等。

二、眼界知识的内涵解析

1. 眼界知识概念提出

"眼界知识（Horizon Content Knowledge，HCK）"这一概念最初由密歇根大学 Ball 的团队提出，基于对于数学教学知识（Mathematical Knowledge for Teaching，MKT）的探究，Ball，Thames & Phelps 和 Ball & Bass 提出了一种既非一般知识，亦非特殊知识，又非关于课程进展，更多关于学科更广阔的数学环境的敏感度的知识，这种知识被称为眼界知识。Ball，Thames & Phelps 认为，眼界知识指教师对学科的熟悉程度，这种对学科的熟悉使教师对如何在更广阔的领域内教学以及与更广阔的领域建立联系有所觉知。对学习者而言，这种知识是指引学习者走向更高视野数学的解决基础问题的资源。它包括对核心学科的定位和学科价值以及学科基本结构的认识。眼界知识是一种在数学概念之间建立起联系的知识。鉴于眼界知识在数学学科中的衔接性与连贯性，Ball 认为这种数学视野知识支持教师拓展学生数学视野，并指引学科教学方向，通过这种知识得以判断什么知识对于学科而言更为重要。然而，在 Ball 团队的研究中，眼界知识的内涵与定位始终模糊，而教学实践中研究者对于眼界知识的探索仍在发展之中。Jakobsen et al. 对眼界知识的概念进行了界定，在该界定中，眼界知识为教师对高级知识的教学取向和对高级知识的熟悉度，以利于中小学学科教学的进行。眼界知识使教师明了正在讲授的内容如何为本学科更广泛的内容铺设情境并取得联系。眼界知识能够帮助教师倾听学生的看法，判断具体看法和提问的重要性，以此促进学科内容的融合。所有资源都是为了实现一个基本任务，即将学生引向更广阔的领域。基于 Ball 和 Jakosen 的研究，Shweta 认为，眼界知识的概念内涵已突破课程框架，眼界知识是在课程之外的资料支持下，教师对课程中数学概念、话题及结构的投射，从而达到数学的意义学习。Jakobsen et al. 及 Shweta 对眼界知识的概念界定突破了学科特性及课程的范围，对眼界知识的内涵进行了拓展，但现有研究中少有系统的眼界知识研究，以及对数学以外的学科对眼界知识的探索。

2. 英语教师眼界知识概念界定

对于英语教学而言，因英语作为一门语言的特殊性，对于语言学科的学科定位决定了英语教师知识结构纵伸与延展的需求，因此，首先应当厘定语言以及语言学科的定位问题。

何为语言？语言研究者对于语言的描述各不相同。如洪堡特所言，语言就像是一块笼罩着山顶的云彩，若从远处观望，它有明晰确定的形象，但你尚不了解它的细节，而一旦登上峰顶，身置云中，它就化作了一团弥散的雾气，你虽已掌握了它的细节，却失去了它的完整形象。从洪堡特语言世界观出发，每一种语言都是一种独特的世界观，语言并不是人的意识借以和世界打交道的一种工具，语言是人与世界沟通的桥梁，人凭借语言与世界建立联系。语言不仅是人的认识对象，同时也是人认识世界的方式。作为人认识世界的中介，语言同时亦制约着人的行为。虽然语言是完全内在的，但同时又通过它独立、外在的实存，反过来对人本身施与强大的控制。因此，"语言并非只是一种生活在世界上的人类所适于使用的装备，相反，以语言作为基础，并在语言中得以表现的是，人拥有世界。世界就是对于人而存在的世界,而不是对于其他生物而存在的世界,尽管它们也存在于世界之中。但世界对于人的这个此在却是通过语言来表述的。"洪堡特否认仅仅将语言视为用于相互理解和沟通的交流工具或普适装备,而将其视为一个世界。因语言存在,人才能拥有仅对人而存在的世界,世界对于人的存在也仅能通过语言得以显现。这个世界是由精神在自身和客体对象间通过精神力量而设定起来的,而语言也在人与世界的交互作用中,在愈来愈多的经验积累中,将更多的东西置入其中。

教师语言观是教师语言教育实践的逻辑前提。因语言与思维和精神活动紧密维系,英语教师作为语言教师对于英语的理解指引着英语教师的课程观与教学观。在应然层面,语言学科教学的定位亦需延续这一逻辑线索,英语教师在课堂场域通过教学活动呈现自身对于语言的理解,把"世界"通过教师"视界"向学生敞开。英语教师的眼界知识便是建立于该逻辑线索的基础之上的。教师的前理解或前见为其赋予了特殊的"视域",即看视的区域,它包括了从立足点所能看到的一切。而这一切在教师知识结构中外化为眼界知识的形式。教师的前理解既包括对英语学科本质的理解,亦包括其超越基础知识之外的语言知识、文化知识和跨域知识。英语教师对于眼界知识的拥有既外显于对学科的理解,亦表现为对课堂的理解。这种理解的实现扩大了教师的视域,使之与其他视域相交融,而在课堂活动场域中,教师的全专业属性表现为教师与学生实现"视域融合",在视域融合中,真正的教学,既赫尔巴特所谓"教育性教学"得以发生,学生的学科核心素养得以养成。

从英语教师学科专业知识的角度来看,作为语言学科,对于英语这一语言的把握在二语/外语研究中处于教师应当具备知识的首位,精深的专业知识除却基础知识,即国家教师资格考试所要求的知识之外,还应当具备拓展性语言知识,包括超越基础知识语音知识、词汇知识、语篇知识和语用知识。语言的思辨统一性决定了文化知识对于教师眼界的重要性,因此文化理解、文化认知和审美知识构成了眼界知识中文化知识的结构,支撑教师眼界知识的外延,与此同时,由跨学科知识和时事热点知识组成的跨域知识,进一步拓展了眼界知识的边界。因此,眼界知识的建立从语言知识、文化知识和跨域知识 3 个方面来构建内涵。

在本研究中,英语教师的眼界知识是指英语教师为了更好地达成教育教学目标,所具备的超越基础性专业知识的广阔的语言知识、文化知识和跨域知识等。眼界知识的运用体现了教师的学科本质观和学科育人观,可以开阔学生的视野、帮助学生更好地建立知识之间的联系,促使学生在获得丰富的英语知识的同时,形成英语学科的核心素养。

3. 眼界知识的特征

英语教师眼界知识表征在课堂场域的教学活动中,以教育性教学的实践本质为出发点,结合教师视界与教学活动的发展性,可运用于对于眼界知识的理解。基于此,眼界知识具备以下 3 个特征:实践性、延展性、发展性。

英语教师眼界知识的实践性构成了眼界知识的本质。Fernandez & Figueiras 在对教师知识结构的梳理中,把眼界知识定位于影响教学内容知识,同时独立于一般知识和专门知识的一种知识,其研究侧重关注知识的实践性,而这种视角将眼界知识视为教学中影响实践性知识的一种知识。这种知识既需对学科主题在教学实践中有纵向视角的理解,亦需具备在教学实践中融通的能力,由此可见,对于眼界知识的认识首先来源于对其实践本质的理解,而这一逻辑遵循了杜威实用主义视角对于知识的理解。实用主义以"行动"为对象,密切关注实践。这种知识论视角下的知识既基于“实在”，又是一种建构，这种基于前理解或前见对于知识建构的逻辑对应了眼界知识的建构过程，而眼界知识的实践性亦体现在建构过程中。

英语教师眼界知识的延展性描绘了眼界知识的形态。这一延展性可以从英语教师的前理解或前见对其赋予的视域来理解，教师视域包括了从教师的立足点所能看到的一切。在英语课堂教学中，教师向学生展现的眼界知识并非实然的“一切”，却是教育性教学发生时“世界”向学生的敞开，而“世界”敞开的前提是教师脱离对课程的“俯首”，即禁锢在课程或者教材的内容和框架之下，无法完成对教学的科学的逻辑建构。在课程的“禁锢”中，教师失去主体性，成为僵化于框架中的固定形态，因而放弃对于教育性教学发生的本真需求，而教师眼界知识的延展性在这种情形下失去张力，亦失去了教育性。如伽达默尔所言，一本语言教科书的教学内容乃是单纯的手段，而不是目的本身，掌握它只是有助于语言能力的提高。而在此语境下，这种语言能力的提高也仅限于最基础的语言能力提高。去建构性的教学对于课程的俯首行为体现了教师的课程观，在这种僵化的教学形态中，管理行为多于教育行为，禁锢于课程的教师在行动中被教科书所“管理”，进而“管理”了课堂，而非有意识、合目的地寻求教学场域的延展，教学场域的参与者——学生亦在失去教育性教学的过程中成为被管理者，而非在“通过教学的教育”中获得课堂体验。

英语教师眼界知识的发展性表述了眼界知识的状态。杜威意义上的知识与经验密切相关，知识的建构的动态性、发展性总是在互动中发生，亦即杜威所言“经验”。教师知识的形成孕育于“探究”的过程中，而教师知识来自探究过程中由知识浮现出的实验性经验，这种实验性经验是系统探究行动条件和行动结果之间的关系而所得的经验，凸显了探究过程中知识的发展性。英语教师眼界知识来源于教师前见，教师前见既包括其对于学科本质观和学科育人观的认识，亦包括教师的“经验”。因教学情境与教学活动的不确定性，教师的观念与意识伴随教师专业成长处于发展与变化中，与此同时，教师的眼界知识同样发展与变化，呈现发展性的状态。教师知识的发展体现于教师专业发展的整体动态曲线，丰富性与变动性亦是课堂场域的应然形态，因此，教师在课堂场域与学生的交互活动中又促进着学生的本真发展与教育的自然发生。

三、眼界知识的价值阐释

1. 眼界知识的提出是对“语言工具论”的消解

就价值而言，首先，英语教师眼界知识的提出可以消解很长时间以来主导英语教学的单一的“语言工具论”思想，这种对于语言的定位遮蔽了语言与思维的一致性关系，亦遮蔽了语言作为桥梁对于人显现世界的连通作用。洪堡特在阐释外语学习对于个人的影响时提到，掌握外语的成就之所以没有被清楚地意识到，完全是因为人们或多或少总是把自己原有的世界观，是指原有的语言观，带进了一种陌生的语言。在英语学习中，既需要走出中文的圈子，又需要走入英语的圈子，从而跨越藩篱，在新的语言中建构不同于母语世界观的另一种视角。当然，母语世界观是最基本的，是一个人的立身之本。若在母语水平尚不完善、自身民族性尚未完全形成的阶段唐突进入外语学习，对于两种语言的学习及世界观养成大大不利。语言世界观的观点已自证了片面强调语言工具性功能的狭隘性。若在语言学习中仅仅强调语法、句法及结构这些思维之外的模式，而舍本逐末对语言的世界观本质以忽视，无疑依然遮蔽了另一门语言的世界。教师眼界知识正是赋予教师知识这样一种意义与视角，通过眼界知识在教学活动中的展现，实现从教师之“视界”到学生之“世界”，亦实现了发生在课堂场域的学生世界观养成。

2. 眼界知识的建构是对学科专业边界的拓展

英语教师眼界知识关注教师视域之“域”，专业基础知识在教师知识结构中处于学科知识的基点，而眼界知识则作为对基础知识的超越，朝不同向度打开英语教师的眼界之域。这种打开既是对边界的打破，亦是对边界的拓展。在此前提下，英语作为一种语言方能显现世界。因语言的民族性，每一种语言都在它所隶属的民族周围设下一道藩篱，一个人只有跨过另一种语言的藩篱进入其内，才有可能摆脱母语藩篱的约束。所以，我们或许可以说，学会一种外语就意味着在业已形成的世界观领域里赢得一个新的立足点。此立足点是教师知识生长的起点，同样是教师向学生打开的视域的生长点。诚然，学科专业知识的拓展并非意味着知识的无限性，对英语教学而言，教师知识的意义实现于教育性教学的发生的时刻，因此，对于学科专业边界的拓展亦是建构的、变化的，它发生在教师知识的自我建构过程中，亦发生在教师与学生的视域融合过程中。

3. 眼界知识的实践是对学生素养养成的旨归

眼界知识的实践性决定了眼界知识在课堂中的交互性，这种交互性依托师生的交往实践来实现。交往实践是一种复杂而丰富的主体间交往活动。教师专业实践作为一种典型的交往实践，是一种师生之间的学习性交往实践。在学习性交往实践中，以学习为主题，以育人为主旨的全面的，深度的，涉及学生身、心、社、灵全面发展的交往得以发生，学生认知与情感发展、道德和公民性发展、个性和社会性发展、健康与安全性发展、艺术和审美性发展等具体内容在交往中得到深度关切，进而实现了学生的素养养成。在这个过程中，眼界知识亦与教师和学生共通，成为“共通体”的一部分，在课堂场域中落实为学生的素养养成。学生素养养成是教师专业发展研究与课堂研究的本然旨归，亦是眼界知识价值的最终落脚点。

参考文献：

[1] 朱旭东. 论教师的全专业属性[J]. 教育发展研究，2017，37(10)：1-7.

小学英语青年教师情境式培养的研究

孙波①,李爱霞②

(北京教育学院 石景山分院,北京 100043)

[摘要]本文阐述了教研员引导小学英语青年教师通过体验、参与、行动并与之不断互动从而促使青年教师获得教学知识方法、提高教学实践能力与形成信念的过程。情境式培养是教研员对青年教师进行指导与培养的一种方式,是一个促进青年教师在实践中对于实践参与、理解、反思与行动的过程。

[关键词]情境式教师培养;培养路径;提升能力

一、小学英语青年教师情境式培养的内涵

本研究聚焦小学英语青年教师情境式培养,那么何谓情境呢?《逻辑性大辞典》中认为,情境"即某时某地某个体(或某些个体)具有某性质(或某关系)这样的事实(或若干这样的事实)构成一个情境。情境的基本组成要素包括个体、关系(性质)和时空单位"。《管理心理学词典》中写道:"情境是指对人有直接刺激作用,有特定的生理意义和社会意义的具体环境。"人类学家莱夫(Lave)认为,"情境活动"意味着"强调广泛地卷入对于整个人的理解而不是'接受'一系列事实性知识……认为有机体、活动和世界是彼此相互构成的"。心理学布朗(Brown)等更多地关注学校的、课堂的、功能性的情境。"情境"可以创设:通过录像、图片营造出来,激发学生在脑海中想象出来,通过实验等方式模拟出来。由此,我们看到,情境具有时空性、社会性、实践性、互动性等特征。

小学英语青年教师情境式培养指的是教研员通过引导小学英语青年教师对一定时空物理与社会环境观察、体验、参与、行动并与之不断互动从而促使青年教师获得教学知识方法、提高教学实践能力与形成信念的过程。情境式培养是教研员对青年教师进行指导与培养的一种方式,是一个促进青年教师在实践中对于实践参与、理解、反思与行动的过程。

---

① [作者简介] 孙波(1971—),小学英语教研员,中学高级职称,北京市骨干教师。从事教研工作20年,培养了多位北京市级教学设计一等奖的教师。

② [作者简介]李爱霞(1980—),教师培训中心主任、研修员,博士,高级教师。出版专著两部,发表文章20余篇。

二、小学英语青年教师情境式培养的价值

(一)促进青年教师在情境中增进认知

小学英语青年教师情境式培养促进教师在情境中增进认知,体现在:其一,教研员帮助青年教师澄清教学设计理念。在教学设计过程中,青年教师往往会套用一些大的教育心理学理论、学科课程标准等作为设计理念,大而空,缺少与本课内容很好的衔接,而这时教研员往往会帮助教师针对本课教学内容修改教学设计理念,促进教师真正理解教学内容背后的设计理念、教学理论等,促进青年教师增进认知。其二,教研员帮助青年教师在课堂情境中理解教学行为背后的教学理念,教研员在观察青年教师课题后与青年教师进行交流,帮助青年教师分析其行为背后的教学理念是什么,促进教师深刻理解和认识自己长久以来所持的教学理念,意识到自己真正的问题是什么,继而在后续教学中逐渐去改变。其三,教研员在观摩课、主题培训中促进青年教师增进认知。在观摩课中,教研员通过课例点评的方式促进青年教师理解课堂,在情境式主题培训中通过录像、教学片段、教学设计分析等方式促进情境教师反思教学、提高认识。

(二)促使青年教师在实践中提高能力

小学英语青年教师情境式培养促使教师在实践中提高能力,表现在:其一,在教学设计中提高设计能力。在教学设计过程中青年教师需要明确设计理念,在教研员指导下不断修改主要的课堂环节,安排适宜的英语学习活动,活动设计符合小学生年龄特征、兴趣和思维方式以及有利于教学材料的准备等,在此过程中不断提高设计能力。其二,在课堂教学中提高实施能力。教研员往往会去反复听青年教师的试讲,在每次试讲后与青年教师互动交流,讨论课堂整体状况,以及课堂中每一个细节处小学生的反应,通过观察学生表现、互动状况等反思教师的教学活动设计与提问内容、方法问题,在不断交流与反思中提高课堂实施能力。其三,在课堂教学与反思中提高评价能力。包括青年教师对自身教学的评价以及对学生表现的评价等。在指导过程中,教研员对青年教师课堂表现作出评价,促使青年教师提高对于自己课堂教学的认识,同时,指导青年教师如何运用评价激励学生,提高青年教师课堂评价能力。

(三)促进青年教师在体验中建立信念

传统意义上的讲授式培训也会告诉青年教师很多作为教师的职业理念、教学信念等,但这种学习往往是被动、外在的,很难让青年教师有切身体验,或者是还需要很长时间在实践中反思与体会。而情境式青年教师培养中对青年教师职业理想的渗透是在场的、情境式的、与己密切相关的,通过对课堂教学情境的交流,教研员往往会引导青年教师意识到自身教学行为背后对于学生发展的意义,引申到青年教师所肩负的职责,激发青年教师内心的崇高感,建立教师教育信念。

三、小学英语青年教师情境式培养的路径

(一)情境式专题研修

1. 通识培训与现场观摩课相结合

新教师入职后,首先要参与区里年段统一的集中培训。主要内容包括:①听年段整体的通识培训,了解基本的理论知识,把握教育动向,在现有的教育理论之间建立内在的联系,减少碎片化的认识。②听年段整体的教材分析,了解教材各板块功能、话题脉络、知识点梳理、育人整体目标等。③观摩区研究课,熟悉课堂教学的基本方式方法,了解年段学生的学习心理和学习基本能力。通过小学英语教学通识培训和现场观摩课,促使青年教师对于基本教学理念和教学方法有所了解和体会。

通识培训后,教研员对新教师开始个别指导,观看区里和市里的优质录像课,边看边分析,了解对话教学、词汇教学、阅读教学、语音教学等规范的教学方法,感悟教学中的美与精致,领悟学生能力培养的重要性。

2. 同一课时的多个课例剖析相结合

新教师了解了各个课型的基本教学方法之后,教研员会选同一课时的多个课例,进行分析,让新教师在比较中开阔视野,多角度地理解教材,深挖教材,要灵活地用不同的教学方式诠释教材。在观察中,让新教师学会如何以生为本,关注全体,落实整体育人的目标。在多个课例的比较中,体会不同教学活动的不同特点以及各自优势劣势等,也让青年教师意识到同一节课不同设计与实施带来的效果,对于学生学习所产生的影响。

(二)"做中学"课例指导

1. 有针对性的课例指导,保证教师队伍"阶梯式"成长

在青年教师队伍建设中,教研员有计划地进行整体、持续的阶梯式培养,每 3~5 年完成一个梯队的基础培训。教师队伍中能人辈出,一浪接一浪,后浪推前浪,保证教师队伍永葆活力。在教师队伍中传播重教、研教的思想,从而广泛服务地区的小学生们。新教师在完成专题研修后,进入了"做中学"阶段。

第一阶段:学会撰写教学设计、在反复修改中有效开展教学实施

1)教研员结合一节优质课,开展两个讲座

结合这节优质课的教学设计,在情境中讲授"基于核心素养的小学英语教学设计撰写"。明确教给教师如何进行指导思想与理论依据的撰写;如何撰写教材分析,建立教材内部的联系;如何设定单元目标和课时目标;如何撰写教学过程;如何撰写设计意图;如何设计作业? 随后,结合这节优质课的教学录像,开展"基于核心素养的小学英语课堂教学设计和实施"讲座。

2)新教师选定一节课,开展教学设计撰写练习

教师选定一节其喜欢讲授的课,笔者会先跟教师们一起深度解读要教授课的教材。分

析之后，教师去写设计，完成设计以后，我们从教学设计撰写的形式、教学方法的设计以及教学设计意图诸方面进行研讨。引导教师理论联系实际，反思这个设计。在反思过程中，教师就会发现活动设计中存在的一些问题，比如：几个活动设计可能都是一个层次的活动，或者是设计的这个活动虽然很新颖，但是这个活动完成教学目标的达成度不高。在反思设计意图的过程当中，教研员与教师反复探求活动设计和教学目标是否达成一种契合，是否有效落实了核心素养的要求。一般一个教学设计，笔者要和教师一起反复讨论修改 5-6 稿。

3）开展课堂实施，在实施与反思中逐步改进方法提升能力

教师设计方案设定后，教师进入教学实施阶段。笔者通常的做法是拿着教师的教学设计在平行班级中，连续走进课堂听课 2~3 次。每一次都详细记录教学实施中的优点和不足，听课后与教师在情境中进行交流反思，并针对每一个不足提出具体的改进方法，教师领悟修正后笔者再一次跟进课堂，扶着教师蹒跚前行，扎实成长。提示教师建立文件夹，把教学设计的每一稿都留下来，在回顾中提升。在工作第二年，鼓励新教师做校级展示课。

第二阶段：区级研究课锻炼，在情境中优化教学设计

区级研究课具有引领和示范作用。既要体现教育思想，又要在课堂实施中立体呈现教育思想的落实。教研员与教师制定教研主题后，与教师讨论研究课的教学的框架，讨论教材教法。教师独立撰写教学设计。反复修改后，进入课堂实施试讲阶段。

研究课的试讲听课研讨会更加严谨。笔者经常是让老师把课堂录下来，上完课以后我们看着录像进行反思。看其课堂的各种表现，关注教师授课形象、站位和语言。教师形象是否亲和，表情、眼神是否辅助了课堂教学？鼓励了学生；站位是否合适？有无影响学生视线；语言的准确性，发音是否准确？语速是否适中？语气是否与教学环节共情？指令性语言是否清晰明了，有效组织了课堂教学？反思教师是否真正地理解教材？选用了合适的教学方法？教学环节是否服务了教学目标，达到了我们想要达到的效果？这个教学活动设计是平行的活动，还是递进式的活动？观察课堂教学中学生的反应，与教师们分析：学生为什么能这样回答，或者学生现在是怎么想的？我们怎么样才能调整一下，让学生理解掌握得更透彻。课堂提问的层次性、有效性、合理性？不同的学生，不同的课堂反应，还需要教师灵活的关注生成，慢下心来广泛关注分一个学生的实际获得。经过层层打磨之后，一节优质的研究课出炉，新教师在区研究课中获得了能力的提升，赢得了教师们的认可，拥有了对课堂教学的热爱和自信心。

第三阶段：蓄势待发，在实践锻炼中逐步形成教学风格

到第三个阶段，教师基本的教育教学能力已经有了，对于理念的理解与运用在课堂上都能很好地表现出来了。自己的教学风格在课堂中也初步显现。此时，教研员对新教师有了更高的要求。引导教师进一步思考课堂教学的合理化，优化课堂教学中的各个方面，包括需要计划学生能力培养的短期目标、长期目标。掌握不同年段学生的学习心理和教学方法。到第三年，这些教师拿出的教材设计，相对比较优秀，教研员只需要再提一些小的建议，不再是大刀阔斧地改动了。长期点滴能力的积累，已经让她们蓄势待发，有能力在区级的比赛平台上展现自己，获得理想的成绩。

2. 外请专家，持续跟进、“从整体到细微”的课例评析

新教师成长 3 年后，具备了较好的教育教学能力，但遇到了成长的瓶颈期。此时，教研

员外请专家，青年教师从教学理念和研究课后的评析中再次发现问题，改正不足，提升自己。专家持续跟进，从教学设计到教学实施一直给予点评指导，在具体指导过程中，从整体到细微，从教学设计整体的理念、目标、基本过程与环节，到具体的小方法、小策略、教师课件、板书等都给予评析与指导。在这里要特别感谢北京市的三位市教研员，他们一直走在课程改革的前沿，在北京市小学英语的蓬勃发展中起到了至关重要的引领作用。

3. 以赛促成长，在"行动·反思·互动"中提升教学能力

教师的成长有快有慢，能力表现不一样。教研员要特别清楚每一位教师的特点和优势。不同的教师去参加不同级别的比赛。在过程中磨炼意志，体会教育教学的深刻内涵，体会为师的责任与义务，思考在教学中巧妙地落实核心素养。北京市重要的各类比赛、全国赛的备赛过程是让人终生难忘的过程。笔者和教师由"我和你"的关系，变成了"我们的关系"。我们一起分析教材—撰写教学设计—反思修改—上课实践—再反思—再实践—再改进。

2018 年我们用四个半月备战北京市难度最大的"京教杯"比赛。基于一个单元的理解来撰写单元分析、三个课时的教学设计、两个课时的课堂实录，入围后撰写说课稿。这份单元整体的教学设计，从暑假 7 月 19 日开始，到 9 月 17 日定稿，一共修改了 18 稿。暑假期间，我们每天都在研课，不断优化设计。开学后，白天和老师各自忙工作，晚上 7 点开始讨论设计方案，反复推敲改进方案。教师常常修改教案、制作课件到深夜，但是从不叫苦。当拿着最满意的教学设计进入课堂试讲时，只试讲了两次，我们就定稿了，而且坚信，这个比赛我们有希望进入决赛。9 月 27 日，我们如期上交了教学设计和课堂实录。教师"十一"小长假休息调整后，我们开始撰写说课答辩稿，包括融会贯通的梳理理念与教学实践的吻合性，落实的成效，学生语言能力培养的成长点，育人目标的达成度等诸方面。每天晚上 7 点以后，我们开始研讨。历时 2 个月的打磨之后，我们的现场说课，做到了精准描述、精致呈现、精彩答辩。得到了与会专家一致的好评，最终获得了一等奖的好成绩。这样一个难度较大的比赛，我们没有影响学校的教育教学秩序，频繁调课、反复试讲，增加学校领导和师生的负担。我们只是在过程中冷静地沉下心来思考、实践，走进教材又走出教材，多视角全方位地思考教学，心中充满对教育教学的热爱。以赛促进笔者和教师的共同成长，促进教师成长为学科骨干教师。

从 2013 年 9 月笔者调入石景山区以后，7 年里，"阶梯式"培养的成果显现出来，梯队上阵，每年都有教师获得北京市教学设计一等奖或优质录像课评比一等奖。他们中的优秀者进一步获得全国小学英语教师教学基本功大赛一等奖和综合素质奖。此时，他们已由新教师蜕变为骨干教师。

（三）参与式课题引领，保证骨干教师的带头作用

1. 在课题参与中领会理念，向研究型教师发展

教师在逐步成熟之后，教研员要求教师坚持持续学习，率先掌握最前沿的教育理论和方法，率先在他们的课堂中得到体现。同时要求他们每个人都要有研究的方向，有主持或参与的课题。笔者自己近几年申请主持了两个课题，参与了一个国家级课题。带领教师在学习过程中开阔视野，拓宽育人思路，在研究实践中找到理论和实践的契合点，掌握一定的研究方法，获得开展研究的能力，保证骨干教师的带头作用。

以“基于核心素养的小学英语任务型评价研究”为例,笔者在完成北京市考试评价中心的培训之后,申请了区级重点课题。三年里,考试评价工作从开始关注知识到后来关注能力、情感和价值观在评价中的体现。开发了口语试题,举行了全区域的口语测评工作。精心设计笔试各个板块中的评价内容。课题实验成员在参与中共同学习研究,研发了多套口试和笔试试卷,提升了学业水平的评价能力。

2. 在课题参与中改进教学,起到骨干教师的带头作用

中小学课题研究多源于教育教学中的问题,在课题研究中促进教学改进。因而,课题研究紧密结合教学实践展开,在实践中反思理念,在实践中探索方法、开发策略、形成流程,提高教育教学质量与效率。笔者带领的区评价课题组成员,在评价课题的研究中,有意识地改进教学,倒推课堂,明确在课堂中要培养学生的多种能力。有计划、有方向、有方法地开展课堂教学。从而真正地提升教育教学质量。此外,帮助骨干教师完成她们自己的课题研究,在课题研究的各个阶段适时指导,并共同撰写研究论文,提炼成果,记录心得。随后与高校联合,发表研究成果。

教师的成长道路不是一帆风顺的,教研员要与教师们齐心协力地走好每一个成长的关键期,促成她们爱岗敬业、勤思敏学、乐观向上,成为教育的急先锋,勇往直前地走在广泛育人的伟大进程中。

参考文献:

[1] 彭漪涟,马钦荣. 逻辑学大辞典[M]. 上海:上海辞书出版社,2010.
[2] 宋书文. 管理心理学词典[M]. 兰州:甘肃人民出版社,1989.

教育国际化背景下教师学习共同体的实践研究

王红 ①
（北京对外经济贸易大学附属小学，北京 100029）

[摘要]教师是人类灵魂的工程师，是人类文明的传承者，承载着传播知识、传播思想、传播真理，塑造灵魂、塑造生命、塑造新人的时代重任。教师是教育改革与发展的决定性因素，其专业化发展水平直接决定着教育质量。学校基于教育国际化背景，构建了"阅读文化""课程研究""惠心资源"3 个教师学习共同体，提升教师能力，促进学校未来的内涵发展。

[关键词]共同体；课程；教育国际化

一、问题的提出

（一）对话世界未来发展的挑战

当今世界的竞争日趋激烈，时代呼唤创新型人才。全球化时代的到来直接影响着每一个人的生活方式和思维方式，它要求每个社会成员具有最基本的全球意识、国际视野，要有一种开放的思维方式。应采用国际意识和视野来把握和发展教育，培养心系祖国、胸怀天下、会通中西、学贯文理而全面发展的人才。

（二）对话基础教育发展的挑战

世界城市建设的核心和关键是"人才"，尤其是具有中国情怀和世界眼光、通晓世界规则、擅长国际竞争的国际化人才。《国家中长期教育改革和发展规划纲要（2010—2020 年）》中指出，强国必先强教。中国未来发展、中华民族伟大复兴，关键靠人才，基础在教育。促进德育、智育、体育、美育、劳育有机融合，提高学生综合素质，使学生成为德智体美劳全面发展的社会主义建设者和接班人。

（三）对话优质教育资源辐射的挑战

为社会发展与变革服务，为社会进步与繁荣作贡献，是教育义不容辞的责任。我校所属

① [作者简介]王红（1970—），女，汉族，北京人，高级教师，校长，书记，研究方向为教育管理。

的地区是首都城市功能拓展区,国际教育先行是区域的发展目标。学校所在的地区是一个汇集世界一流学科大学、中国日报社、中国文学馆等的文化交流区,学校从"让每一个儿童与世界对话"的办学使命出发,培养学生独立与思考、合作与交流、探究与质疑、审美与情趣、坚持与超越的核心素养,让每一名学生努力成为有骨气,拥有世界胸怀、国际视野的中国人。

(四)文献综述和核心概念界定

1. 共同体

共同体(Community)是一个社会学概念,是人们在共同条件下结成的集体;是由若干国家在某一方面组成的集体组织;是拥有共同文化和历史传统的社会组织;拥有共同特征或兴趣的社会团体。共同体成员之间具有社会依赖关系,成功的共同体应给予成员以归属感,但成员也应主动担当、积极实践并履行责任。

2. 课程

课程(Curriculum)来源于拉丁语"Currere",从字面上看,后者是"跑道"的意思。这一拉丁语的含义就是学生要走过的将给学生带来益处的教育路程。美国《新教育词典》中认为:课程是指在学校教师的指导下,学习者的学习活动的总体。课程是指学校学生所应学习的学科总和及其进程与安排。广义的课程是指学校为实现培养目标而选择的教育内容及其进程的总和,它包括学校老师所教授的各门学科和有目的、有计划的教育活动。狭义的课程是指某一门学科。

3. 教育国际化

教育国际化最早的概念源于"高等教育国际化"。著名的比较教育学者菲利普·阿特巴赫对教育国际化的定义是"把国际的、跨文化的或全球层面的内容融入教育目的、职能或教学实施的过程",也可以定义为"一个国家、一个教育系统、一个教育机构回应全球化趋势的具体政策或举措"。教育国际化意指通过与不同国家的教育机构或国际教育组织进行合作交流、合作研究、合作办学、合作培训以及开展国际理解教育或国际援助等途径,在理念与目标、课程与教学、评价与管理等方面实现融合并有所创新,从而提高国际化人才培养能力的教育发展过程。

二、研究方法与过程

(一)研究方法

1. 问卷调查

为了推进基于教育国际化背景下教师学习共同体的实践研究,学校面对全校教师、社区干部、部分家长等,分别从教师专业发展、教师素养、社区治理等方面的服务需求,进行了问卷调查。学校通过对问卷和访谈的调研数据进行整理,了解现阶段教师、家长、社区干部关注的问题,及未来学校和社区发展的需求,为下一步课题实施奠定了基础。

2. 调研分析

通过对调研结果进行分析得出结论:学校发展现阶段处于品牌期,教师队伍学历层次高,但教师平均年龄趋于年轻化,承担教育教学工作年限低。学校课程改革已经进入了深水区,同时是基础教育国际化试点研究项目实验学校,承担区级研究课题 4 个。学校现阶段以“一所与世界对话的学校”为发展愿景,特色发展已经凸显,但教师自身的专业素养成长速度与学校国际化课程推进速度不同步,教师的国际视野还应不断拓展。

3. 行动研究

学校从 2017 年 3 月开始,边实践边研究,在实践中形成并不断丰富具体策略。根据前期问卷及访谈调研结果,学校组织全体教师、学校行政干部、家委会代表等,召开了“基于教育国际化背景下教师学习共同体的实践研究”研讨会。结合学校特色工作、教师专业成长等进行了研讨,并提出了研究建议。结合研讨会提出的建议,学校从国际化培训、教师能力提升等方面,查阅文献资料进行理论学习。经过多次研讨,明确了开展“基于教育国际化背景下教师学习共同体的实践研究”的研究思路,构建了阅读文化共同体、课程研究共同体、惠心资源共同体的研究框架。全体教师参加课题实施,随着研究进程的推进,定期召开阶段性总结会,不断反思教师学习共同体构建的实践研究效果,不断完善研究策略。在行动研究中,不断增强教师的服务意识,通过改进教与学的方式促进学校内涵发展。

(二)研究过程

1. 阅读共同体营造国际化文化氛围

一个国家、一个民族要实现振兴强盛,都需要以文化自信、文化繁荣发展为支撑。人类社会每一次跃进,人类文明每一次升华,无不伴随着文化的历史性进步。校园文化是学校发展的灵魂,校园文化建设代表先进文化的前沿,引领师生前行。

学校倡导“在阅读中与世界对话”,最是书香能致远!通过“阅读”润泽校园的每一个角落,使学校成为底蕴深厚、学生热爱、社会认可的校园。学校成立了“阅读共同体”,由语文骨干教师负责组织,通过 3 种方式即“网络阅读”“经典阅读”“驿站阅读”开展阅读活动。“网络阅读”是以学校微信、网站为平台,定期组织学校教师推荐中外图书,微信平台发送教育阅读文章等;“经典阅读”是每天中午开展 1 小时阅读,全校师生一起阅读中外名著;“驿站阅读”是定期教师带领学生走进校园的“UIBE”书吧给学生讲绘本故事。“阅读文化共同体”组织形式多样的阅读活动,让校园散发着浓浓的“书香”,一本本经典的图书,让教师、学生、家长与世界对话,打开了认识世界的窗口,拓展了国际的视野。

2. 课程研究共同体助推国际化课程实施

习近平总书记提出的“中国特色、世界水平的现代教育”,是“两个一百年”奋斗目标和中华民族伟大复兴中国梦的重要组成部分,蕴含着我国教育发展应当具有的中国特色、国际视野、时代特征等深刻内容。课程是学校教育的核心,在教育国际化背景下,学校承载着助推基础教育课程建设与改革的任务。

学校围绕“个性化、国际化、现代化”的发展原则,从阅读、语言、科学、艺术、运动五大领域构建了“对话课程”体系,开设了主题阅读、意大利语、西班牙语、人工智能、轮滑等课程。通过多元课程、共享资源、共育成长的路径,培养学生对自然、他人、自己的尊重情感,从而让每一名儿童用中国传统文化与世界文化对话。学校成立了课程研究共同体,由学校学科骨干教师负责组织,分成梯队(即青年教师、骨干教师、后备干部)开展课程研究活动。青年教师梯队是由骨干教师与青年教师一对一结对,进行教育教学专项指导,提升驾驭国际化课程的能力;骨干教师梯队定期开展国际化课程论坛、示范引领课等活动,提升创新国际化课程的能力;后备干部梯队进行国际化课程管理、口语等培训,提升管理国际化课程的能力。课程研究共同体通过多层面的课程研修活动,让教师真正理解了中西方不同的教学方式,让学校的国际化课程实施呈现可持续发展性。

3. 惠心资源共同体吸纳国际化教育资源

《中共中央关于制定国民经济和社会发展第十三个五年规划的建议》指出,坚持普惠性、保基本、均等化、可持续方向,从解决人民最关心最直接最现实的利益问题入手,提高公共服务共建能力和共享水平。形成多元、灵活的全方位教育资源意识与资源整合能力,是国家教育事业发展的必然要求,也是提高教育国际化水平的重要动力。

学校所处地区可利用的教育资源丰厚。学校与周边资源单位一起建立了惠心资源共同体,坚持共享共赢原则。一方面资源单位的志愿者走进校园,开设环保课程,结合雾霾、废品再利用讲授环保、生态环境等方面的知识;开设节日课程,结合中外传统节日讲授节日由来、各国历史文化;开设西班牙语、葡萄牙语、韩语等课程,充实学校国际化课程资源。另一方面,学校充分发挥教师的教育优势,在社区建立了"安心驿站""暖心驿站""舒心驿站",为社区提供教育咨询、阅读推广等服务项目,充实社区国际化教育课程资源。惠心资源共同体整合和利用现有的资源,将潜在的教育资源转化为现实的教育资源,让校园和周边单位共享资源、共享服务。

三、研究结果与分析

(一)创新文化载体凝聚教育合力

学校构建阅读文化共同体、课程研究共同体、惠心资源共同体,由骨干教师负责各个共同体的组织工作。阅读文化共同体以3种形式服务学校文化建设;课程研究共同体以梯队提升学校课程改革对人才的需求;惠心资源共同体从学校和社区两个途径充实学校教育资源。学校在3个共同体的管理中注入奖励机制,定期评选优秀共同体项目和优秀个人。创新的文化载体,多样化奖励机制的推进,吸引学校全体教师、家长、社区志愿者的参与,营造和谐发展的氛围,形成积极的文化力量。

文化是社会的灵魂,价值观是文化的精髓,培育社会主义核心价值观的关键是行动,要融入社会生活,在践行中感知和领悟。学校的教师参加3个共同体的行动,用自己的行动践行了社会主义核心价值观,全员参与服务,为学校国际化发展提供了政治保障,凝聚了学校、家庭、社区的教育合力。

(二)创新研究载体提升教师素养

学校构建的3个共同体,是学校每一名教师积极参与的共同体,是学校教师与家长、志愿者共同成长的共同体。在阅读文化共同体中,教师、家长、学生一起阅读,在阅读分享中提升了彼此之间的沟通能力。在课程研究共同体中,骨干教师引领学生一起研究课程,一起分享课程故事,提升了骨干教师的指导能力。在惠心资源共同体中,学校教师、家长、志愿者发挥自身的资源优势,在服务学校和社区的同时,提升了教师的协调能力。

教师是人类灵魂的工程师,是人类文明的传承者,承载着传播知识、传播思想、传播真理,塑造灵魂、塑造生命、塑造新人的时代重任。学校组建的教师的3个共同体,将至真的教育情怀、至善的教育行动、至美的教育未来,渗透到每一名教师的精神中,使教师在自觉的学习中提升了自信和素养。

(三)创新实践载体拓宽教育视野

学校从教育国际化课程的需求入手,构建了阅读文化共同体,采用视听课程、整本书阅读等形式,让每一个儿童在阅读中与世界对话,实现了共同体的精神引领。课程研究共同体为江西、新疆等地区上扶贫课,实现了共同体的课程引领。惠心资源共同体是学校与社区共发展的共同体,学校与贸大、中国日报社、惠新里社区等建立联系,资源单位走进学校讲授国际化课程,学校教师走进社区参与教育服务,实现了共同体的公益引领。

在这个大变革时代,教育领域发生着深刻变化,“无处不在的学习”“没有教室的学校”等创新实践的出现,让教师作为人类历史上最古老的职业之一,正面临着前所未有的新挑战,也迎来了前所未有的新机遇。学校通过3个共同体,实现了学校的课程引领、价值引领、公益引领,赢得了地区群众的信任与支持,拓展了每一名教师的教育视野。

四、研究结论与建议

(一)研究结论

1. 3个共同体研究全过程

学校构建3个共同体的设计思路,来自学校教育国际化发展中的需求,3个共同体指向学校文化建设、课程建设、资源建设3个方面,研究效果聚焦在文化引领、课程引领、公益引领3个方面。学校3个共同体为学校教育国际化提供课程、文化、资源支持,将研究贯穿整个学校发展建设的全过程。

2. 3个共同体注入新能量

学校以3个共同体为载体,采取阅读、一对一研究、志愿岗等方式进行研究,具有可行性、选择性、灵活性特点,解决了研究方式滞后、内容单一的问题。灵活多样的研究模式,提高了教师的国际视野,为教师营造了理解和宽容的良好氛围,为学校在教育国际化发展进程中增加了活力,为学校建设注入了新营养和新能量。

3. 三个共同体树立终身学习

学校以 3 个共同体的研究，构建网络化、个性化、终身化的学习，带动形成学习型社会。让教师成为学习型社会和终身学习的引领者，培养教师自觉学习的习惯，树立自我发展的意识，主动适应教育国际化的挑战。

（二）研究建议

1. 内容要多元化

共同体内容要多元化，是满足教师多样化、多层次、多方面学习需求的关键。现阶段共同体数量少，可选择性相对薄弱。学校要挖掘校园和教师自身的资源优势，加强对教师的文化理念、专业能力等方面的专业培训和系统培训，让共同体呈现多元化。

2. 运行要常态化

共同体研究要常态化，是真正把研究融入教学工作和生活中的关键。还应更加科学地设计研究内容、研究方式、学习时间，可以教育教学实践的问题作为切入点，让共同体研究解决实践中出现的问题。

3. 管理要人性化

共同体管理要人性化，教育现代化是这个时代对教育提出的新要求。教师参加共同体活动，使用服务手册记录，可利用教育信息化的资源，建立共同体学习平台，实现管理的现代化，让共同体学习更加具有辐射性。

参考文献：

[1] 王小飞. 试论公民身份教育的实践模式——基于六国培养体系的比较研究[J]. 教育研究，2015，36(10)：126-135.

[2] 饶从满. 教育的比较视野[M]. 北京：时代出版社，2012.

专业教师学科能力提升的点滴体会

闫艳[①]
（对外经济贸易大学附属小学，北京 100029）

[摘要]作为英语教师，自我提升尤为重要，这种提升不仅仅是知识的提升、能力的提升，更应是专业的提升。英语老师不仅承担着英语教学工作，更承担着文化传播的重任。学生也不仅仅是学习英语知识，而更应该是通过学习英文知识了解不同国家文化，开拓知识领域的同时建立知识架构，形成未来核心竞争力。

[关键词]核心能力；明确目标；学习机制

教师是课堂教学的引领者，是教学实施的践行者，但更多的是学生学习的领航者，作为教师一定要坚信无论做什么工作，都不能丢掉专业，不能丢掉课堂，只有牢牢地依靠课堂教学，才是作为教师的立足之本。那么作为英语教师，自我提升就尤为重要，这种提升不仅仅是知识的提升、能力的提升，更应是专业的提升。英语老师不仅承担着英语教学工作，更承担着文化传播的重任。学生也不仅仅是学习英语知识，而更应该是通过学习英文知识了解不同国家文化，在开拓知识领域的同时建立知识架构，形成未来核心竞争力。

其实，我们每个人在选择专业时，相信都有自己的想法，也一定会记得自己参加工作时，选择教师职业的初心。是的，如果图安逸你不要当老师，因为老师是个良心活儿，全凭一颗热心在做事情；如果图挣钱你不要当老师，因为老师的工资不能让你挣到梦想中的大钱，它更多的是付出；如果图官运你不要当老师，因为当了老师就意味着甘于脚踏实地；如果硬要说当老师有那么一点点福利的话，那就是有个假期，可你知道吗？老师会在假期做好开学的一切准备，学习、积累、充电，为新学年做好充分的准备，当老师真的需要付出、努力，要做好充分的准备。具体做好怎样的准备呢？

一、明确目标，找准方向

作为一名学科专业教师，找准自己的发展方向，定好未来的发展目标尤为重要，向着目标前进才会更有抓手。那么，怎样才算是有目标呢？骨干教师可以作为一名教师的首要目标。骨干教师应该是典范，起到模范带头作用，它不仅仅是一个光荣的头衔，更应该是一份责任与义务。

作为骨干教师应该是积极向上的，时刻保持激情的。“自己不进步没有人会替你进

① [作者简介]闫艳（1977—），女，汉族，北京人，高级教师，对外经济贸易大学附属小学副校长，研究方向为美术教学。

步。”“别人进步的同时你没有进步，就等于退步！”这两句话笔者认为十分精辟，知道自己做什么？怎么做？找准目标不断进步才是作为专业教师的首要前提。

二、向身边的榜样学习，互相交流

作为英语老师不能故步自封，不能自以为是，别总看着自己挺好的，觉得自己挺了不起的，还是要踏踏实实地做事儿，认认真真地研究自己的教育教学。

所有的教学研究不是没有时间，而要看你愿不愿意做，只要想做，就一定能够做好，当然，这个过程真的很辛苦，也着实很累，但没有这样的积淀如何能够想成功迈进，还是那句话，你不努力没有人替你努力。

我们身边很多教师都可以成为你进步的榜样，他们有经验、有能力、有开拓精神，从他们的身上你可以找到不断提升的力量，也要像“小膏药”一样，黏住就不松开，学到精髓，不断提升自我。

三、基本功引领课堂教学

“打铁还需自身硬”。要想挣得面子，就要先有里子，就要先强大自己。作为教师用教学基本功引领课堂时刻都要放在第一位。

基本功在不同学科中的定义也不同，作为一名语言类教师，首先要具备语言交流的基本功，语言的基本功可以更好地助力于英语学科教学，全英文的教学模式需要教师用语言去感染学生，这不仅仅体现了教师优秀的基本功，更是一种动态的整体与个体的有效结合。教师的基本功还体现在教具的使用，英语教师的教具在课堂上的使用一定要结合本节课教学内容，根据内容可以自我研制出新颖的教具，学生可以在教师的指导下完成自己学具的制作，这样教师不仅能够加深对教材的理解，同样能够使学生更深入地理解所学内容，这样的基本功更有实效性，它可以直接作用于课堂教学。而教师语言交流的基本功，则更能引导学生快乐有效地进入课堂教学，激发学生学习求知欲，这是任何形式无可替代的、最直接的方式。

教师基本功不是一朝一夕的事情，基本功的运用是教师个人素质的一种体现，是教师在教育环境中的一种锤炼，是自我提升的过程，是教师引领课堂的基础。

四、精心备课，掌握教育教学方法，找准适合学生年龄特点的教学方法

备课更要精备课，对于英语专业老师来说，要详细地备每节课，因为这是熟悉教材的过程，也是了解教学内容之间联系的最好、最实用的方法，最好将全年级的教材都过一遍，这样才能够知道教材之间的知识联系，对于教学会有很大的帮助。

而教学方法的使用要根据学生的实际而确定，比如讲授法，现在有很多老师不用此方法了，但笔者认为，当学生实在不能接受知识时，讲授法也不是不能够用的，它同样可以帮助学生学习新知识。当然，我们在学习过程中一定要了解多种教学方法，怎样使每一种方法达到

效果，就需要教师根据学生实际情况进行精心准备，好的学习方法可以事倍功半，有效提高学生学习积极性。

五、建立学生学习机制，培养学生能力

如果说教学理论是架构起课堂教学的支架，如果说教师专业引领是托起教学的臂膀，那么，教师就应像“种植”一样，进行大面积统一化的“浇水”“施肥”，鼓励学生用独特的观察、联想，大胆表现自己所想表达的，给予学生施展自己个性的空间。

1. 在课堂教学中为学生建立“自信”

自信心是一种很重要、很宝贵的心理品质。一个人有了自信心，其才能、本领才有可能发挥出来，才有可能取得成功。小学阶段是学生在学习中形成自信心的重要阶段，自信，简单地说就是自己相信自己。自信心的培养不是一朝一夕的结果，需要我们在教育教学工作中不断探索、不断完善，以保障学生的心理健康，从而建立起真正的自信心。每一个孩子都是可爱的，教育他们时，一个信任的微笑，一个激励的眼神，一句鼓励的话语，都可以给他们最大的帮助，这就是一名教师的魅力。

2. 走进学生内心，鼓励学生大胆表达

心理学研究证明：最大最持久的学习动机，是学生对学科内容的内在兴趣，只有这种内在兴趣才能激发学生的求知欲。学生普遍具有一种猎奇心理，新奇的东西往往会激起他们探索事物的强烈欲望。这就要求教师挖掘教学内容的新意，使之有新鲜感，因此，课堂教学的方法要多样化。比如，用各种方法激发学生的学习兴趣，用启发的语言激发学生想象；用各种实验性的手段来提高学生的参与能力，从而发挥他们的主动参与意识，提高课堂的互动氛围。

3. 培养学生创造思维能力

教师在教学中发挥辅导作用，担负着在知识与学生之间架起一座桥梁的责任，使学生在掌握知识的过程中，尽可能少遇困难，少走弯路。提倡教师标新立异，鼓励学生的创新意识，激发创造意识。可以提出问题并给学生思考想象的空间，从而培养学生的创造思维能力。这种创造性思维不单单是艺术学科，而应是全学科的创造，激发创造力便是开发学生脑洞，使学生进行更广泛的学习，这种能力是需要老师在课上或课下时时进行培养的。

六、养成良好的总结习惯

1. 归纳整理的能力

作为教师一定要有归纳整理的能力，课堂教学及课件的文件夹尤其应该清楚明白，每一节课里面会有教案、课件、音乐、视频、资料等，这样做的好处在于当你寻找相关资料时能够一目了然，同时能够知道自己成长的轨迹，回过头来看自己曾为一节课做过的事情，会找到自己的成长点。

2. 及时总结的好习惯

教师的成长离不开对每节课教学工作的总结，尤其是对每节课的教学方法和教学效果以及学生掌握情况的分析。课后小结应该是对本节课教学情况的总结、归纳，而不单单是简单地写上学生今天表现很好，积极举手回答问题，而是要针对本节课的教课找到问题症结所在，提出改进措施，这样的课后总结才会更有参考价值，才更有总结的意义，以后再上类似课的时候才会做到有的放矢。

作为教师只教课还远远不够，要成为研究型的教师，成为研究性的教师要做的一项重要内容就是学术论文的撰写。学术论文撰写需要教师多学习相关教育教学知识，需要资料的积累等，尤其是经验的积累很重要，在教学实践中，我们创造了许多成功的经验，探索出了不少有益的规律，萌发了许多想法和感受，对这些想法和感受，都应一一记录下来，成长离不开总结，这就是我们撰写学术论文最宝贵的财富。而这些最终会服务于学科教学。

作为一线学科教师，时刻要进行学习，要让自己在不同阶段都收获成绩，机会永远给有准备的人，那么这种准备就看你平时怎样积累，“厚积薄发”，让我们用自己的激情、智慧共同描绘新课程绚丽多彩的“教学景观”吧！

参考文献：

[1] 吴刚平. 课程资源论[M]. 北京：北京师范大学出版社，2014.
[2] 尹少淳. 尹少淳谈美术教育[M]. 北京：人民美术出版社，2016.

基础教育英语教师教学能力的提升与发展

陈钰文①
（对外经济贸易大学附属小学，北京 100029）

[摘要]在义务教育阶段开设英语课程对青少年的未来发展具有重要意义。英语课程承担着培养学生基本英语素养和发展学生思维能力的任务。英语课程还承担着提高学生综合人文素养的任务，学生通过英语课程可以开阔视野，丰富生活经历，形成跨文化意识，形成良好的品格和正确的人生观、世界观和价值观。由于小学英语教学施教对象是小学生，他们有其发展特性，这对教师的教学能力提出了更高的要求。本文将从英语教师应该具备的语言能力与语言教学能力、文化意识能力、自主发展能力进行论述，依托对外经济贸易大学附属小学教学资源提升教师的教学能力，促进教师发展。

[关键词]基础教育；英语教师；教学能力

一、提升语言能力与语言教学能力

《英语课程标准》中提出，综合语言运用能力的形成建立在语言技能、语言知识、情感态度、学习策略和文化意识等方面整体发展的基础之上。语言技能和语言知识是综合语言运用能力的基础，更是英语教学的基础要素，核心素养的发展都要以其为依托。英语教师应该提升自身的语言能力，包括系统的英语语言基本知识，如语法、词汇、语音等知识，并且增强语言知识的教学能力，从而适应课程的要求。英语教师要利用丰富多样的教学资源设计基于语篇主题情境和围绕主题意义探究的多层次、有针对性和连贯性的英语活动。这样教学内容与过程才会更直观、生动形象，适应儿童的认知特点。对外经济贸易大学附属小学给教师们提供了丰富的教学资源，邀请专家点评、打磨教学设计。教师参与学术交流，定期组织校内教研。

教师应该注重语言实践，培养学生的语言运用能力，积极学习更多的教学方法并运用到课堂上。英语课上采用任务型教学法，把语言知识的学习放入情境中，充分调动学生参与的积极性。学校给学生印制《古语金句》校本教材，学生利用课前一分钟对话课程双语展示优美的古诗词，将语文和英语学科融合教学，在学习传统文化的同时，还有助于学生对外弘扬中华传统文化，感受古诗词的美。教师还应当提升教学评价能力，注重对核心素养的评价，关注学生的个性差异，体现学生在评价中的主体地位。贸大附小教师设计课堂手势，教学生探究质疑，自我评价并评价他人。通过评价学生认识到自己的优势与不足，促进学生全面发展。

---

① [作者简介]陈钰文(1995—)，女，汉族，北京人，学士，研究方向为英语学科教学和英语教师教育。

二、提升文化意识的能力

语言有丰富的文化内涵。学生在学习英语的过程中,接触和了解外国文化有益于对英语的理解和使用,更有益于增强学生对国家的认同感,培养家国情怀,坚定文化自信。

英语教师首先应当熟知英语国家的历史发展和文化背景等知识,理解文化的内涵,拥有跨文化交际能力。其次还应该对中国优秀传统文化、社会主义发展道路、社会主义核心价值观等都有深入、系统的认知,这样才能在跨文化交际过程中,有正确的价值观导向。始终坚定文化自信,并且有平等交流、互相学习的态度。教师要提高对中外文化异同的敏感度和鉴别能力,教师要有国际视野,要树立人类命运共同体意识和多元文化意识。学校让老师和学生参加国际文化节,提供了真实的英语学习环境和使用英语的机会。在国际文化节上学生和外国学生相互交流文化,以中国水墨画、书法、画纸伞形式展示中华传统文化,让学生树立文化自信,同时拥有世界胸怀和国际视野。

三、提升自主发展能力

教师要有自主发展的能力,为学生提供丰富的、符合时代发展要求的知识。只有教师不断学习,才能把最新的英语教学内容、文化信息、教学方法和学习策略教给学生。英语与其他学科融合进行跨学科教学是一个趋势,这也要求英语教师不光与本学科教师合作,还要与其他学科教师共同工作。对外经济贸易大学附属小学落实"双减"政策,激励教师不断向课堂要效率,不断革新教学理念并实践行动,打破学科壁垒,形成语数英学科共同体。全学科老师观摩各科课堂,英语教师可以了解相关学科的发展,能够与其他学科教师合作制定教学目标、确定教学内容、选择教学方法、完成教学评价等。教师在教学中要有问题意识,开展教学反思,促进专业可持续发展。教学反思是一个不断发现问题、分析问题和解决问题的过程。通过实践与反思,教师有机整合学科知识和学科教学知识,形成自主的专业发展意识和能力。教师在反思中不断学习,开拓创新,以形成个人独特的教学风格。

四、结语

基础教育英语教师不仅要提升自身的专业化水平,还应当不断加深对课程理念和课程目标的理解。结合英语教学的特点培养教学能力,从而提高教学的效率和效果。教师应始终根据学生的学习特点和发展规律改进教学方法,提升教学能力。

参考文献:

[1] 中华人民共和国教育部. 普通高中英语课程标准(2017 年版)[M]. 北京:人民教育出版社,2018.

[2] 姚洁. 基础教育改革背景下小学英语教师专业素质发展的思考[J]. 才智,2017(21):83.

基础教育英语学科教学研究

提质增效,构建基于英语学习活动观的单元整体教学设计——以人民教育出版社义务教育教科书《英语(一年级起点)》三年级下册 Unit 2 My School 为例

张思敏 ①

[摘要]结合“双减”文件精神,重新审视小学英语教学的全过程,单元整体教学设计以其注重整体的优势推动英语教学从支离走向整合,倡导教学设计要突出综合性、关联性和实践性。教师需要对整个单元及单元中的每节单课要教什么内容、教到什么程度、通过什么方式来教都有一个非常清晰明确的认识,而这正是提升课堂教学效率的重要途径。新课标提出了英语学习活动观,并强调它以主题意义为引领,以学科核心素养培养为导向,培养学生的创新思维能力。因此,以主题意义引领的学习活动观为指导来开展单元整体教学,可以为学生营造创新思维环境,培养学生综合语言运用能力,从而达到提质增效的目的。

[关键词]“双减”;英语学习活动观;单元整体教学

一、引言

减轻义务教育阶段学生作业负担和校外培训负担(简称“双减”)是党中央着眼全局作出的重大决策部署,是当前教育领域的一项重要任务,是促进学生健康成长、全面实现“五育并举”的重要途径。在当前阶段,“双减”政策实施后学校的提质增效措施主要包括因材施教,课上提质增效,构建高效课堂教学模式。通过一系列的教学活动、课程,优化单元整体教学等来促进学生核心素养的形成与发展。课后减负,以高质量创新作业推动课堂教学效率的提升。系统设计符合年龄特点和学习规律,体现素质教育导向的基础性作业,增加综合性、项目式、主题式等特色作业。

《普通高中英语课程标准(2017 年版)》指出:英语课程应该把对主题意义的探究视为教与学的核心任务,倡导指向学科核心素养的英语学习活动观和自主学习、合作学习、探究

---

① [作者简介] 张思敏(1990—),女,汉族,北京人,硕士,北京经济技术开发区英语学科带头人、首席兼职教研员,研究方向为英语教学。

学习等学习方式。单元教学在思维能力的培养方面,能够在单维型思维训练的基础上,体现出多维型思维的特点,能够给学生提供多条思维的逻辑线索。单元教学的“综合—分析—综合”的过程,能够给学生指出多维型训练的方向和范围,使学生的思维活动体现出多维型的特点。学生首先通览了整个单元,比较全面系统地掌握了整个单元的知识点,将各个知识点围绕单元教学要求有机地联系起来。另外,单元教学由于采取多课型教学,为学生的多维型思维创造了良好的环境。本文以人教版《英语(一年级起点)》三年级下册的一节听说课 Unit 2 My School 为例,探讨基于英语学习活动观,进行单元整体教学设计的实践,从而达到提质增效的目的。

二、基于学习活动观的小学英语单元整体教学设计的优势

(一)有助于落实“双减”,提质增效

基于学习活动观的小学英语单元整体教学设计强调教师要深入解读教材、分析学情、提炼单元主题意义,进而有序整合教学内容、整体制定单元目标、梯度设计教学活动。这使得教师对整个单元及单元中的每节单课要教什么内容、教到什么程度、通过什么方式来教都有一个非常清晰明确的认识,对学生的学情有整体的把握,而对这些因素的把控正是提高课堂教学效率的前提。

(二)有助于学科核心素养培养

基于学习活动观的小学英语单元整体教学设计要求教师充分挖掘特定单元主题所包含的主题意义,并基于对单元主题意义的探究设计具有关联性、递进性的单元学习活动。而这一系列探究主题意义的学习活动,不仅有利于学生在探究主题意义的相关语境中习得语言,提升自身语言能力,还有利于使学生的思维、文化、学习能力等核心素养得到潜移默化的提高,并且可以促进学生对单元主题的深度学习。

(三)有助于教师专业能力提升

在日常教学中设计与实施基于学习活动观的小学英语单元整体教学需要教师运用到多种专业能力,而不断地进行教学实践必然会促使教师的专业能力得以提升。其次,基于学习活动观的小学英语单元整体教学设计对提高教师科研能力有重要作用。在实践—反思—再实践过程中,教师的科研能力和教学能力自然能得到一定程度的提升。

三、单元整体教学相关理论及案例单元的整体分析

(一)单元整体教学相关理论

单元整体教学是对教学内容进行分析、整合、重组,并以一个完整的教学主题作为一个

教学内容单元的教学。单元整体教学设计旨在设定单元整体目标，整体安排单元教学内容。在小学英语单元整体教学设计中，要从单元整体出发合理制定层层递进的课时目标，科学地分析每一单元教学内容，适当进行文本再构，拓展文化内涵。

单元整体教学设计的途径如下。首先，教师要从单元大观念出发，明确单元设计的指导思想，阐述单元教学的核心理念。第二，从课程内容视角，研读单元全部内容，提炼单元大小观念，搭建单元整体框架图，确定单元教学目标。第三，围绕具体语篇，梳理结构化知识和语言重点，确定课时教学目标。最后，基于大观念对单元内课时目标进行整体规划，并基于规划设计各语篇的教学活动，引导学生从不同侧面研究主题意义，构建小观念并逐步形成单元大观念。在活动设计中，教师应同步拟定课堂评价的方式和具体的评价要点，推进教、学、评一体化。

（二）案例单元的整体分析

本单元属于"人与自我"主题语境中的"生活与学习"子语境。单元主题图呈现的情景为几个外国学生在老师的带领下到 Bill 的学校参观，他们针对学校设施进行了询问。通过核心素养的 4 个方面进行语篇文本的分析和学情分析之后，将本单元主题定位为"Colorful School Life 多彩的学校生活"。共将本单元设计 5 个课时内容，5 个课时在单元主题引领下，主题意义层层递进，引导学生建立喜欢、热爱自己学校的情感，维护校园文明，能够介绍自己学校的设施，设计理想学校，参与校园生活，为客人设计校园参观路线。第一课时将 Lesson1 和 story time 整合，语篇为 Lucky in the School，子主题为建立喜欢、热爱自己学校的情感。通过阅读有关 Lucky 参观 Bill 学校的小故事，学习本单元有关校园设施及位置的词；第二课时学习 Fun Time+绘本故事，语篇为 Rules at School，阅读 Bill 学校的安全提示，根据本校情况，制定校园文明公约。第三课时将 Lesson 3 和 Let's check 整合，语篇为 We Love Our School。阅读 Mike 有关学校的短文，提取信息完成阅读任务，并仿照文段书写介绍自己的学校有哪些设施，阅读校园示意图，设计并使用简单的语句，介绍自己的学校。第四课时学习 Lesson 2，语篇为 School Tour。整合 Fun time 和 Lesson 3 部分内容，补充视频等资源，主题语境为与 Yaoyao 一起参观她的学校，了解学校间的差异，通过设计理想学校体会目标语言的使用；第二、三、四课时子主题为制定并遵守文明公约，维护校园文明，了解学校设施位置，介绍自己学校设施，设计并谈论理想校园。第五课时为知识整合课，整合前 4 节课内容，同时渗透 Let's spell 语音内容，语篇为 Welcome to My School，子主题为加深对校园文化理解，参与校园生活，设计自己学校路线图。因此，我们将本案例课时目标设计为以下 4 点。

（1）能够听懂、会说有关学校有什么设施的功能句：Do you have a...? 及其答语：Yes，we do./ No，we don't. 并初步学会在恰当的情境中运用。

（2）能够正确、流利地朗读对话，并简单创编、表演对话。

（3）能够通过不同层次活动的学习，用英语简要表达自己理想的学校。

（4）能够体会校园生活的丰富多彩，遵守学校规则，热爱学校生活。

四、基于英语学习活动观的小学英语听说课教学实践

(一)学习理解类活动

1. 围绕主题创设情境,激活旧知

上课伊始,教师创设社会实践活动——去外校参观的主题情境,营造自然、真实的英语交流环境,从而拉近了师生之间的距离。通过设定导游角色,将本课教学活动串联起来,用做任务的方式,调动学生学习的积极性,培养学习兴趣。任务1的3个游戏主要从序数词、学校设施、学校活动3个方面激活学生旧知。

2. 获取梳理信息,形成新知。

在课文学习中,教师引导学生关注主题图中的非文本信息,使学生更加明确主题场景发生的时间、地点、人物、事件等信息,然后引导学生分析段落结构,通过听音模仿、猜测、判断、追问"what, when, how, why"等不同层面的问题,引导学生深掘文本信息,理解并丰富对话内容,进行文本再构。例如询问 Why does the boy ask about the library? 学生的预设回答为 Maybe he likes reading books. 那我们就将 I like reading books. 作为文本再构的句子。同样问 What's the boy's favorite subject? Can you guess? 预设回答 Maybe his favorite subject is computer class. 补充的对话内容为 My favorite subject is computer class. 我们还可以增加表示活动的句子,比如 We can read books and study in the library. 同时设计课文理解类学习活动,例如学生听完录音后,根据录音内容回答判断题。1. There is a computer room in Yaoyao's school. ( ) 2. Yaoyao has computer classes in the classroom. ( ) 目标为训练学生的思维能力。

(二)应用实践类活动

角色扮演环节为学生提供了更多教室的场景进行练习,学生可以朗读上一环节对话内容,或者按照句型框架根据自己喜欢的学科创编对话。通过设计不同层次的操练活动,为不同层次的学生提供练习和展示的机会,增加学生表演的自信心。在对 fun time 课时的整合中,学生学习了在学校的文明公约,会用 We can / We can't... 进行表达,再一次丰富了对话内容,为 Interview 环节的表达做好铺垫。

(三)迁移创新类活动

根据本校情况,设计了"采访"的环节,确保学生在交流表达中提高语言能力。这个活动虽然具有挑战性,但可以充分调动和发展学生的思维。Interview 的信息涉及问候、姓名、年龄、学校设施、楼层、活动及文明公约等内容,是综合语言运用能力的体现。

对于谈论"理想学校"活动的设计培养了学生的创新思维能力。学生在第一课时完成了理想学校的初步设计。学生以小组为单位,继续完善理想学校,结合本课所学内容,运用所给句型谈一谈自己小组的理想学校。"This is our ideal school. Our school building has three floors. We have...on the first floor. We have...on the second floor. We have...on the third floor. We also have a big playground. We can...in the...But we can't...in the...We love our school."通过同伴合作，相互获取信息，以报告形式呈现，不仅有利于口语表达，而且明确了写作内容与方法。

最后的课堂活动以拓展视频的方式呈现不同类型的学校，再次扣题，学生了解到国外教室的样子和功能，培养文化意识。因此，对于学习内容的迁移与创新，要多引导学生去发现、去思考，让孩子在学习过程中充分发挥主动性，成为课堂真正的主人。

（四）单元整体教学评价设计

在本文的案例中，在评价设计上采用激励性的活动评价方式，鼓励学生宽容对待在英语学习过程中产生的错误，并为学生探索问题和自己解决问题创造条件。结合学生参与语言学习的情况，采取奖励与教学内容相关的爱心瓦片的方式，以"个人、小组获取爱心瓦片"为手段及时诊断教学目标达成情况，3 个屋顶分别对应 3 个小组，进行小组竞赛，优胜的小组将赢得一张"人开币"。

自评内容	得心数量
能用英语介绍自己学校的设施	♡ ♡ ♡ ♡ ♡
能与同伴角色表演本单元对话	♡ ♡ ♡ ♡ ♡
能用图文结合的方式绘制学校文明公约	♡ ♡ ♡ ♡ ♡
能用英语设计表达自己的理想学校	♡ ♡ ♡ ♡ ♡
能设计自己学校的路线图	♡ ♡ ♡ ♡ ♡

针对学生的学习习惯设计自评表，单元学习后引导学生及时反思学习目标达成情况，就自己在本单元学习中的表现进行自我评价。针对学生的单元学习成果，采用自评及完成单元测试卷两种方式进行评价，了解学生对本单元话题语言语用能力的形成水平。

（五）教学资源与作业设计

本单元有丰富的课内外教学资源，还有关于学校的故事和非故事性绘本供老师们参考。关于校园守则方面的资源也比较丰富，难易程度不一，根据学情选择。此外还有视频、词汇、绘画、拓展学习、自然拼读。作业单包括根据课时设计的原创资源，针对词汇练习的填空，校园守则资源。

优化作业设计。作业设计要立足课程目标，把握好重点和难点，紧扣教学进度和学习内容；作业要体现出层次性，分必做和选做 2 种；要依据学生年龄特点，丰富作业的内容和形式，培养学生的综合能力。

五、结语

“双减”背景下，基于英语学习活动观的单元整体教学设计，需要充分发挥学生的主体作用，在融合与主题相关教学资源的基础上，规划单元整体教学路径，在主题引领下，通过逐层递进、兼顾多项技能的教学活动探究主题意义。基于英语学习活动观设计教学活动，需要充分把握文本特点，挖掘文本的教学和教育价值以及其智慧增长点，并通过巧妙的活动设计引导学生感悟、体会、实践，从而做到对文本的充分利用与吸收，完成自我发展。教师可以充分发挥创造性，设计简单可行的小比赛、小游戏，让孩子在玩的过程中自然感悟和习得学习的小妙招。孩子们的语言学习不是老师讲会的，而是学生练会的。学生在课堂中必须有充分的实践时间，而这又是建立在教师简洁高效的讲解和清晰的示范基础之上的。教学不仅要帮助学生学习学科知识，更应充分利用学生的长项，使学习的过程成为孩子们不断树立自信心和认识自我的过程。单元整体教学呈现的是更完整的阅读内容、更丰富的语言内涵以及更为深刻的寓意和思想。通过探究提质增效的教学新模式，不仅能结合课标、教材深挖相应的主题单元内容，更能开拓英语教学的新思路，实现教材阅读后的育人功能，充分发挥学生们的多元智能，使学生在轻松愉悦的环境中，发展核心素养。

参考文献：

[1] 中华人民共和国教育部. 普通高中英语课程标准（2017 版）[M]. 北京：人民教育出版社，2018.

[2] 王海侠. 基于核心素养的小学英语单元整体教学主题的确定[J]. 校园英语，2020（16）：205.

[3] 王建平. 小学英语单元整体教学设计的研究——以北京版《英语》三年级上册 Unit 7 为例. [J]. 中小学外语教学（小学篇），2020，43（3）：1-6.

[4] 刘秀红. 基于学习活动观的小学英语主题单元整体教学设计的研究[D]. 天津：天津师范大学，2020.

小学英语课堂跨文化意识培养的实践研究

蒋东伟[①]

（北京市海淀区中关村第一小学，北京 100011）

[摘要]文化是语言的根基，如何处理好英语学科“核心素养”中语言知识和文化品格之间的关系俨然已成为当前教育界的焦点和热点话题。本文结合《新起点英语》五年级教材中部分课例在英语课堂的实施及校级英语实践课的设计展开对学生跨文化意识培养的研究。最终总结并呈现出跨文化意识在小学英语课堂中的实施策略及方法，并介绍了英语实践课中开展的文化实践活动。

[关键词]小学英语；跨文化意识

一、跨文化意识与英语学习

1. 跨文化意识

Hanvey（1979）认为跨文化意识有 4 个层次。第一层是注意到一些表面的文化特征，第二层是对于对方文化与自己文化有着显著差别的某些有意义的文化特征有所察觉，第三层是对于自己文化有着显著差异的异文化特征，在理论上或是理性上能够理解，第四层是能设身处地地为对方着想，真正理解对方的所作所为。

在英语教学实践中，“跨文化意识”主要指的是学生能在交际中恰当地使用英语，能以英语思维来思考并作出反应，顺利地进行各种社交活动。这种“跨文化意识”是指学生具有较好的英语知识储备，并基于对英语国家的文化知识和思维方式的了解，不断积淀形成的较强的语言适应和交际能力，它其实是一种英语的综合能力。

2. 跨文化意识的重要性

英语课程核心素养明确要求：文化品格是价值取向。它要借助语言能力的发展，形成文化知识的获取和文化意识的形成。中国学者杜道明在《语言与文化新论》中也指出：“语言是文化的凝聚体。”因此，能否处理好语言与文化的关系，也就决定了能否成功地培养学生的跨文化意识。通过对文化的对比、批判，促进思维的发展，使得文化不断得到内化。同时，通过活动来达成，最终达到知行合一。

小学阶段是中国学生学习英语的起始阶段，学生求知欲强，好奇心强，中西方文化差异等知识能进一步激起他们的学习兴趣，使他们体验到英语学习的乐趣，从而真正爱学英语、

① [作者简介] 蒋东伟（1977—），女，汉族，北京人，英语教育硕士，小学英语教师，研究方向为小学英语学科教学。

学好英语。在小学阶段适时适度地进行跨文化教学是必要的。

二、问题的提出

1. 文化性缺失，学习存在知识片面性

小学英语教学的片面性主要体现在教学中只注重学习词汇、对话、文段等具体的知识点，对于其中蕴含的深层次的文化知识讲解较少，造成了学习过程中的文化性缺失。语言与文化背景密不可分，学生在不了解知识文化背景的情况下，很容易造成语用错误，同时形成的知识是碎片化的记忆，随着时间的推移大多会被遗忘。

2. 学习体验性差，文化类活动缺失

学习一种语言文化不仅仅需要课堂上的言传身教，更需要课堂上下的文化活动体验。但目前，生活中可供学生体验英语的活动凤毛麟角。学生仅存的英语实践场所只是在英语课堂中。

综上所述，在小学阶段进行文化教学，从而培养学生的跨文化交际能力既是语言学习的需要，又是保持小学英语学习兴趣及提高英语教学质量的重要保证。本文将结合《新起点英语》五年级教材研究如何在小学英语课堂中培养学生的跨文化意识，同时尝试在校级英语实践课中组织丰富多彩的语言与文化结合的体验性活动，助推学生的跨文化意识的形成。

三、培养跨文化意识的措施与方法

1. 确定文化知识素材

2011 版课标中指出：文化包括历史地理、风土人情、传统习俗、生活方式、行为规范、文学艺术、价值观念等。科塔兹（Cortazzi）将语言课本的文化材料分为三类：目的语文化材料：使用英语为第一语言的国家的文化作为材料；本国语文化材料：将学习者本国的文化作为学习内容；国际目的语文化材料：包括世界上说英语的国家或不说英语的国家的各种文化（Cortazzi，M.&Jin，L.1999）。

在人教版《新起点英语》五年级上下册教材中，有一个 Fun Time 的文化知识拓展板块。在此内容基础上，笔者依据单元主题，并遵循以上理论参考，大量查阅与主题相关的文化背景知识和材料，将 Fun Time 内容进行了增减删加，最终将其形成五年级英语文化知识素材见下表。

五年级上下册文化知识素材主题

五上		五下	
Unit1	卓别林和刘宝瑞（视频）	Unit 1	不同国家的饮食特点（文本）
Unit2	中美教师的介绍（视频）	Unit 2	端午节和万圣节的介绍（文本）
Unit3	动物的种类（视频）	Unit 3	通讯历史的介绍（视频和文本）
Unit4	商品买卖的历史（视频）	Unit 4	一个人一天的感恩经历（视频和文本）

续表

五上		五下	
Unit5	各类知名节目的介绍（视频和文本）	Unit 5	七大洲、四大洋及知名国家的介绍（文本）
Unit6	中国和其他国家孩子的家务劳动（视频）	Unit 6	成长经历中难忘的故事（文本）

2. 文化教学在小学英语课堂中的实施

文化教学是指以提升文化意识、培养跨文化交际能力为目标的教学设计与行为。针对五年级教材的文化素材，笔者在平时认真研读教材的基础上，积极探讨文化意识培养在小学英语教学中的可行性，适时地进行文化教学。在文化教育实践中，笔者采取如下方法。

1）文化目标的设定

小学阶段的英语教学目标包括知识技能目标、情感目标和学习策略目标。在这其中，笔者仔细研读了新课标（2011 版）中针对英语教学的要求，把握小学英语教学中跨文化交际的基本目标，确保小学英语教学能够科学、系统、完整地进行。最终，在原有目标的基础上，笔者加入了跨文化交际目标。其可以概括为 3 个方面：跨文化知识目标、跨文化情感目标、跨文化交际能力目标。

以五年级上册 Unit 5 TV shows 单元教学文化目标的确定为例，笔者结合本单元有关“电视节目”主题及学情分析，将本课的文化目标确定为：通过对电视机起源的了解，及对第一台中国电视机与现代电视机之间的对比，引发学生对电视及电视节目的兴趣。逐步向学生介绍知名电视台标的含义。并在这一讲授过程中，逐步形成对电视及电视节目的正确认识。同时，应该提供多种国家电视台有意义的电视节目让学生观看与感受。据此，笔者将本单元的文化知识、情感和交际目标确定为：从文化角度对知识内容进行背景介绍；知道电视的历史及部分国家电视台台标的意思；能够在课的最后，对电视表达自己看法；了解中国电视发展的模仿阶段这一历史，并能理解中外电视节目的异同。能够将前两课时中有关哪个电视台的介绍及节目特点知识融入本课语言知识表达中。

2）文化旁白

针对各单元的文化素材，结合教学内容，适时地加入文化背景知识的介绍和讲解，是学生在英语学习中获得背景知识、形成文化意识的主要途径。用“文化旁白”的方法，通过各种不同的教学过程介绍相关背景知识，既能给学生增加相关的语言知识，也能使他们了解语言背后的文化，激发起学习兴趣，从而保证学习效率。笔者在教学中采用了以下 2 种方法给学生介绍和讲解文化背景知识。

（1）利用图片开门见山。

《新起点英语》五年级下册 Unit 3 讲解通信方式时，笔者运用课本中所呈现的烽火台、信鸽、传真机以及补充的电话、电子邮件、书信等图片，直接将学生带入通信发展的前世今生。而这种开门见山的呈示使每一位学生做好了学习的准备。

（2）利用思维导图激活背景知识。

使用思维导图激发学生的背景知识。教师给出一个关键词，然后要求学生根据已有的知识说出与之相关的信息；也可以相应地补充一些学生所不熟悉的知识，以此建立与课文内容相关的背景知识。

例如,在讲授五年级上册 Unit 3 Animals 动物一课时,笔者出示一只考拉,并提出问题:What do you want to know about a koala? 之后,与学生一起绘制出有关如下思维导图:

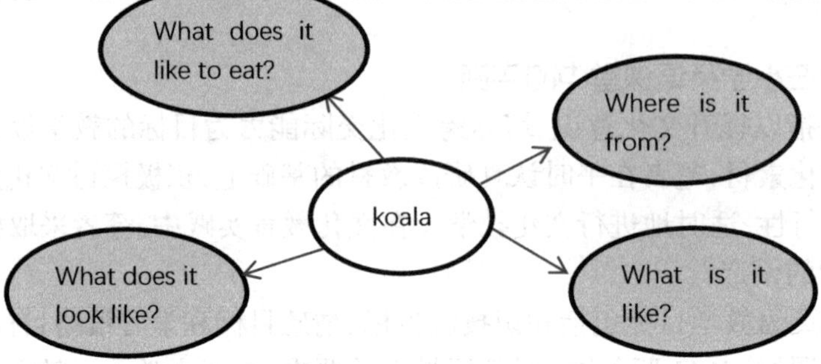

通过绘制如上思维导图,既有效地激活了学生已有的背景知识,又给学生扩充了相关的文化信息,能使学生在已有的背景知识和课文新知识及对其的深入学习之间架起一座桥梁。

(3)创设真实的跨文化交际情景,在新的语境下体验文化差异

英语核心素养对文化教学设计提出:教师应根据学生的语言水平、认知能力和生活经验,创设尽可能真实的跨文化交际情景,让学生在体验跨文化交际的过程中逐步形成跨文化交际能力。

五年级下册 Unit 5 Have a great trip 一课中,笔者带领学生借助图片与视频游览了新西兰、日本、泰国及中国的名胜古迹。笔者在本单元去哪里、如何去及做了什么的表达基础上,为学生介绍了如何到该国与当地的人们打招呼及进行语言问候的礼仪。之后,学生们 3 人一组在一个个不同的"国家"用相应的礼仪及相应的语言进行问候。新西兰的"碰鼻礼"、日本的"鞠躬礼"、中国的"握手礼"、泰语及日语的"你好"的问候声一直伴随到学生活动结束。余文森(2009)认为,情景就是美味可口的汤,知识要溶入汤当中,学生才容易理解、消化、吸收,才容易把知识内化为个性化的东西。本环节是本堂课的输出环节,也是本堂课的高潮。学生们的表演非常生动到位,无论参与者还是当时的观看者都在这些跨文化交际的情境中领悟到理解跨文化差异的重要性。

3. 英语实践课增加学生直接接触文化的机会

英语实践课是笔者学校根据海淀区教委规定而开设的为学生提供语言真实交流体验的特色课堂。笔者借助学校与新西兰圣彼得圣保罗天主教小学是"兄弟校"的契机,组织新六年级学生开展了一次文化视频交流活动。在暑期,双方近 700 名学生就各自国家的传统美食、节日、服饰以及著名景点等感兴趣的话题进行了前期准备,我们力求做到人人参与,人人选主题。在视频交流现场,各班推举出的代表学生们将准备的节目以各种精彩的形式一一呈现,新方的学生们也是从他们学校周边的名胜古迹介绍一直说到了新西兰毛利文化。与此同时,其他几百名学生在各自的班级里观看这场直播。这顿视觉大宴让学生们流连忘返。

节日是学生们最直接接触文化的最佳素材。为了帮助学生体验中国的端午节和西方的万圣节,笔者和同年级的英语老师借助英语实践课和中午午休时段,带领孩子们分别制作了五彩粽子手工艺品和去各班进行"Treat or trick"的文化体验活动,那每一份用心的手工作品

和一粒粒糖果在学生们心中种下了一颗颗文化的种子。这种迁移创新,融语言、文化、思维于一体的语言实践活动,迅速提高了学生的英语学习能力和运用能力。最终,文化与语言得以相互依存,相互促进。

四、教学感悟

1. 要与语言教学水乳交融

文化教学与语言教学应该相辅相成。教师应在课程设计中有效结合英语语言知识与文化,使学生在感悟文化的同时掌握必要的语言知识,减少在跨文化交际中的错误使用。

2. 遵循阶段性原则

教师在导入文化教学时,要充分考虑学生的语言水平、认知能力和心理特点,循序渐进、由浅入深,逐步扩展文化教学的内容和范围。大到考虑到各个年级,小到思考每个单元的文化连续性,从而逐渐培养学生的跨文化意识。

3. 采用多种教学形式

学生在"游戏""猜谜""探究""合作"等多种教学方式中,创造性地完成对文化知识的体验。因为活动是认知的最有效途径。采用恰当的活动形式可以使英语教学取得事半功倍的成效。

4. 文化材料的撷取要有全局意识

我们要善于搜集教材中点点滴滴的文化知识点;同时还要善于将这些文化知识点科学地联系起来,形成一个单元文化主题,甚至是一个具有跨年级、连续性的文化主题。

为了提高国家的国际竞争力和国民的国际交流能力,对具有创新能力和跨文化交际能力的人才需求愈加迫切。在义务教育阶段,英语课程要想达到效益的最大化,必定要在语言知识的学习中融入更多丰富的文化内涵。在英语学习的起始阶段,作为一名小学英语教师,我们要不断帮助学生拓宽视野,提高他们对中外文化异同的敏感性和鉴别能力,进而帮助他们逐步形成跨文化意识能力。

参考文献:

[1] 黄秋花. 在小学英语教学中培养学生跨文化交际意识的策略[J]. 学周刊, 2018(30): 66-67.

[2] 陆敏华. 初中英语教学中培养学生跨文化意识的探究与实践[J]. 英语教师, 2018, 18(13):71-76,82.

“双减”背景下基于教学资源开发的英语课堂提质增效研究

金然①

（北方工业大学附属学校，北京 100043）

[摘要]“双减”政策下学生负担减轻了，却对教师提出了更高要求，如何在短短40分钟内既提高质量又提高效率呢？通过实践，笔者发现教学资源的开发与运用是个非常好的方法。那么开发什么样的教学资源？怎样运用这些资源来实现英语课堂教学的提质增效？本文对上述问题进行了详细的阐述。

[关键词]“双减”背景；教学资源开发；英语课堂；提质增效

一、引言

“双减”政策指出，要全面压减孩子作业负担，还要减轻校外培训负担。学生的负担确实减轻了，但在这个“减”的背后却对老师提出了更高的要求，也就意味着在有限时间内要使课堂实效性达到最大化。那么如何在短短的40分钟内既提高质量又提高效率呢？这就成为摆在每位英语老师面前的大难题，经过一个学期的不断实践，笔者发现开发多种教学资源并将其应用到英语课堂是一种非常行之有效的方法。

二、“双减”背景下提质增效英语课堂教学资源开发的意义

（一）什么是教学资源？

教学资源即课程资源，英语课程资源包括英语教材以及有利于发展学生综合语言运用能力的其他教学材料、支持系统和教学环境等，如音像资料、直观教具和实物、多媒体软件、广播影视节目、网络资源、报纸杂志以及图书馆、班级、学校教学设施和教学环境创设等。

（二）“双减”背景下提质增效英语课堂教学资源开发的意义

《义务教育英语课程标准（2011年版）》中指出：要丰富课程资源，拓展英语学习渠道。

① [作者简介] 金然（1981—），女，汉族，北京人，英语教师，区级骨干，研究方向为英语教学。

英语教学的特点就是要使学生尽可能多地从不同渠道、以不同形式接触、学习和使用英语。因此,"双减"背景下学生的学习不应仅局限于课本,贴近实际、贴近生活、贴近时代的教学资源他们更感兴趣。开发丰富多样的教学资源不仅能满足学生学习的需求,更有利于他们潜力的充分发挥,同时还能够大大提高其英语学习的积极性,长此以往,必然能实现英语课堂的提质增效。

三、"双减"背景下提质增效英语课堂教学资源开发的原则

(一)适用性与合理性相结合

"双减"背景下提质增效英语课堂开发课程资源应考虑到学生的年龄阶段和接受能力,要善于挖掘贴近学生生活实际的内容。在巩固现在进行时这个时态时,笔者将儿歌《两只老虎》的曲调编成 Are you sleeping? Are you sleeping? Little × ×, Little × ×? Morning bells are ringing. Morning bells are ringing. 歌曲朗朗上口,既适合低年级学生学习,又很符合生活实际。

(二)知识性与趣味性相结合

"双减"背景下提质增效英语课堂开发课程资源只有注意挖掘学生感兴趣的内容,使用有趣味性的手段来进行,才能取得良好的效果。在教授一年级 Unit 4 Lesson 15 时,为了练习字母"i"的开闭音节发音,笔者设计了摘苹果的游戏,树上长满含有字母"i"单词的大苹果,让学生通过辨音把它们分别摘下来放到开、闭音节两个不同的筐中,既学习了知识又增加了趣味性。

(三)时代性与开放性相结合

"双减"背景下提质增效英语课堂开发课程资源要善于捕捉时代信息,跟上时代步伐。新知识的传授要能使学生与时代和社会发展更贴近。在讲解 Robot 一词时,笔者向学生介绍了现在机器人发展的新动向并为学生提供了简易的阅读材料——Robot fish,文字简洁,生动形象,为学生提供了想象的空间,同时也紧跟时代步伐。

四、"双减"背景下提质增效英语课堂教学资源开发的实施策略

(一)开发教材资源,促"双减"背景下英语课堂提质增效

教材是基础教育阶段教育教学的主要依据,偏离教材的教学如同无源之水,无根之木。因此,在小学英语教学过程中,教师要根植于教材,从教材出发,牢牢把握教材内容的逻辑性与科学性,努力挖掘教材中隐含的教学资源,活化教材内容,延伸教材内涵,让学生感受到更加立体、更加灵活、更加开放的教学内容,从而进一步提高课堂教学实效性。

在教授四年级 Holidays 单元时，由于单元的主要教学内容是教授学生一些中西方传统及法定节日（如 Christmas，Thanksgiving，Halloween，Spring Festival，Mid-Autumn Festival，May Day，National Day 等）的英语表达方法以及相关背景知识（如日期、庆祝方式、主要节日活动、饮食方式等）。因此，在本单元的复习课中，笔者为了帮助学生更好地理解中西方节日文化的异同，设计了“一起找找看”的探究性活动。首先根据教材内容，设计表格，其内容包括节日名称、节日日期、庆祝方式、饮食习惯、人们穿着形式、节日含义，而后引导学生通过小组合作探究的学习模式进行讨论总结，并通过表格的完成情况，进一步分析中西节日的异同点，如 Christmas 与 Spring Festival。

（二）开发歌曲资源，促“双减”背景下英语课堂提质增效

人类获得知识最普遍的规律，是从感性认识上升到理性认识。将英文歌曲引入小学英语课堂，正符合这一认知规律。英文歌曲内容丰富，旋律优美，易于激发学习兴趣，既满足了学生表达的需要，同时又兼顾了知识的需要。在小学英语教学中可以根据不同的需要播放一些英语歌曲，以歌促学、寓教于乐，创造轻松的学习环境，让学生更主动、积极地去学习，从而进一步提高英语课堂教学实效性。

上课伊始，学生注意力不易集中，利用歌曲热身，节奏明快，气氛热烈，学生会感到新奇振奋，从而自然地进入课堂学习。在学打招呼时，可以让学生唱《Hello Song!》；在教星期时，可以让学生唱《Days of the week》；教颜色的时候，可以让学生唱《The Song Of Colors》；在教有关 animals 的单词前，可以让学生唱《To The Zoo》《Old MacDonald Had A Farm》，模仿各种动物的叫声和动作。

（三）开发游戏资源，促“双减”背景下英语课堂提质增效

在英语教学中恰当运用游戏，可以有效地调动学生的兴趣，在玩中学、做中学，在轻松、愉悦的氛围中完成知识的传授。使学生从“要我学”变为“我要学”，帮助他们树立学科自信，增加学习动力，从而进一步提高课堂教学实效性。

在一年级练习课堂用语时，可以选择 Simon Says 的游戏！教师在黑板上用简笔画画出西蒙，介绍西蒙的英语名字叫 Simon. 在听力训练中由他发出命令。当大家听到“Simon says, stand up!”大家立即站起来，听到“Simon says, sit down!”大家就坐下。如果口令中没有“Simon says”只说了做什么，就什么也别做，做了就错了，就要暂时退出游戏，不犯错者为赢。还有在英语单词学习中，学生不太愿意跟读，可以运用 Bomb Game，在一个词下放一个地雷，这个词是不能读的，如果学生不小心跟读，就是踩到雷了。大家一起数“One two three, bomb!”向他砸过去！有趣，气氛也好，学生在玩游戏中也学得更扎实！

（四）开发绘本资源，促“双减”背景下英语课堂提质增效

绘本是儿童成长的精神食粮，它色彩丰富、故事精彩、富有韵律、语言生动，是优质的英语学习资源。在小学英语教学中，教师在坚持以教材为主的前提下，可以适当融入英语绘本，深化学生的阅读体验，丰富学生的英语知识，激发学生的阅读兴趣，让英语绘本真正陪伴

学生的成长,从而进一步提高课堂教学实效性。

在二年级上册“Unit 4 There are many animals.”单元,三节新课都是围绕动物话题展开的。Lesson 14 讲述的是 Guoguo 和 Yangyang 两个小朋友来到动物园,谈论自己喜欢的动物的场景。上课伊始,教师借用了“领先阅读 X 计划”中 My pet 作为 Lead in 进行引入。绘本主要内容如下:“My pet is a cat. My pet is a dog. My pet is a hamster. It lives in a cage. My pet is a rabbit. It’s a baby rabbit. My pet is a snake. It’s long and thin. My pet is a cockatoo. It can talk to me. My pets are fish. How many fish can you see?”对于二年级学生来说,此绘本的难度不大,大多数词汇和句子都可以顺利读出来,也知道其意思,接着让学生谈一谈他们都有什么样的 pet,分别有什么特点。而后顺理成章引入本课对话,紧扣本课主题。另外,此绘本中 baby rabbit 一词正好与教材中的 baby cat 吻合,进而更好地帮助学生理解了本课重点词汇 baby。

(五)开发微课资源,促“双减”背景下英语课堂提质增效

微课资源具有自主、高效、便捷等特点,它既符合新时期小学生学习的要求,又促进了现代网络媒体对他们潜移默化的影响,对培养小学生的创造性与发散性思维具有重要意义。因此在小学英语课堂教学中广泛运用,它的应用也进一步提高了课堂教学的实效性。

时间介词对于学生来说是一个非常容易混淆的知识点,什么时间该用介词 in,什么时间可以用介词 on,什么时间应该用 at? 为此,笔者特意录制了时长 50 秒的微视频,用口诀来帮助学生掌握这个知识点:同学们大家好,今天老师用一张神奇的图来帮大家秒懂时间介词。in 大于一天,on 等于一天,at 小于一天,记住口诀:in 年 in 月 in 季节,on 加具体某一天,at 要加时间点。如:八点是具体时间点,时间点用 at;周一是具体某一天,等于一天,我们用 on;夏天是季节,季节前我们用 in; 2021 年是一年,一年大于一天,所以我们要用 in。彩笔+白纸+手机=1 条效果出众的教学微视频。短小精简的教学微视频改变了传统课堂教学大而泛的教学形式,着力突出教学中的知识重难点,让学生的注意力仅集中于自己薄弱的某一知识点,从而全方位地提高了学生的学习效率和学习效果。

五、结语

总之,课堂教学质量是学校的“生命线”,是学生学业发展的“主导线”,是助力“双减”政策行稳致远的“减压线”。教学资源的开发与运用,为学生提供了更加宽广、自由的使用渠道,已经成为“双减”背景下的教学趋势。作为一名小学英语教师,我们既要保持课程标准的高度,又要站在学生发展的角度,积极开发教学资源,为学生的英语学习提供更加宽广的天地、丰富的内容、灵活的平台,真正实现英语课堂的高质量、高效率。

参考文献:

[1] 王静. 小学英语教学中课程资源的开发与利用研究[J]. 中学生英语,2021(26):87.
[2] 陈启军. 开发利用英语课程资源 优化课堂教学[J]. 科学咨询(教育科研),2019(9):124.
[3] 梁松鹤. 英语课程资源多维度开发利用策略[J]. 学苑教育,2019(7):67.
[4] 赖桂色. 探究小学英语课程资源的开发与利用[J]. 英语画刊(高级版),2019(2):99.

英语教育戏剧提升学生英语语言与思维能力

李宁 ①

（北京亦庄实验小学，北京 100176）

[摘要]近年来，英语教育戏剧在国内中小学英语教学实践中受到广泛的欢迎。《英语课程标准》强调了学习者只有通过体验、实践、参与、探索、合作的方式融入语言情境，习得语言，才能充分发展学生应用语言的能力。在英语课堂教学中，用具有体验式、情境式的戏剧活动取代机械操练，对学生语言能力的培养具有极大的促进作用。因为真实的语言环境，可以使得学生在情境中习得语言，运用语言进行交际，提升语言表达和交际能力。同时，学生在真实的思考中可以发散思维，提升思维能力。教育戏剧与英语课堂二者相结合，不再是以教师为中心的课堂教学模式，而是以学生为中心，让学生成为学习的主体。将教育戏剧应用于英语课堂，使学生在真实的情境中进行交际，开展“建构式”的学习，在思维发散的过程中提升语言表达与交际能力。

[关键词]教育戏剧；语言能力；思维能力

一、教学研究背景

教育戏剧是运用“戏剧与剧场之技巧，从事于学校课堂的一种教学方法”。《义务教育英语课程标准》明确指出：“外语教育应强调语言学习的实践性，主张尽可能地为学生创造在真实语境中运用语言的机会”。教育戏剧应用于英语课堂，学生在真实的情境中进行交际，开展“建构式”的学习，借助绘本这一具有多媒介叙事能力的载体，从绘本出发，合理运用戏剧活动，教师与学生在探索的过程中学习绘本语言与进行艺术审美，在情境中解决问题，在经历、感受和表达中实现个人表达和分享，在思维发散的过程中提升语言表达与交际能力。笔者在小学英语课堂中通过应用戏剧游戏、戏剧范式、即兴表演等方式，提升学生语言表达能力与思维能力。

---

① [课题信息]本文为北京市教育科学“十三五”规划 2018 年度青年专项课题“绘本和教育戏剧相结合 提升小学生英语能力的教学研究”（课题/立项编号：CCDA18134）的阶段研究成果；北京市教育科学“十四五”规划 2021 年度一般课题“运用英语戏剧教学法培养小学生思维品质的实践研究”；2021 年度中国英语阅读教育研究院专项课题“小学生英语自主阅读能力养成机制研究——文化历史活动理论分析视角”；北京市社科 2021 年一般课题“北京市中小学生英语阅读品格的发展现状及养成策略研究”。

[作者简介] 李宁（1991—），女，汉族，英语笔译专业硕士，一级教师，研究方向为小学英语绘本教学、英语教育戏剧与英语绘本相结合的教学研究。

二、教学方法研究

1. 戏剧游戏——让学生思维更活跃

在考虑英语教学活动设计时,如何激发学生的学习兴趣是教师需要重点考虑的。戏剧游戏的目的是让学生自我发现问题、自我体验、自我解决问题,以游戏的方式减少表演的压力,让学生的思维更加活跃起来,从而为自由的探索、创作提供了更多的可能性。如笔者经常在热身环节采用“space walk”空间行走游戏,让学生在课堂充分感知空间、放松身体和心灵,带着愉悦的心情进入课堂。比如在学习有关丛林动物主题的英语绘本时,让学生变身丛林动物并去采访学生,学生用语言表达出自己想象的动物并发出丛林动物的声音,肢体动作与语言同步进行,让身体在想象的世界中徜徉。在学习有关婴儿童真童趣的绘本“Ella the superstar”,借助空间行走,让学生想象并表演婴儿能做的事情比如: walk/drink/cry like a baby,学生会根据教师指令绘声绘色表现出来。教师借此引导学生去思考,根据教学文本故事发展进程等进行情境引领,比如问学生在森林里都见到了什么动物,在逐步引领的过程中激发学生的语言表达能力。此外,笔者也经常采用声音游戏来激发学生表达欲望,比如同样是丛林动物主题,也可以采用“sound map”声音地图的游戏,每人依次发出一种丛林里的声音,可以是动物、植物的声音等,学生思考之后给出自己的表达,如沙啦啦、哗啦哗啦、布谷布谷、叮咚叮咚、呼噜呼噜等,每位学生给出声音之后让所有学生一起发出刚才发出的声音,这样,一首好听的“交响乐”曲子就形成了,学生自己谱写了一曲丛林欢快乐章。对学生而言,这是学生自己构建的森林情境,学生感同身受。在教育戏剧游戏活动中,课堂中几乎每一位学生都全身心参与其中,学生的思维在教师引领之下越来越活跃,学生跟随教师的教学节奏,开展身心愉悦的课堂学习,主动参与其中。

2. 戏剧范式——让学生表达更流畅

教育戏剧范式包括教师入戏、坐针毡、良心巷、忠诚巷、想法追踪、静态画面、雕塑活动等。教师可以根据自身教学内容与教学目标选定适合的范式,激发学生主动表达的欲望。比如在绘本戏剧课《巨人的花园》课程中,针对巨人是否与孩子们分享花园内心不太确定,这时笔者设计了“conscience alley”良心巷活动,让学生面对面站成两列,搭建成窄窄的“小巷子”,教师入戏扮演巨人,告诉学生当教师走过的时候,“巷子”两侧的同学需要对巨人是否应该与孩子们分享给出建议,学生依次给出回应。有的给出应该分享的原因,如:“You should share because sharing can make you happy. / If you share, you can make friends with the children. / You can play together when you share.”等回答;也有的学生给出不应分享的建议,如:“It’s your garden. Don’t share. / Children may pick up flowers if you share. / Children are noisy. Don’t share.”等。由此可见,学生在巨人是否应该分享的问题上有了自己的深入思考与理解,同时在语言表达上也更加顺畅,就连平时对英语不怎么感兴趣的同学也乐于参与其中,即使语言表达不是特别顺畅,但也在积极表达自己的观点。教师不会单纯给出一个观点,而是由学生通过讨论建构生成,而答案也不会只有一个,教师也不会进行说教。正是戏剧活动提升了学生参与热情与兴趣,从而激发了学生语言表达的欲望,这种内在动力让学生在语言表达上更加顺畅。笔者在讲述英文绘本戏剧课《巨人的花园》时，针对巨人在不同阶段对孩子们的态度体现，笔者通过系列戏剧活动与引导之后让学生“雕塑”巨人，两人一组，一个是“雕塑家”，一个是“泥土”，“雕塑家”根据心中对巨人形象的理解将“泥土”雕塑并用语言描述出来，最初巨人不愿意分享花园，学生的雕塑不尽相同并通过语言表达了他们对巨人形象的理解，如“my giant is selfish. / my giant is sad because children are in his garden now. / my giant is happy because he let them go away. / my giant is angry”等。后来巨人态度转变，与孩子们分享花园过后，学生继续利用“雕塑”活动雕塑出此阶段的巨人形象，“雕塑师”介绍自己的作品如：“My giant is happy. He’s willing to share./ My giant is pleased because he thinks the children are lovely and cute./ My giant is playing with children. He’s playing hide and seek with children...”学生激发了想象力，对不同阶段的巨人形象有了自己生动的理解。“雕塑”这一戏剧范式活动，让学生在思维的引领之下语言表达更顺畅、对故事中人物的理解更深入。一千个读者的心里有一千个哈姆雷特，每一个学生眼中看见的是不同的“巨人”形象，同时，“巨人”在每个阶段的形象又是不尽相同的，学生看到巨人从原来不愿意分享到后来主动分享他的花园，是因为感受到了孩子们的童真、热情，巨人也不再囚禁自己的内心。在对学生的采访中，学生提到：如果光从文本学习入手的话，那么对于“花园”的理解只停留在文本介绍的层面，而通过“创设花园”“雕塑巨人”等情境体验活动，是学生一起构建出的立体画面，打开身体的同时，打开了想象力，加入了学生自己的理解，画面感、体验感更加立体、生动。课堂是学生真实构建生成的。

3. 即兴表演——让学生的理解更深入

即兴表演是戏剧活动中的重要组成部分，没有预先设定的情节，是自然流露出的动作与对白。学生在教师设计的即兴戏剧活动中，自由表达观点，让课堂真实地生成，学生在真实的情境中进行交流。比如课堂中教师采用即兴活动“I am a tree”，先让一名同学走到中间，用身体摆出一棵树的形态，有时学生展示出的形态比较单一，比如张开双臂，这时教师加以引导，让学生想象一棵树最不可能的样子如何，并让学生展示出来，并与学生讨论世界上是否有这样的树，逐步引领学生打开思维。其他同学上来时需要说出与树相关的任何事物，比如树上的苹果，树下的小虫子等并用身体呈现出这些事物的形态。当舞台上有 5 个人的时候，上去一位“导演”，选择其中的一种事物留下，其他同学再重新开始。学生的积极性被调动起来，思维变得活跃起来，给出的回答如：“I am the soil. / I am the bug. / I am the bird on the tree. / I am the rain”等，在思维的引领下，学生的语言真实生成。真实、灵动的课堂极大提高了学生的参与度、学生对于事物之间的联系理解得更加深入。

4. 无实物表演——提升学生想象力和创造力

“无实物动作”表演，也称为“想象物动作”表演，是一种无实物的徒手练习。学生通过用敏锐的观察和丰富的想象进行表演。笔者在进行《巨人的花园》教学时，巨人不愿意与孩子们分享花园，教师引导学生思考是否可以做些什么改变巨人的主意，比如给巨人送一些礼物。学生分组想象、讨论可以送给巨人的礼物并进行无实物表演，教师去倾听学生想法。学生回答真是令笔者耳目一新，平日喜欢小饼干等甜品类的女生组回答：“flower-flavor cookie”。有的小组准备了鲜花和植物，希望能为巨人的花园锦上添花。有个组别想象力丰富的同学选择送一张终点是巴黎的飞机票，说是机票可以把巨人送去巴黎，这样孩子们就能“趁虚而入”。有的男孩子准备了不同的机器人礼物,有的用来擦地,有的用来搬重物,能帮助巨人解决很多问题。有的喜欢小动物的组选择了宠物。不过最惊艳的是小科技迷组的礼物“solar system”,学生回答说这样巨人就能变成“宇宙之王”。在表演环节,小组同学有的扮演电,有的扮演光等,呈现环节一起旋转,进行太阳系运转。虽然没有道具,但是学生进入情境,在教师引导之下插上想象的翅膀,深入思考过后进行创意回答。

三、结语

教育戏剧与英语课堂二者相结合,不再是以教师为中心的课堂教学模式,而是以学生为中心,学生成为学习的主体。戏剧作为教学方法,师生共同经历、探索主题与情境,看重团体参与探索,学习内容由文本生发出来。学生在探讨中进行思辨。有了戏剧游戏、戏剧情景体验创设,课堂不再是静态,而是动态生成,人人都是课堂里的“活”角色。思考中有各种肢体语言的介入,创造性思维得到唤醒,种种奇思妙想有了展示的舞台。《英语课程标准》强调了学习者只有通过体验、实践、参与、探索、合作的方式融入语言情境,习得语言,才能充分发展学生应用语言的能力。在英语课堂教学中,用具有体验式、情境式的戏剧活动取代机械操练,对学生语言能力与思维能力的培养才会产生极大的促进作用。笔者在课堂中应用戏剧游戏、戏剧范式活动、即兴表演等戏剧活动,调动了学生的参与性、让学生在真实的交际环境中开展真实的交流,激发了学生的表达欲望,让学生的语言能力在思维的引领之下得到升华,让学生语言能力与思维能力同步提升。

参考文献:

[1] 黄瑞夷. 教育戏剧让语文课堂教出了新意——以《穷人》一课教学为例 [J] . 语文教学通讯,2019(3):33-35.

基于“翻转课堂”的初中英语课外阅读教学案例研究

高思齐[①]

（北京市第二十一中学，北京 100007）

[摘要]“翻转课堂”作为一种新兴的教学模式，逐渐被广大教师所接受。课外阅读教学也是在《义务教育英语课程标准（2011 版）》当中所要求的，学生在完成五级阅读目标时应达到 15 万词的课外阅读量。探索课外阅读教学的模式也成为当下英语教学中的重要方向。本文以一节研究课为案例，探索“翻转课堂”应用于课外阅读教学过程当中的基本模式。

[关键词]翻转课堂；课外阅读；案例研究

一、“翻转课堂”的由来

2006 年，乔纳森·博格曼和亚伦·萨姆斯，这两位来自美国的高中化学教师，在机缘巧合之下创设了“翻转”教学模式。他们通过录制 PPT 演示文稿来帮助因病不能到校上课的学生。他们将视频讲稿上传到网络上，让学生观看，后来，逐渐运用到日常教学当中，他们把这种课前通过视频学习知识，课上内化知识的教学模式定义为“翻转课堂”教学模式。

随后，这种教学模式被广泛接受，“翻转课堂”教学模式有以下几个特征。

（1）充分体现学生本位。这一模式下，课堂的主体由教师的传统讲授变成了学生的讨论，通过师生互动和生生互动来解决学生在预学知识过程当中遇到的问题，较为集中地研讨课堂教学过程当中的重难点。同时通过生生讨论，调动了学生课堂学习的积极性，通过小组活动使学生充分融入课堂。

（2）教学形式转变。通过“翻转课堂”的教学模式，课堂教学从传统的课堂内讲授知识转变成课堂内进行知识的内化，或是进行知识的巩固与检测。以这种方式将课堂教学的主题还给学生，使得学生能够获得更多的学习时间。

（3）教师角色转变。传统课堂上教师的角色是知识的讲授者，在“翻转课堂”教学模式下，这一角色被课前的“微课”以及“预学案”所代替。在课堂教学过程当中，教师成为学生学习的指导者，在授课过程中作为学生的“引路人”。

---

① [作者简介] 高思齐（1991—），男，汉族，北京人，硕士，北京市东城区骨干教师，研究方向为英语教学与测试。

二、初中英语课外阅读教学

《义务教育英语课程标准(2011版)》中明确指出,在学生完成九年义务教育之后应达到15万词的课外阅读量。《北京市中小学英语学科14条教学改进意见》中也指出要有效地促进学生进行课外阅读。

1. 英语课外阅读教学的现状

1)"负担"观念

由于学生水平的差异较大,谈到课外阅读教学,大多数学校都敬而远之。很多教师将课外阅读教学作为学生和教师的一种负担,而不能让学生达到课外阅读的基础量。也有一部分教师认为,由于学生水平不能达到阅读名著或者名著简版的要求,所以课外阅读是学生课余学习的一种负担。

2)"错误"观念

错误的观念主要表现于"课外"二字上。部分老师认为课外阅读就是在课本(教材)阅读之外为学生提供阅读材料,即补充阅读理解题目给学生,这样就能加大学生的课外阅读量了。很多教师都抱有这样的观念。课外阅读是教师在教材阅读的基础上,提供给学生原版文章或著作等材料,从而达到支撑学生语言学习的目的,帮助学生达到应有的课外阅读量。

2. 我校课外阅读教学现状

笔者指教的我校初一年级主要以分层开展课外阅读为主线。在数学和英语实验班加大学生的课外阅读量,采用全班教学为主,通过补充阅读材料课外自主阅读的方式达到课外阅读的目的。笔者所执教的是我校两个平行班,学生水平较为平均,但又达不到实验班的语言素质,笔者选择《典范英语》作为课外阅读的基础教材,通过词语和句子的积累与赏析,以及阅读策略的指导,帮助学生进行集体阅读,从而达到课外阅读的教学目的。也有教师采取分层自主阅读的方式,在授课班级开展课外阅读。

殊途同归,通过这种方式,学生可以得到更好地课外阅读训练。

三、课外阅读教学案例:《典范英语7》Noisy Neighbours

基于上述问题,针对课外阅读进程中学生存在的问题,结合我校所做的翻转教学实验,笔者对教学中所使用的《典范英语》教材进行研究。"翻转"教学能否和课外阅读教学有机地结合起来?笔者提出这一想法,出于以下几点考虑。

1. 符合学生阅读的过程

在进行课外阅读教学的过程当中,执教者遵循的是"先读后讲"的一种教学模式,即在充分阅读过后再进行阅读理解的教学,学生基于精读课文,完成生词处理后,教师针对教学重点(如:批判性思维的锻炼、深层理解的问题以及文章整体结构的把控等)进行课堂教学。所以这一过程符合"翻转课堂"最基本的要求,即课前预先学习语言知识,课中进行重难点的研讨和突破。

2. 课堂发散学生思维

英语学科核心素养中指出，教师在教学过程中要关注学生的思维发展，在课外阅读教学过程当中，这一点尤为重要。执教者在授课过程中，一直关注学生的核心素养培养，在课堂中常设置开放性问题供学生讨论。这一点也符合“翻转课堂”教学模式下课堂发展学生思维能力的要求。

3. 能力与基础并重

在课外阅读教学过程中，要求学生保证一定的课外阅读量。这个“量”的度量往往是以词汇量来评价的。“翻转课堂”教学中恰巧能够通过检测预学习效果来实现这一点。同时，课堂教学过程当中的讨论、延展可以帮助学生提升语言学习的能力，从而达到能力与基础并重。

基于上述问题的“翻转课堂”教学设计如下。

环节 1：问题导入

引导学生通过问题回顾故事内容。导入问题如下：

✧ What are the people on the front page? What are they doing? What is their relationship?

✧ This old man, Mr. Flinch has a big problem. What is it? What did he do to try to solve the problem?

课前学生完成预学案，对文章的细节内容有了充分的了解。课前教师通过问题链的导入引导学生回顾故事内容，同时也是针对预学习的一种检测方式，正如上文所提及的那样，基础知识与能力发展并重。学生通过问题链的解答，一方面掌握落实了对于文章细节的处理和脉络的梳理，同时也为后面的活动做好铺垫。

环节 2：目标导学

明确本节课的学习目标：批判性地看待故事的结局。

如何看待开放性的故事结局，以批判的思维看待文章是当下英语教学中的一个重要方面。执教者在本节课将教学重难点设置为训练学生的批判性思维，旨在帮助学生发展“审阅”的能力，在阅读过程中，不仅积累了词汇，同时训练了个体思考的能力。

环节 3：个体思考

回顾故事内容，尝试复述故事内容。

Try to retell the story: What was Mr. Flinch's problem? How did he solve the problem?

You may begin like this: *I live a* miserable *life, because I have a great problem — I have two* noisy *neighbours. I have tried everything to keep out the noise. But...*

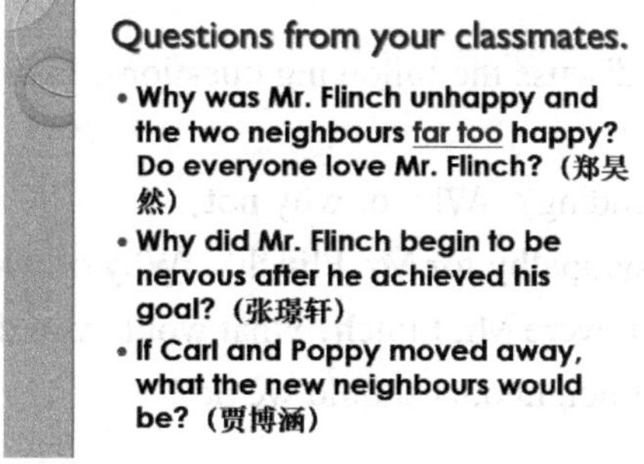

这一环节是为后续的主要活动做铺垫的。学生通过复述归纳整理文章的主要线索，即主人公 Mr. Flinch 与邻居 Carl 和 Poppy 之间存在的问题，并且尝试整理 Mr. Flinch 是如何解决这一问题的。通过这样一条线索，学生不仅再次回顾了故事的内容，同时也在过程当中开始在教师的引导下逐步建立批判性思维，辩证地看待人物，形成个体思维。

环节 4：合作互学

Find out the words that express Carl and Poppy.

Questions	Carl	Poppy
What did his/ her house look like?		
What did he/ she usually do?		
What kind of noises did he/ she make?		
How did he/ she feel?		

通过这一环节，教师引导学生进行小组合作讨论，针对文章当中的语言内容进行课堂处理。这一内容是学生无法在课前通过自主预学习完成的。故执教者通过课堂的合作互学帮助学生归纳整理这一要点。同时这一环节也是为后面的延展性讨论作铺垫。学生能够在这个过程当中进一步建立批判性思维的过程，在讨论过程当中关注到语言本身的要点。

环节 5：小组展示

Work in your group, and try to read Pages 8-11 like what you heard in the recording. Then find out the best one to give a performance to the whole class.

引导学生关注选段，通过前两个环节的铺垫，学生能够体会到人物性格特征。通过模仿朗读，让学生表达出人物的性格，尤其是 Mr. Flinch 的特点，为后面的开放性问题的讨论做好铺垫。此环节也能够充分调动学生参与课堂的积极性，有效地检测学生小组讨论的成果，引导学生关注语言本身。

环节 6：能力训练

本环节依托学生预学案上的“质疑待学”部分学生提出的问题。执教者引导学生进行课堂讨论，帮助学生在更深层次地理解故事内容，同时能够做到“翻转课堂”的本质——学生解决学生的问题。通过这一环节能够综合提升学生思考问题、看待问题的能力，初步达到教学目标：批判性地看故事的结局。最后再通过教师的引导思考问题激发学生的发散性思维，实现能力训练。

教师引导问题：

Work in your group, and discuss the following questions. *Everyone in the group should give your opinion.*

Ending: Do you like the ending? Why or why not?

Evaluation: Do you feel sympathy for Mr. Flinch? Why or why not?

Make Assumptions: If you were Mr. Flinch, what would you do to your noisy neighbours?

To yourself: What kind of neighbours should we do?

问题不仅基于文章的思考，同时还将故事讲述的道理引到学生自身进行深度思考。

环节 7：总结反思

If you don't like the story, rewrite the ending. If you like it, would you please say something about how we should get on with people around us?

这一环节即作业布置的环节，通过作业的布置，让学生再次回归本节课的重点内容，进一步完善课堂的研讨。将“翻转课堂”教学内容的各个环节完善，即课外—课内—课外。

四、“翻转课堂”应用于课外阅读教学的注意事项

课外阅读教学是初中英语教学过程中的一个重要环节，在教学过程当中一边关注学生对于语言的理解与积累，同时也关注到学生阅读能力和阅读素养的提升。不仅作为课内教材教学的延展和补充，又作为学生开阔眼界的一种重要媒介，是初中英语教学过程中不可或缺的一部分。

而“翻转课堂”的教学模式恰恰在迎合课外阅读教学的需求，帮助学生有效地提升语言积累和理解能力，也帮助学生进行深度思考，提升学生的思维品质和文化品质。但是在实施“翻转课堂”模式下的课外阅读教学的过程中应有以下几点注意事项。

1. 课前“预学案”的设计要兼顾基础与能力

“翻转课堂”教学的重要环节就是在课堂教学前完成知识的讲授，这对学生课前“预学习”的程度有较高的要求，同时也对教师在课前的“预学案”设计有较高的要求。“预学案”中教师应该首先让学生关注语言知识，通过一定量的语言知识的积累达到语言运用的效果。阅读理解问题倾向细节梳理以及发散性思维的铺垫，从而达到引导学生进行“预学习”的目的。

2. 明确“预学习”不是“预习”

在设计课前任务时，教师应明确概念，是“预学习”而不是“预习”。课前通过“预学案”和“微课”等手段，指导学生进行对语言知识和基本信息整理的学习，而不是简单地让学生查单词、记句型。通过指导，能够使学生在课前做好课堂研讨、充分讨论的准备。

3. 课堂教学要体现学科素养的发展

课堂教学要体现“翻转”模式，就要将课堂的主体还给学生，在课堂上大量的时间应该留给学生进行思考、研讨，关注学生的文化素养和思维品质。

五、结语

“翻转课堂”作为新兴的一种教学模式，逐渐被广大教师所接受。将“翻转课堂”教学模式与课外阅读的教学有机地结合在一起，能够有效地提升阅读教学的效率和学生的思维品质。同时也符合当下对于英语课堂教学的要求，既要体现学生综合运用语言的能力，同时要高效地培养学生的学科核心素养，真正让学生做到“学语言、用语言”。

参考文献：

[1] 金陵. 翻转课堂与微课程教学法[M]. 北京：北京师范大学出版社，2015.

[2] 袁晓. "翻转课堂"模式在初中英语阅读课堂的运用[J]. 英语广场，2016(5)：154-155.

浅谈小学英语课堂美育的应用

王雪杰[①]

（对外经济贸易大学附属小学，北京 100029）

[摘要]作为素质教育的重要组成部分，美育在促进学生审美能力的发展、促进学生人文素养的提升、促进学生全面发展等方面起着举足轻重的作用。《新课程标准》中明确地指出："英语教学要培养学生健康的审美情趣和良好的鉴赏能力"。首要的任务是教师要身体力行，在英语课堂中发展学生审美能力和情趣，引发学生的审美体验，从而实现英语课堂的美育目标。因此英语课堂教学不仅应该成为促进学生智能发展的重要手段，而且应该成为对学生进行美育的主要载体。本文依据美育的意义、结合实际教学从英语课堂的语言、教学活动和文化等方面，来探讨小学英语教学是如何"以美育人"的。

[关键词]美育；小学英语

一、美育的概念及意义

美育，又称美感教育，即通过培养人们认识美、体验美、感受美、欣赏美和创造美的能力，从而具有美的理想、美的情操、美的品格和美的素养。狭义的美育，极端地认为美育专指"艺术教育"；而其一般的定义认为美育则指"美感教育""审美教育""审美观和美学素养教育"等。广义的美育则认为，真正的美育是将美学原则渗透于各科教学后形成的教育。

1. 美育有助于增强学生的审美素养

我们常说世界上不是缺少美，而是缺少发现美的眼睛。而"美育"恰恰能帮助学生擦亮们眼睛，看到美。苏联的哈尔拉莫夫曾提到："美育的实质是培养学生对于美在艺术和生活中的充分知觉的能力和正确理解的能力，是培养他们审美的概念、兴趣和标准，并发展他们在艺术方面的创造性素质和才能。"通过对学生多方面的美育培养和渗透，引导学生除了从美的画面、美的事物中找到美，还要从生活中、学习中发现美，从而培养学生认识美、欣赏美、感受美、发现美、创造美的审美能力，这才是真正的美育。有了这些能力，学生才能发现身边的美。

2. 美育教育有助于提高学生的人文素养

党的十八届三中全会《决定》明确提出了"改进美育教学，提高学生的审美和人文素养"的要求。因此美育对于提高学生的审美和人文素养起着至关重要的作用。苏霍姆林斯基认

① [作者简介]王雪杰（1990—），女，满族，北京，一级教师，学士学位，研究方向为初等教育英语方向。

为,“教育儿童通过周围的美,人的关系的美而看到的精神的高尚、善良、诚实,并在此基础上、在自己身上确立美的品质”。美育实施的是人文教育范畴,是以人为本的教育,是促进人的全面发展的教育。最崇高的人文教育是从培养学生拥有欣赏美的能力,进而培养了他们思考美的背后隐藏的文化美、精神美和人格美等,从而内化到每一个人的心中,成为一种内在的情感和意识。

3. 美育是素质教育的重要组成部分

美育是寓于全面的教育,没有美育,就不可能有个性充分的全面发展。蔡元培曾说:“凡是学校所有的课程没有与美育无关的。”以美启智,以美养德,以美育情,以美健体,以美导劳。美育不仅能够培养人们的高尚情操和审美品位,而且还能够开启人们的心智之门。所以美育在无形当中,通过外在的文学意识和审美方式来打动人的内在的情感和思维,从而促进人的全面发展。美育就像润物细无声的春雨,渗透在学生的心灵深处。

二、如何在小学英语教学中渗透美育

1. 让学生体会语言的艺术美

语言是思维的载体,依附于声音的外壳。语言的韵律有着独特的美感,让学生在学习的过程中去体验和感受到语言的魅力。我国南梁文学家沈约很早就提出“文章之音韵,同管弦之声响”。韵使得语言有起有伏,错落有致,是“语言的音乐”,给人以美感。英语作为表音语言,富有音乐性和韵律感。有研究表明,音乐可以更好地帮助人们长久地记忆。而在小学阶段,英语多以优美的曲调、鲜明的节奏,来激发学生的兴趣,从而使学生体会到语言的艺术美和魅力。

例如小学英语课文中的小韵文,将单词变成有韵律的句子,学生们在欢快的节奏中就把单词掌握了。还可以在维持课堂纪律时使用韵律的口号,如 eyes eyes look; ears ears listen;在课堂评价时可以用到 good good, very good 等有节奏的语句。在学习英语句子的表达时,不同句子的升降调、重音等像音乐一样能够让学生在轻松欢快的韵律之中,更好地体验到语言的艺术美。

2. 让学生体会活动的生动美

夸美纽斯说美育是“一种教起来使人感到愉快的艺术”,能够真正达到寓教于乐的效果。在小学阶段,由于学生们的生理特点,导致他们好动、注意力容易分散等,这就需要教师在教学环节的设计中充分考虑到学生的特点,设计形式多样、丰富多彩的活动来调动学生的学习兴趣。而在这些活动中,学生们乐于参与,感受到活动带给他们的魅力,从而体会到活动的美。学生在活动中感受到交流美和创意美。

例如在英语课的热身环节,会以歌曲等方式带着学生参与其中,在欢快的歌曲中让学生愉快地进入新课的学习。在上课环节中还会创设不同的情境,让学生身临其境地去学习和感受语言。在操练环节学生可以通过小组合作体会到与人交流合作的快乐。课内小游戏还可以让学生在玩中学等。让学生在每堂课的互动中感受着美,从而“使每一堂课本身成为一种美的存在”。

3. 让学生体会文化的丰富美

语言的背后是不同的文化，学生通过对语言的学习，体会到背后不同文化的美。在小学生使用的英语教科书当中，通常具备着极为丰富的美育元素，不但具备应有的韵律美以及内容美等，还有着各种具有英文特色的儿歌以及图画等。此外，教科书还会配有极为丰富的音乐以及视频课件，附有不同的教学情境，这可以让学生在课堂上充分地体会到文化的美。

例如在学习食物时，可以对比不同的食物，从而体会到人们不同的饮食习惯；在学习节日时，可以了解到不同的习俗。在表达想法时，明白了表达时不一样的思维方式；在学习国家时，了解不同的地理位置和不同的历史背景。在学生学习感受到不同的文化时，他们也在体会着不同知识带给他们的美，开阔了眼界，丰富了头脑。

三、结语

综上所述，美育作为培养全面发展的人才，提高人的审美素养和人文素养的重要手段，在现代教育中的地位与作用越来越不容忽视，教师需要不断地挖掘、丰富教学内容，以便更好地去渗透美育，带领学生去发现美、欣赏美、学习美，从而去培养学生的综合审美能力和综合素养。

参考文献：

[1] 孙永. 英语的音韵之美[J]. 山东行政学院山东省经济管理干部学院学报，2010(1)：154-156.

浅谈“双减”背景下小学英语教学中学校与家庭的协同教育

张蕊 ①

（中国传媒大学附属小学，北京 100024）

[摘要]学校教育与家庭教育，共同承担着对孩子的直接教育责任，家庭、学校教育是否密切配合、积极协同、相互支持、形成合力，决定着教育的成败。因此，在全面推进素质教育的今天，构建家庭、学校协同教育的格局显得尤为重要，本文立足于英语学科，结合笔者本人在实际教学中的一些教学经验，就教师该如何在“双减”背景下多渠道搭建家校协同教育的平台，帮助家长认识自身角色，参与学校教育，参与孩子的学习过程，从而提高英语教学效果，达到教学双赢作了浅析的研究。

[关键词]“双减”；小学英语；家校协同教育

一、问题的提出

苏霍姆林斯基说过：“生活向学校提出的任务是如此的复杂，以致如果没有整个社会首先是家庭的高度的教育学素养，那么不管教师付出多大的努力，都收不到完满的效果。”学校教育要实现促进学生“和谐的全面的发展”，离不开“两个教育者”——学校和家庭的密切联系和协调一致的配合。在英语教学中，教师与家长之间的协同是很重要的，他们就像鱼和水一样不可分离。通过家校协同，将学校教育和家庭教育有机结合起来，互相补充，使教育目标一致、方法互动、内容互补，从而达到提高学生学习效率的目的。

2021 年 7 月 24 日，中共中央办公厅、国务院办公厅印发了《关于进一步减轻义务教育阶段学生作业负担和校外培训负担的意见》。“双减”政策指出，要全面压减作业总量和时长，减轻学生过重的作业负担。“双减”政策是教育部门针对义务教育阶段提出的减负政策，具体指全面压减孩子作业负担，还需要减轻校外培训负担。一是要减轻作业负担，二是要减轻校外培训负担。北京的具体政策如下：小学一、二年级不布置家庭书面作业，可在校内适当安排巩固练习；小学三至六年级书面作业平均完成时间不超过 60 分钟；初中书面作业平均完成时间不超过 90 分钟。个别学生经努力仍完不成书面作业的，也应按时就寝，确

① [作者简介] 张蕊（1985—），女，汉族，北京人，硕士，一级教师，朝阳区优秀青年教师，研究方向为外国语言学及应用语言学。

保充足睡眠。

在这一政策之下,许多家长迷茫了,更不知如何协助教师做好家庭教育。作为英语教师,只有通过不同的途径与家长互动沟通,让家长更多地了解并参与英语教学活动,才能获得家长对教育的支持,才能充分发挥家长的辅导作用,也就能更好地为英语教学打下基础,促进英语教学的良性发展。

二、家校协同教育在小学英语教学中的作用

家校协同教育,能充分调动家长参与对学生教育的积极性,它在小学英语教学中有着深远的意义,主要体现在以下 3 个方面。

(1)通过家校协同能使学校与家庭互相配合并形成教育合力,达到教学双赢。

家庭和学校作为儿童教育过程中的两种主要的教育力量,如果不能形成合力,就会相互削弱和抵消,学校教育的作用就无法充分发挥。家庭和学校不断地沟通,能使学校和家庭的教育相互支持和配合,形成合力,有利于激发学生学习的动力。

(2)通过家校协同能为孩子开拓更有效的英语学习途径,优化英语学习环境。

英语是一门语言,是一种交际的工具,唯有在具体情境中通过频繁的模仿、多元的运用,才能逐渐吸收语言知识,才能体现英语的交际性和实用价值。但是,现阶段大部分小学每周只开设 3 节英语课,学生在校学习英语和运用英语的时间非常少。良好的家校协同教育,能为孩子开拓更有效的英语学习途径,提供更广阔的英语交流平台。

(3)通过家校协同教育能提高学生的综合语言运用能力,促进英语教学的良性发展。

新课程理念倡导:培养学生的听、说、读、写技能,使学生形成一定的综合语言运用能力。但是,"应试教育"在许多家长的思想中还是根深蒂固,他们十分看重自己孩子的考试分数,所以特别关注读写训练,却忽视了孩子的听说能力。可见,要想提高孩子的综合语言运用能力,光靠教师课堂上的努力还不够,必须通过教师和家长之间的联系、沟通,引起家长的高度重视,然后在行动中予以正确的指导。

三、与家长沟通的技巧

(一)要尊重家长

要尊重家长,打好与家长沟通的基础。尊重学生家长是老师与家长取得有效沟通的首要条件。教师与家长的互动追求应当是"彼此相倚"型的互动,因为在这种类型的互动中,才能真正凸现双方的主体地位,体现主动性。但是现实中的情况往往是,教师是互动的主动方,决定了互动的激起、进行和结束,而家长属于被动方,总是被"牵着鼻子走",因此尊重家长,让家长在心理上取得与教师地位的平等,就为沟通打下了良好的基础。

（二）耐心告诉家长运用科学的教育方式

许多家长由于对孩子年龄特点不了解，不知道如何教育孩子。有时教育孩子的方式很不恰当，一味地溺爱，甚至放纵。尤其是在当前的“双减”政策之下，有时对于孩子的关注度不够，不了解孩子在学校的表现情况。而教师是教育方面的专业人员，遇到问题应通过各种方式启发、引导家长，让他们了解孩子的身心特点，更新教育观念，掌握正确的教育方法。家长从教师这里了解到了正确的教育知识，及时地改变自己的教育方法。与此同时，教师也更加了解孩子，同时与家长也拉进了距离。

（三）对家长要一视同仁且采取合理有效沟通方式

家长之间的差异是客观存在的，学历、职位、性格均有所不同。在当前“双减”政策下，有些家长对于孩子的要求就彻底放松了，对于孩子的学习不管不问；有的家长依然能和学校教师保持联系，时刻关注孩子的表现情况，经常主动与教师进行沟通。无论家长间存在什么样的差异，从他将自己的孩子送到我们学校的那一天起，家长与教师就开始了共同的历程——教育好孩子。因此，教师应该学会与每一位家长交流，让每位家长都能感受教师的关注或重视。由于职业、性格、文化水平等因素的不同，家长的教育观念和教育方法也不尽相同。这就需要教师深入地了解家长，以便有针对性地与家长沟通。

常言说“人过一百，各色各样”，交流要因人而异，因时而异，因情而异。换言之，与不同的家长，在不同的情况下交流，需要有不同的方法策略。

（四）教师应以“换位”的思维方式与家长沟通

“换位”理解家长。理解家长“望子成龙”“望女成凤”的愿望与我们“望生成才”的愿望是一致的，理解家长生活质量、文化素质及对教育的理解与看法与我们教师都是有偏差的，很多家长把孩子送入学校后不管不问，这或许也从一定程度上体现了家长对教育的期望和对教师的尊重，他们相信学校，相信教师，他们一致认为学校是教育人的地方，教师一定能有好多方法，他们不知道现代教育的多元性和复杂性，更不知道现代教育的统一性和互动性。有了这样的心理前提，我们就会取得家长的理解从而达到沟通的可能。

（五）什么时候沟通？

通常情况下，笔者会在以下几种情况下和家长联系。

1. 表扬鼓励

如：当学生英语听写得满分时笔者会给得满分的学生家长发短信：您好！您的孩子今天听写满分，表扬！很多孩子在得到家长老师的共同鼓励时，一种成就感油然而生，学习的劲头就特别足。

2. 每周学习任务总结

“双减”政策指出，小学一、二年级不布置家庭书面作业，可在校内适当安排巩固练习；小学三至六年级书面作业平均完成时间不超过 60 分钟；鼓励学生在校内完成作业。由于出台了这样的政策，很多家长不知道孩子每天学了什么，布置了什么作业。因此，作为教师，我们可以每周给家长发一下每周学习任务总结，让家长了解孩子这一周内都学习了哪些内容，以便帮助孩子在家中做好复习和巩固。

（六）利用其他方式互动

在家校合作过程中，学校通过校园开放日、家长会等方式让家长走进学校，让家长看到“课堂中的孩子”，直观了解到孩子们在学校的表现，有效增进父母对孩子的了解，从而促使家长更加有效地开展家庭教育；学校积极主动地与家长分享学校管理和运行的信息，增进家长对学校教育的认可、对教师教育教学水平的信任。总之，在落实“双减”政策的过程中，通过家校合作，学校的减负措施得到来自家长的理解和支持，家长的教育行为和困惑也得到来自学校的指导，从而在减负问题上实现家长与学校的同向而行。

四、结语

家校协同教育，搭建起了家校沟通的桥梁，增强了教育合力，促进了学生的全面发展。同时，它也促进了教师的专业发展，在和家长的沟通过程中，教师学会了换位思考与自我反思，使自身的教学更加趋于理性化与人性化。教师、学生、家长三者之间的交流氛围更加和谐、顺畅。

家校协同教育，不仅提高了孩子的英语学习效率，促进了教师的专业发展，提升了学校的教学质量，而且也促进了家长的教育水平。它使家庭和学校同行，家长和教师携手，双桨齐心，共同撑起了孩子英语学习的快船！

参考文献：

[1] 覃爽. 小学英语教学中家校合作的研究——以武汉市 G 小学为例[D]. 武汉：中南民族大学，2020.
[2] 林卫红. 构建家校合作学习共同体的策略[J]. 辽宁教育，2019（20）：84-87.
[4] 江冬梅. 微信与家校协同教育[J]. 教书育人，2021（29）：32-33.
[5] 王东. 家校社协同减负视角下学校的角色和任务[J]. 中小学校长，2021（10）：23-26.

在小学英语教学中实施主题单元会话教学的重要性

郑辉①
（北京市通州区芙蓉小学，北京，101100）

[摘要]近年来，小学英语主题单元化在小学英语教学中起到了举足轻重的作用，逐步成为一种能够使学生受益最大化的教学方式。然而有关小学英语单元教学的研究大多处于单课层面的，忽略了整个单元主题化的会话教学过程。本文探讨了小学英语主题单元整体教学的具体策略和方法。

[关键词]主题单元；小学英语；教学方式

义务教育阶段的英语课程具有工具性和人文性的双重属性。工具性是指英语在一定条件下为人类交际服务；就人文主义而言，它是英语在一定情境下所传达的人文价值。引导学生在语境中学习英语是教师最常用的方法。在单元整体背景下，教师应以会话内容与主题语境相结合为指导，坚持主题语境教学法，引导学生在单元内容学习中具有整体性，帮助学生有效构建语言知识体系。

一、主题单元教学的背景分析

“学科单元整体教学”是以系统哲学的发展为基础的。1912年，奥地利和德国心理学家发现并创建了塔式心理学，又有人称为完形主义。所谓格式塔心理学是指，是指从培养学生的思维方式入手，不孤立地将思维培养作为课程的核心，而是将情境创设、思维培养、学科应用看成一个整体，并用这个系统化的整体来影响学生。因此，思维方式的系统完整，学生的语言系统也是系统完整的，绝不是单纯依靠句子讲解就能达到目的的。

小学英语主题单元教学设计就是根据教育部颁布实施的课程标准，深入研究教材内容，在全面把握学生学情的基础上，要求教师必须以整体语言教学为切入点展开教学，学生的语言习得是具有整体性的，而不是各个板块的语言分析模块的累积；小学生英语口语的应用和表达与英语的书面学习是相互促进的，当然同步发展的还有英语听力。学生的综合语言运用能力发展也要从语言思维方式的培养和形成、语言知识的识记和把握、会话教学过程和方

① [作者简介]郑辉（1993—），男，汉族，通州区骨干教师，北京市通州区芙蓉小学英语教研组组长，主要研究方向为英语学科教学。

法的掌控以及英语文化背景的理解等多方面系统展开。这就要求教师对主题单元的教学内容进行设计,组织教学活动,合理安排教学时间和设计教学目标,并进行统筹规划和实施,明确主题单元的总体目标与各部分具体教学目标的关系,学时和学时是相互联系的。

二、主题引领下单元内容整合的基本原则

基于主题的整体式教学要以学生为中心,以主题语境为依托,以语篇为基础,以问题为导向,以教学目标为落脚点,以学生自主建构知识为手段;要遵循学生生理、心理发展规律,突出学生主体地位,激发学生学习的主观能动性,鼓励学生积极参与课堂活动。教师在主题语境中高效利用语篇,可以引导学生学会语言知识、文化知识,掌握语言技能,培养学习策略,为其终身发展奠定夯实的基础。

(一)课程标准原则

新课程理念指出教师应该创造性使用教材,主张教师合理地使用教材教,而不是一味地教教材。教师进行主题单元整体教学设计时,可以参考课标,挑选与主题单元相关的、学生感兴趣的教学资源时,一定要在学生的实际学情基础下进行选择。教师可以对单元的相关内容进行调整和整合,有必要的情况下,也可以增加拓展材料,使其教学对象更加适应其相关内容,满足他们的认知和年龄特点。

(二)主体性原则

课改核心理念是学生的地位是否发生了改变,学生的主体地位是否得以凸显,因此一节课是否体现学生的主体地位常常被作为评判一节课好坏的标准。在进行小学英语主题单元的整体教学设计时,教师应更加注重彰显学生的主体地位,无论是目标的制定、内容的设计还是教学方法和学习策略的选择,都要考虑学生的认知以及年龄特点,激发学生学习英语的主动性和积极性,并且提高学生进行自主探究和实践活动的能力,在整个会话教学活动中教师要以学生为中心,鼓励学生全员参与,学生始终是课堂的主体得以彰显。

(三)整体性原则

开展主题单元整体教学设计,教师必须从整个单元上把握教学设计,从整个单元上优化教学设计,在会话教学过程中促进教学设计的整体化,进而改进教学设计。具体来说,教师要围绕主题单元的主题,从整体上把握每一个教学重点和难点,科学处理那些精心挑选的教学资源,实现教学目标,并根据学生的实际情况进行整体优化。在主题单元的整体教学设计中,教师不仅要注重学生语言知识和技能的培养,更要注重学生情感态度和价值观的培养。

(四)情境性原则

教师应根据学生的生活经历和兴趣点,创设与主题相关的更真实的教学情境,使学生敢于发言,愿意发言。创建情景时,可以围绕整个主题单元的主题设计一个大的主题情景,围

绕这个情景创建一个具体的类情景,始终保持主题单元设计的完整性和统一性。

三、小学英语主题单元整体教学的具体策略与方法

(一)有效整合主题单元教学内容

小学英语教材的选材都与学生的实际生活比较贴近,如 shape、animals、culture、sports、weather、shopping、colour 等,每个主题单元的知识目的和应用目的都有着较为明确的针对性。在小学英语主题单元教学模式中,教师应加强备课,掌握整个主题单元的知识,明确主题单元的主题,然后整合主题单元的知识,在总体目标下设定具体目标,让学生明确具体目标。

以北京版小学英语四年级上册 Unit 7 What is nature? 为例。该单元以描述气候变化,亲近自然,以及什么是自然展开。在设计的过程中,将本单元的第三课时调整成第一课时,先教授学生什么是自然,接着进行展开,能很好地帮助孩子理解该单元的主题。设计单元主题思路如图 1 所示。

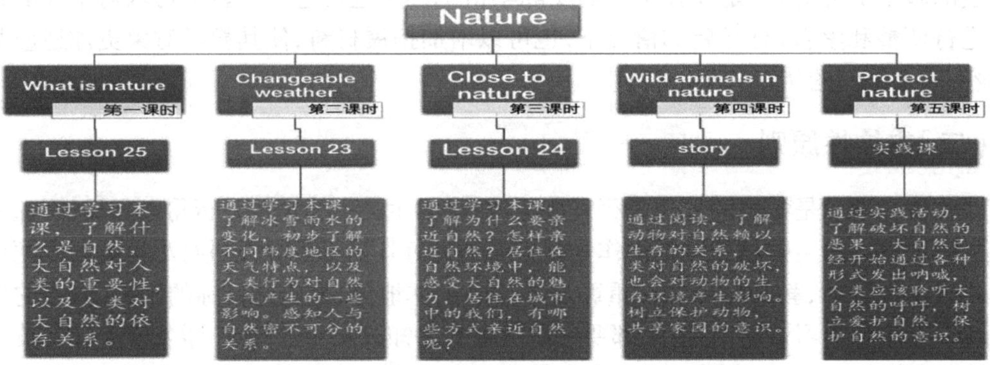

图 1 单元主题思路

以该单元的第三课时 Lesson 24 Close to nature 为例。Mike 和 Sara 谈论了周末的活动安排,使用了本单元的另一个重要交际用语"Where does he live?"及回答"He lives on a farm."。在本课内容中呈现多种接近自然环境的居住场所,让同学们感受到大自然给人类带来的生存环境,培养学生热爱自然、保护自然的意识。在三年级上册第五单元 It's a nice autumn day 中,学习了"What's the weather like today? It's rainy/sunny/cloudy/windy/foggy/cold/hot."并提及一句"What's the weather like today? It's snowing."这对第 23 课的学习有一定帮助。

在第一课时明确"What is nature?"这一话题的基础上,引出人们应该亲近自然的论点,并通过丰富的图像、视频资料激发学生亲近自然、热爱自然的情感。在本课时的学习过程中,教师比较关注学生的课堂实际收获,所以在授课时以聊天的方式,询问同学们是否愿意亲近自然,怎样亲近自然?并在课中、课后继续追问,关注学生是否有新的知识生成。

(二)统一教学模式,提升教学质量

小学英语主题单元教学对教师的教学方法提出了更高的要求,要求教师能够灵活运用。整合主题单元的教学内容,可以使有限的40分钟课堂教学发挥最大的效率,进而提高教育教学质量。掌握英语知识的常规模式就是通过对句子、词组和单词的理解来达到的,在当前整体教学中,更加要求教师能够整合有效教学资源,让单词、词组和句子不再孤立,并将口语、知识、听力协同发展,让学生更加准确地使用英语表达。

(三)文本重组,深化拓展

在小学英语会话教学过程中,教师突破了教材在主题单元整体教学设计中的局限性。我们现行使用的小学英语在教材编排中,尤其重视不同主题单元和各节之间的联系,主题单元之间也存在着一定的联系。因此,在会话教学过程中教师不能单纯地对当前内容进行讲解,还应该把握主题单元课程之间的联系,实现主题单元知识的重新组合,不断满足小学生对英语知识的需求,也通过学生固有经验强化对新知识的学习和记忆,进而利用循序渐进的课时安排,以实现新知识的逐步拓展和升级深化。

四、结语

主题单元教学设计是一项基于小学英语教材独特编排的教学计划策划工作。把握主题单元之间的关系,划分主题单元的内容,可以得到一个清晰的过程,这对学生理解和使用语言很有帮助,教师也可以更好地进行会话教学。

参考文献:

[1] 冯少民. 基于主题意义探究小学英语单元整体教学策略[J]. 英语教师，2019，19(22): 58-61,70.

[2] 王琳珊. 小学英语单元整体教学设计案例分析[J]. 中小学教学研究,2019(1):9-14.

小学英语口语评价对提高口语能力的研究

乔依娜①

（对外经济贸易大学附属小学，北京 100029）

[摘要] 英语口语教学的目标是培养学习者运用目的语进行有效交际的能力，适当的评价是衡量学习者该能力的主要方式。作为小学英语评价体系的重要组成部分，对学生口语能力的评价在很长一段时间内没有被引起足够的重视，为了在《英语课程标准》下推进小学英语口语的评价改革，我们有理由相信，有效的英语口语评价必定可以成为促进口语课堂教学的有效途径。教师在课堂教学中可有计划有目的地进行口语交际技能的训练，最终达到用英语交流、用英语做事的目的。

[关键词] 英语口语；评价方法；小学英语口语；口语交际能力

一、研究的背景

听、说、读、写是英语教学中的四项基本技能，英语作为一门语言，其最终目的是更好地与人交际。随着社会的不断发展，我国逐渐与国际接轨，英语作为一门交际性语言，它的使用范围越来越广，价值越来越高。因此，提高学生的口语表达能力势在必行，在小学教育中则显得尤为迫切。因此，小学英语教材对学生的听、说能力提出了更高的要求。众所周知，英语不是我们的母语，缺少语言环境成为小学生英语口语交际应用的一个难题。而口语交际也能够在一定程度上较为直观地反映出小学生的语言学习能力与人际交往能力。从我校现状来看，并不是所有的小学生都具有熟练的口语表达能力，更多的学生无法直接用英语与人进行交流，这是因为口语能力的发展不是自发的，而是需要通过有效的训练和培养不断进步与发展的。尤其针对笔者所面对的中低年级学生来说，学生本身的词汇量较少，很难抓住表达的重点，句型掌握也不够，常常将英语与中文的语法表达顺序混淆。即使到了中高年级掌握了一定的语法知识、词汇、句型后，口语表达能力仍会有提高困难的现象出现。主要问题是学生不知道如何正确有效地阐明自己的观点，很难抓住表达的重点。而在使用词汇时不知道如何恰当地选择词汇，导致词不达意，意思表达不清。加上中小学教学过程中更加注重知识的理解而缺少语言运用的环境，结果造成我们的学生很难面对面用英语进行交流。

因此，作为一名英语教师，我们就要更加努力：上课时以课堂教学为主要内容，课下加以针对性练习为辅助，使学生在课堂上敢说英语并会说英语，真正做到使用英语交际。学生只

---

① [作者简介] 乔依娜（1992—），女，汉族，北京人，学士，一级教师，英语学科教师。

有在自己能开口说英语并能驾驭所学的语言知识时，才会有成就感和满足感，才会觉得自己真正学到了一些知识，从而激励他们更进一步地学习英语。

二、研究的依据及意义

《英语课程标准》曾指出：评价是英语课程的重要组成部分。科学的评价体系是实现课程目标的重要保障。要通过评价，使学生在英语课程的学习过程中不断体验进步与成功，认识自我，建立自信，促进学生综合语言应用能力的全面发展。新的《中小学英语课程标准》明确提出："英语课程的标准体系要体现评价主体的多元化和评价形式的多样化。评价应关注学生综合运用能力的发展过程以及学习效果。采用形成性评价与终结性评价相结合的方式，既要关注结果，更要关注过程，使对学习过程和对学习成果的评价达到和谐统一。"

小学英语教学以培养学生听说能力为侧重点，学生口头运用语言的能力是全面评价学生学业成绩的重要元素。如何正确地评价学生运用语言的能力，是我们亟待解决的一个问题。期末一次性的测试，有一定的随意性和偶然性，不能全面地检测出学生口语能力的实际水平。对英语口语交际的能力进行评价是体现学习者在真实情景中运用英语能力的一个方面，也是英语口语研究的重点。随着口语在社会上应用得越来越广泛，英语口语评价的研究得到了语言学家们越来越多的关注。各大考试及各类学校也因此越来越注重考查口语的应用，但是这些口语评价考查的内容及其形式不一，信效度也难以保证。因此，小学英语口语评价方式到底应做哪些改革，我们准备进行这个方面的一些探索，具体来说是在实际的教学工作中，如何通过听、说、读、唱、演等方式对学生用英语进行口语交际等多方面的综合检测，并且使学生可以通过检测来展示自己的才能，乐在其中。

三、研究的内容

1. 英语口语水平的评价角度

对英语口语进行评定主要可以从流利性和精确性这两大角度来看。

1)流利性

流利性是外语教学中的一个常用概念。在日常生活中，它的意思通常被理解为整体口语水平的流利性，主要有言语速度和停顿这两个时间变量。停顿分为"自然停顿"和"非自然停顿"两种。自然停顿通常发生在一些从句之间或者在一个完整的词汇单元之后。除此之外发生的停顿就被认为是犹豫，属于词汇或者语素不确定的表现。这种犹豫可能是一段沉默的时间或者是一些非填充停顿，如"en""wu"等无意义语气词，或者是一些没有实质信息的填充停顿，如"You know""I mean"。研究表明，言语速度和发音速度随着被试流利性水平、学英语时间的增长而提高。对停顿的时间和频率的研究表明，不论停顿是填充的或者非填充的，它们都与流利性有一定的关联，口语流利的停顿时间短，沉默、非填充停顿和填充停顿的次数少。

2)精确性

精确性反映了英语学习者正确使用语言形式的能力,而复杂性则测量了他们在一个句法结构中安排多个语言成分的能力。精确性不是可以单一衡量的,它通常指使用词汇及语法表达上是否准确,与其他标准混合在一起评价。例如:口语交际与书面形式的口语运用是完全不同的,它不像笔试中,叫考生写出"How do you do?"的答句,考生可以在笔试所给时间内(如90分钟内)答出答句,时间很宽裕,思考的机会也很多。而在口试或平时的英语交谈中,别人说出How do you do? 你则需迅速回答,这是真实的交谈。这时为了表达观点,则需要选择恰当的词汇。同时也要考虑所处情景的特定需要(比如要讲得慢些、简练些)及考虑语言在环境中的适合性与有效性。

除此两大角度外,还要考虑复杂性、情境性、偶然性等。

2. 英语口语水平的评价方式

1)成立学习小组,采用星星评价法

分组记分评价主要适用于课上的教学环节,可以调动学生的学习积极性及参与意识。课前将学生分成几个大组,并让学生用学过的英语单词给组别命名。记分评价贯穿于整个教学过程中。在新授阶段,对于积极回答问题的大组或组内成员给记1星,表现特别突出的可得到2星,以激励大家向他们学习。在巩固阶段,学生与partner进行练习,而后进行小组表演展示。对于能够熟练朗读课文且发音标准的组加1星,能够表演课文的小组加2星。在拓展阶段,学生用自己的方式记住所学的单词或者根据课本上的对话进行创编表演的小组加星。同样,凡积极参与的均给予加星,优秀的可加2星。下课之前,对本节课每组所得分数进行汇总,星星最多的组可获得小奖励。通过这种新奇的激励制度,使更多的学生克服了羞怯感,为了小组这个集体的荣誉,而勇敢地去参与到交流与表演中,增加了其口语表达的机会,真正实现了人人愿意说英语。

2)课前热身,渲染英语交流氛围

The best way of learning a language is using it. The best way of learning english is talking in English as much as possible. 众所周知,中国学生学英语最大的困难就是缺少说英语的环境,缺少说英语的氛围。在这样的条件下,英语课堂就成为中国学生学习英语的主阵地。在课堂上积极为学生创设说英语的环境,提供说英语的氛围,利用所说内容渲染学生的情绪,充分调动学生说英语的积极性,让他们有话可说,有说的欲望,达到运用英语语言进行交际的目的。在教学中笔者是这样做的:每节课以唱歌或读一些英文儿歌等开场,然后是"say something in English",用英语介绍身边的物和事。可以说说自己,谈谈家庭,讲讲自己喜爱的文具、小动物及自己感兴趣的消息,从要求说一两句到后来要求说十句以上。鼓励学生畅所欲言。也可以做一些小游戏,如数数、传令、看动作猜句子和单词等,既起到了复习作用,又加强了口语表达。但每节课前要提前进行准备,上课时尽量给每个学生提供锻炼的机会。这样通过课前热身这一环节,既调动了他们的积极性,也渲染了英语学习氛围。

3)分层教学,人人说英语

苏霍姆林斯基曾说:正确的教育与惩罚无缘。教师应正确对待学生在学习中的差异,应看到每个学生都有其闪光的一面,都有其不可替代的旺盛活力与潜能。在英语课上,笔者一贯用不同的标准评价不同层次的学生,肯定他们的点滴进步,给予其发自内心的赞赏。可采用“Good!” “Great!” “Good job!”等表扬语句并给予肯定的微笑。当他们出现错误时，要多体谅他们，态度和蔼，委婉地指出错误，并多肯定他们取得的成绩和进步，以减轻学生的心理负担，特别是后进生，要给予更多的关怀，尽量给他们回答问题的机会，提的问题不要超过他们的能力范围，并且要多表扬、多鼓励，以达到增强他们自信心的目的，使他们有学习的要求和兴趣。

4）联系生活，在场景中说英语

语言的表达离不开环境，教师要想办法让学生沉浸在语言环境中，自然而然地习得语言表达能力。《英语课程标准》指出：“课程改革强调课程从学生的学习兴趣、生活经验和认知水平出发，倡导体验、实践、参与、合作与交流的学习方式。”以学生为主体，把教学内容融入学生所熟悉的实际生活中，并利用多种教学手段，创设情境，引导和组织学生积极参与学习，才能有效激发学生学习兴趣，提高英语课堂教学效率。小学英语学习的最终目的是要让学生在实际生活中运用所学语言，学会倾听、学会交际。而语言又来自于生活，为了提高学生的口语能力和水平，教师要有意识地创设一种良好的语言环境，一定要重视联系学生的生活，找准切入点，让学生敢于表达，乐于表达。促进学生口语能力在语境中的发展。要尝试着和学生开展一系列活动，把课堂搬进生活，即把学生带入社会，带入大自然，从生活中选取某一典型场景，作为学生观察的客体，并通过教师语言的描绘，鲜明地展现在学生的面前。

5）利用多媒体教学，创设对话情景

运用多媒体技术教学，能为学生提供包括文字、图片、声音、动画效果等在内的多样性的外部感官刺激，使学生产生一种积极的心理体验，并迅速转化为求知欲望。同时，多媒体能为抽象的、刻板的知识赋予生命力，有效地避免了“填鸭式”教学的枯燥性和单一性。对小学生来说，其学习能力主要是以感性认识为主的，多媒体教学不仅可以很好地吸引他们的注意力，激发其学习兴趣，还能够为学生主动性的发挥创造独特的优越条件，让学生主体作用得到充分发挥。举例来说：学习 on，under，behind，in 等方位介词时，教师可以利用多媒体课件动态形式来教学，演示出同一物体在不同参照物对照下的不同方位，画面上出现的各种事物位置生动形象化、具体化了，学生的思维立刻活跃起来，参与意识也被调动起来，这样在不知不觉中就学习了介词，掌握了知识；设计生活片段，如某某同学的书找不到了，就询问大家：“Where is the book?”其他学生说：“Is it under the bed/in your bag?”最后积极努力地找到它；也可以运用卡通人物动作图片制作课件并配音。加强学生身临其境的真实感觉，自然而然地就融入英语学习的情境中，锻炼了英语交际能力。

3. 构建评价体系，使评价更多元化

1）评价内容的多元化

评价内容多元化包括课堂表演、课文朗读背诵、单词背诵听写、上课发言情况、平时表现等多方面表现出的语言技能、情感态度、学习效果等因素，对上述因素开展了多方面、多层次的评价。

2）评价方法多元化

小学英语口语的评价方法不再是单一的师生对话测试。我们采取了安排学生定期分享学习心得法。同时还通过师生面谈了解学生对英语学习情况的感受和看法，以评价学生英语学习的进展并优化自己的教学设计。另外每周进行一次对话表演比赛，评比出前三名，激励学生多说多演。

3)评价主体多元化

过去的评价多是老师评学生,学生处于被评、被考、被管理的被动状态。因此,学生应付考试、害怕考试、厌恶考试。我们实行评价主体多元化以后,这种现象得到了改变。不仅有老师评学生,还有学生自评、互评。

自我评价是学生根据教师提出的要求和目标对自身进行评价的一种方法。这种方法便于学生自我认识、自我激励、自我完善,并积极主动地去努力实现目标。运用自我评价时,教师要作适当的引导,以免出现偏误。

他人评价法包括同伴评价及家长评价。同伴评价是指课堂中学生对某活动者或活动小组的评价。这就要求全体学生都必须实事求是,不讲私情,才能给予正确的判断,使之公平、合理。家长可根据学生在家听读英语的情况、完成作业情况等给予评价或写出评语,这也是对学生课堂学习效果的一个有力评价。

综合评价,是在学期末把每个学生一学期口语能力的评价等级予以综合,成为一学期口语能力的评价等级。积累形成性评价比较客观,避免了评价的偶然性,能反映学生语言能力的发展水平。口语评价纵向延伸到课堂的各个角落,横向拓展到整个学期。口语评价能真实地记录学生平时学习的情况,对于学生是一种鞭策,是一种激励,促使学生踏踏实实、积极主动地学习。

通过不同主体、不同角度来进行评价,保证了对学生的评价全面、客观、正确,也使学生对自身的表现有了更清楚的了解,从而不断改善自我。这对培养学生自我反思能力、增强自信心有着重要的作用。

四、反思与感悟

笔者认为评价的目的是激励学生学习,使学生获得成就感、增强自信心,使学生敢于表达,从而提高其英语口语交际能力。因此小学英语教学应重视评价在教学中的使用,这样既能满足课程标准对英语教学的要求,同时也能提高学生的英语交流水平。然而,我们也不能矫枉过正,一味用课堂评价来衡量学生的英语口语水平,而忽视了应用能力及在生活中的表达能力。因为课程的基本目标不可能在课程实施的每一个阶段全部体现,需要通过综合评价来看待。此外,教师不可陷入为评价而评价的怪圈,而更要注意改革课堂教学模式,给学生成长发展的机会。同时,教师也应当积极学习和主动研究新的教学理念,在实际教学中研究和创造出适合自己与学生实际的教学工具,把评价体系有效地引入课堂教学,让学生体验到成功的快乐,使其口语水平以及英语的综合运用能力得到全面发展。

参考文献:

[1] 段晓静. 小学英语口语评价案例详解[J]. 学周刊,2011(25):156.
[2] 徐可敬. 小学英语口语评价体系探究[J]. 课程教育研究.2013(10):127.
[3] 李蓓. 小学英语口语发展性评价探讨[J]. 小学教学参考,2013(33):66.

浅谈小学低年级英语课堂教学热身环节设计与实践

杜文静[①]
（对外经济贸易大学附属小学，北京 100029）

[摘要]小学英语以培养兴趣为主，前 5 分钟的热身环节是能否提起学生们对本节课内容兴趣的重要环节。而不同的段级，热身的内容及形式都存在差别，随着考试的一步步变革，课堂的热身设计也要与考试内容匹配，避免"考非所学"。所以一个短短的 5 分钟也要"精打细算"，做好敲门砖。

[关键词]课堂热身；资源整合

小学英语课堂最重要的是吸引孩子们的注意力，但又要做到与此同时把该学会的、必须记住的内容在课堂的 40 分钟里深深地刻在同学们的脑子中，还能在日后提取信息的时候做到快速便捷。课堂的前 10 分钟是学生注意力最集中的时间。笔者通过亲身实践证明，如果可以在前 3 分钟把课堂氛围营造得热烈活跃，那这节课将事半功倍。在此，将上班 4 年的思考都总结一下，希望可以启发他人，反思自己。

一、形式

1. 歌谣导入

北京版小学英语教材每个单元大多是以话题形式出现的，所以，相关主题的歌谣是个非常好的导入方式，但是随着教龄的增长，笔者发现小小的热身歌谣，也是大有讲究的。

（1）倾听歌谣课前歌谣的时间不宜太长，所以可以重复放几次，第一次最好是要求学生只倾听，这样可以给学生反应的时间，更是对本节课甚至是本单元教学内容的一个定位。

（2）跟唱歌谣放完第一遍时，学生们已经意识到学习内容了，此时就可以鼓励孩子们跟唱了，最重要的是老师最好把歌谣编好相应的动作，一边唱一边做动作。这样可以很好地带动孩子们，让他们不由自主地动起来，当然也是记忆词汇的一种刺激方式。

（3）内容提问最后一遍时，最好是可以针对歌谣的内容外提问一个有挑战性的问题，让同学们感到措手不及。例如一个主题为 Colors 的小歌谣，可以提问同学们"How many colors do you see in the video?"经过不同主题的跨越，孩子们可以积极地进行思考，更可以利用

① [作者简介]杜文静（—），女，汉族，北京大兴人，大学本科，一级教师，主要研究方向为小学英语教学。

部分同学不甘心的心理进行下一项提问。

2. 绘本导入

吸引孩子们的热身形式一定不能只有一种,所以变换形式是必要的,这样可以提供给孩子们新鲜感。所以针对不同的话题还可以增加不同形式,孩子们有一定的词汇量之后就可以以讲故事的形式提出主题了。

(1)看故事。在上课前利用颜色鲜艳的故事书吸引小朋友的眼球,孩子们很快就可以集中精力,绘本内容一定以主题类词的反复积累为好。用 PPT 做成翻书的造型,加上音效,让孩子们读得进去。

(2)听故事。在孩子们对其内容产生兴趣,但是对其个别词汇产生疑问时一定要用声音解决一部分的问题,经常性地长期坚持下去会对自然拼读有着一定的积累效果。

(3)讲故事。最后一定要请一位同学来试着讲一讲,老师可以录成视频,长久保存下去,或是播放给孩子们看,坚持和学校的 5 分钟课程结合起来,让孩子们看见自己的进步以及别人的优秀,从而激发他们自主学习的积极性。

3. 闪卡导入

在听觉、视觉刺激上起到热身作用,是电子信息技术的支持。但是,教师的基本功是可以脱离工具性的帮手,凭借自己的语言、肢体、教具来调节学习气氛进行热身。Flash cards 利用好了也可以激起学生的学习兴趣。

(1)展示闪卡。利用翻转卡片,遮挡显示卡片,蛇形旋转卡片等不同花样变换手上的动作、集中同学们的注意力。紧凑的节奏可以刺激学生高效快速地运转大脑。

(2)墨西哥式移动四人一组,每组一套主题类的词汇。从第一个人开始波浪式传递卡片,全身动起来,以达到记忆的目的,词卡上的图像不用翻译成中文也可以明白,从而培养英文母语思维。

(3)颜色格子。在黑板上贴出 9~11 块的正方形组合格子,准备好词卡后,用语言指令"a kangaroo on the orange draw"可以复习颜色类词,也可以记忆本单元的主题类词汇,还能采取小组竞争的方式激发兴趣。

二、内容

1. 第一课时

北京版教材话题上的选取是有复现和递进规则的。所以孩子们脑海里的知识体系是有不同层次的。第一课时内容上最好选取本话题的上位知识,用以同学们复习、明确知识,提升自己。例如,二年级上册 Numbers 主题的第一课时,在热身部分内容上的选取最好是数字 1~10。因为学习一年级下册的时候,学生们是接触过数字类的话题的,但是由于时间的推移,基础知识的模糊,重新提取记忆语言是十分有必要的。

2. 第二课时

在第二课时的时候,孩子们已经对本课的话题非常明确了,那加深印象的内容就应该变成上节课的新授内容了。这样,层层巩固、课课递进,符合小孩子们的接受能力。还拿数字话题来举例,第二课时的热身内容最好就是数字 11~20。更好的方式是,除了正数,还可以考查同学们倒数 20~1，把一年级的知识也放在热身内容中，利用小小变化，引起孩子们的思考，左右脑同时开发。

3. 复习课时

在复习课，最好的热身方式就是利用 Flash cards 进行。这样，有利于梳理一整个单元的词汇，更是建立词汇体系的好时机。词汇按类别进行记忆、总结和拓展。

（1）出示图案单词。第一次复习，只出示带图案的词卡，例如，数字类，仅仅出示阿拉伯数学的卡片，主要是为了复习考查孩子们是否掌握了词汇的意思。对于中英文连线，给英文写中文，中英互译等题目而就不攻自破了。最好的是长此以往可以培养孩子们的英文思维。与二语习得的习惯所吻合。

（2）出示书写单词。第二次复习，一定要出示带有单词写法的词卡，如果是低年级最好可以带有占格的示范。因为如今手写体和印刷体的写法区别在上过课外补习班的孩子们心里并不明确，也不重视。但是北京版一年级下册教材中曾经非常明确地给出了最新的手写体 26 个英文字母的标准占格方式，所以每天的日常渗透是非常有必要的。

（3）总结规律。最后在纷繁复杂的词汇网中，需要引导孩子们梳理出像思维导图一样的知识体系。可以将十几个词汇甚至几十个词汇总结在一起，引导孩子们发现词汇规律，组成词汇的方式，初步认识词根词缀的概念。例如 teen 和 ty 的代表意义。而后还可以拓展词汇，百以上的单词该如何表达。

三、人群

在热身环节的设计时，除了内容和形式，人群也是非常值得思考的一个因素。在班级里，孩子们的知识层次是很不一样的，如何在 5 分钟的热身中照顾到方方面面的人呢？

1. 优秀生

针对成绩很突出的学生，我们需要注意将不同形式的第三步争取机会提供给这部分同学，如对于歌谣内容的提问由这部分同学回答；绘本故事的讲述也邀请他们来展示；复习时词汇的拓展也可以请他们来帮助其他同学丰富知识树。总之，对于这部分同学，老师们要创设难题，拔高的部分给这部分同学，让他们明白，还是有很多知识是他们需要积累的。

2. 进取生

针对分数居中的同学，怎样才可以帮助他们提高呢？这一直是一个很难的问题。他们对于基础知识也已经掌握，但还是存在漏洞的。那么老师们可以针对平时做题或者练习时出现的小问题，例如数字 12 和数字 20，经常有同学们混淆。那么这时候，就需要针对进取生提问了，让他们明确自己基础知识的漏洞到底在哪里，需要不断反复地提醒，一遍一遍地区分练习，才可以让他们进步。

3. 学困生

那么，学困生又该如何在热身环节关注呢？

（1）首先就是自信心的培养。例如，在歌谣导入时，可以邀请这部分同学站到讲台前来表演，仅仅是表演动作，引导孩子们给予他们鼓励，让他们首先从心理上对这个环节不排斥。

（2）其次就是游戏的终结者。例如，在绘本导入时，最后可以有连线的游戏或者打地鼠的游戏。这时候一定邀请这部分同学来展示他们的才华,全班鼓励的掌声会带给他们勇气。

（3）最后是给他们选择权。在热身环节中,例如闪卡复习时,可以有接龙的环节,这个时候老师们要选择这部分同学做自己的搭档,这样他们就会成为第一个去选择别人的同学,当班里所有学生都用渴望的眼神看着他们时,他会有被需要的感受。

课堂热身环节的短短5分钟是老师每节课的总结和思考,是学生能否激情饱满地进入课堂的关键。

参考文献:

[1] 陈琼. 探讨小学英语课堂的教学[J]. 科技风,2010（19）:45,68.

传统文化和英语课堂的有机结合

魏春多 ①
（对外经济贸易大学附属小学，北京 100029）

[摘要] 中国传统文化历史悠久，博大精深，但随着时代的不断发展，新事物的不断引进，对于传统文化人们渐渐淡忘。那么弘扬中国传统文化、振兴民族特色的任务就落在了我们的肩上。而传统文化和英语课的有机结合能够提高学生的文化意识，发展学生的文化内涵，帮助学生欣赏文化美的同时利用所学知识弘扬和传播中国传统文化。

[关键词] 文化；传统；英语；课堂；中秋节

中国传统文化凝聚了中华民族五千多年的智慧，它历史悠久，博大精深，经历一代又一代人的传承，经久不衰。但随着现代化经济的发展，各种新鲜事物的引进，人们对传统文化的热情越来越淡薄，甚至很多孩子连听都没听过，更不了解它的特点和起源。因此了解传统文化、欣赏传统文化之美，以及传承并发扬中国传统文化成为我们当下一项重要的任务。那么，传统文化和课堂的有机结合便成为我们实现目标的突破口。

英语教学中中国传统文化的融入可以在我们达成目标的道路上起到事半功倍的作用。传统文化与英语课的有机结合能够更好地帮学孩子们在对比中西文化的情况下更好地感知中国文化的美与博大精深，从而将其更好地传承以及传播下去。

例如北京版（一年级起点）五年级上册第三单元 Can you tell me more about the Mid-Autumn Festival? 的内容。本单元重点学习中西方传统节日的相关知识，作为单元主题式教学内容，第一课时重点学习中国传统节日中秋节以及传统日期表达法，第二课时介绍中国传统节日重阳节以及相关特色饮食，第三课时介绍西方传统节日万圣节以及相关的传统活动，第四课时为复习课。今天笔者要介绍的内容为第一课时内容，本课内容主要由 3 个部分组成，第一部分 Listen and say 主要介绍中国传统节日中秋节的特色饮食和传统活动，需要学生有丰富的文化基础和相关的表达能力。第二部分 Listen, look, and learn 是对中国传统节日的日期进行询问和回答，也是本课的功能句型。农历日期不同于公历日期，句子较长，在月份和日期的读法上存在困难。所以这里笔者会对比讲解。同时，对于节日的起源笔者进行了补充，让学生更鲜明地感知传统节日的表达方式以及独特之处。

课程伊始，笔者通过以下两个活动紧紧围绕节日主题进行展开。①复习节日词汇。通过问题 What festival do you know? 让学生以头脑风暴的形式回顾所学关于节日的词汇。②聚焦中秋节，唤起学生已有认知。通过回顾“十一”长假，以自由谈话的形式引出主题节日

---

① [作者简介]魏春多（1987— ），女，汉族，北京人，一级教师，研究方向为英语学科教学和英语教师教育。

The Mid-Autumn Festival,让学生结合自己的生活经验谈论中秋节的体验,从而唤起对中秋节传统文化的认知,为后续学习做准备。

对话教学重点介绍中国传统节日中秋节。首先笔者通过创设情境,引出对话。

教师通过图片引出主人公 Sara 以及 Sara 作为一个外国人想知道中秋节信息而提出的问题,鼓励学生调动已有知识储备尝试着回答,引导他们用英语做事情。然后借助 Sara 提出问题,把中秋节分成 4 个小话题。Topic 1 Talk about what are moon cakes. Topic 2 Talk about when do you eat it. Topic 3 Talk about when is the Mid-Autumn Festival. Topic 4 Talk about when is the Mid-Autumn Festival.

Topic 1 Talk about what are moon cakes. Topic 2 Talk about when do you eat it. 这两个话题学生很容易说出答案。此处教师给予的支持是利用 PPT 展示图形帮助学生理解单词 round. Topic 3 Talk about when is the Mid-Autumn Festival. 农历日期表达法作为本课的重难点内容,笔者主要通过以下几个活动帮助学生破解难点。①理解 Chinese calendar。教师通过出示图片以及问题引导 What's the date today and what' s the date in the Chinese calendar? 帮助学生理解 Chinese calendar 就是中国的农历。②总结农历日期表达法。教师出示三年中秋节日历,引导学生观察公历和农历日期,从而引出农历日期表达法,学生通过观察句子结构总结出用序数词进行日期表达,感知公历和农历表达的不同之处。③指导朗读中秋节日期。教师带领学生按意群朗读句子,降低整句朗读难度。Topic 4 Talk about traditional activities. 针对本课的重点内容,笔者主要开展了以下两个活动。①理解词句。通过图片帮助学生理解 The whole family gets together and the full moon。②深挖教材文本。笔者希望学生进行语言学习同时,能够有传播中国传统文化的意识,以及真正拥有传播文化的能力。所以在笔者的课堂中涉及文化教学时,笔者会帮助学生进行拓展,帮助他们树立文化意识,形成文化品格,能够主动向别人传播中国文化。本节课笔者在讲解 fruits 时深挖了教材文本,追问学生中秋节都吃哪些水果,帮助学生梳理出四种传统水果。引导学生思考为什么要吃这些水果,从而我们梳理出以下几点:1 Because of their shape. These fruits are round, it means reunion. 2 Because of their structure . They have many fruits and seeds, it means we will have many children and grandchildren. 3 Because of their pronunciation. They have same pronunciation with the lucky words. 柚子 means bless , pear means never separation. 即:形状代表团圆,数量代表子孙满堂,它的发音往往预示着一些祝福,比如柚子代表着保佑。为了能让学生体会中国传统文化的博大精深,在学习 enjoy the bright full moon 时笔者让学生吟诵了关于明月的诗句,进一步体会中国传统文化之美。为了让学生更全面地了解中秋节,笔者补充了嫦娥奔月的传说,学生通过视频可以了解节日的起源及蕴含的意义。视频内容给学生的震撼很大,他们真正地了解到传统文化的博大精深,感知中国文化的美与独特之处,从而产生一种羡慕及自豪感。

在学习其他传统节日时笔者同样通过出示传统日期、特色饮食以及传统活动的方式引出节日,让学生再次感知我们的传统节日的独特之处。

本节课笔者注重了传统文化的渗透,深挖教材文本,树立文化品格,形成文化传播意识。这种渗透在教学中的体现应无处不在。作为一名英语老师我们承载着传承文化的任务。课堂中的渗透不仅能提高孩子们的文化素养,具备传统文化的意识,更能树立他们正确的价值观,从而更好地传承并传播中国传统文化。

核心素养下的小学英语主题单元教学的实践研究——以北京版二年级上册第一、二单元为例

张蕊[①]

（北京市石景山区电厂路小学，北京 100041）

[摘要]单元是小学英语教学的基本单位，单元的内容应当是一个有机整体，需要教师在课前认真研读和分析文本，梳理语篇主题意义。鉴于对学生学科核心素养的培养要求，教师在小学英语主题单元教学实施过程中要融入新的教学理念。教师要加强对《课程标准》的精准把握，加强对学科核心素养内涵的深刻理解，加深对英语学科的本质和价值的认知，重视主题单元教学设计，将教学从知识教学和技能教学转变为对学科核心素养的培养。

[关键词]核心素养；小学英语；主题单元教学

一、英语学科核心素养的内涵

《普通高中英语课程标准》（2017 年版）对英语学科核心素养的界定是："学科核心素养是学科育人价值的集中体现，是学生通过学科学习而逐步形成的正确价值观念、必备品格和关键能力。英语学科核心素养主要包括语言能力、文化品格、思维品质和学习能力。"

语言能力是构成英语学科核心素养的基础要素，指在社会情境中，以听、说、读、看、写等方式理解和表达意义的能力，以及在这一过程中形成的语言意识和语感。文化品格指对中外文化的理解和对优秀文化的认同，是学生在全球背景下表现出的文化意识、人文修养和行为取向。思维品质体现了英语学科核心素养的心智特征，指人的思维个性特征，反映了其在思维的逻辑性、批判性、创新性等方面所表现出的水平和特点。思维品质的提升会促进学生学习效率的提高、学习能力的养成和跨文化意识的形成。学习能力构成英语学科核心素养的发展条件，指学生积极运用和主动调适英语学习策略、拓宽英语学习渠道、努力提升英语学习效率的意识和能力。语言和思维、文化是融合在一起的，在活动中技能、策略、思维也密不可分。所以英语核心素养的 4 个构成要素是紧密联系在一起的，如图 1 所示。

① [作者简介] 张蕊（1983—），女，汉族，北京人，北京市石景山区电厂路小学英语教师。

图 1 英语学科核心素养构成图

二、英语学科核心素养下的小学英语主题单元教学

(一)英语课程内容是发展学生英语学科核心素养的基础

英语课程内容包含 6 个要素:主题语境、语篇类型、语言知识、文化知识、语言技能和学习策略,是一个相互关联的有机整体。学生学科核心素养的形成是通过课堂教学活动来实施的。在学习过程中,学生通过具体的主题引领,以多种形式的语篇为依托,运用各种学习策略,学习语篇所承载的语言知识和文化知识,深度思考、挖掘和分析语篇的内涵,用英语进行交流,探讨语篇的主题意义,在这个过程中逐步发展语言能力、文化品格、思维品质和学习能力,最终达到学科育人的目的。

(二)单元教学目标的制定要以发展学生学科核心素养为目的

单元是小学英语教学的基本单位,单元的内容应当是一个有机整体。需要教师课前认真研读和分析文本,梳理语篇主题意义。我们可以考虑以下几个问题:这个单元由什么语篇构成?这些语篇综合起来探讨什么主题?要理解这个主题学生需要什么知识和技能支撑?本单元的主题探究是否具有逻辑性?

笔者以北京版小学《英语》二年级上册(一年级起点)第一单元 What day is today? 和第二单元 What do you do on Sunday 为例,这两个单元关系紧密,体现了学习的逻辑性,从而笔者进行了单元整体教学分析。第一单元主要学习如何表达一周 7 天以及每天日常的活动,单元的主题定为: Colourful weekday。第二单元主要学习周末的活动安排,单元的主题定为:Colourful weekend. 以下是笔者对两个单元的整体教学的分析。

Unit 1 Colourful Week

单课时主题	语言知识目标	功能目标	文化知识目标
Colourful school days	能谈论今天是星期几，以及“星期几做什么”的日常活动	What day is today? It's Tuesday. I play ping-pong today.	会看日历，能从日历中找到指定日期，知道是星期几； 尝试安排自己的一周生活；养成合理安排日常活动的意识。 仿照范例制作介绍自己一周活动的英文绘本
Colourful school days	能谈论明天是星期几，以及谈论自己的计划	What day is tomorrow? It's Thursday. I go swimming on Thursday.	
Colourful weekends	能谈论自己周末经常做的活动	What day is today? It's Saturday. Let's go to see your grandma.	

Unit 2 Colourful Weekend

语言知识目标	功能目标	文化知识目标
能谈论周末通常做什么	Do you go to the park on Saturday? Yes, I do./No, I don't.	愿意参加有益的周末活动，积极养成从事有益的周末活动的习惯； 能仿照范例制作介绍自己国庆假期活动的英文手抄报
能谈论自己周末经常做的活动	What do you do Sunday? I go to the zoo.	
能谈论自己一周经常做的活动	What do you do on Saturday? I often go to see a film.	
能谈论自己国庆假期的活动	What do you do on National Day? I go to see my grandparents.	

学生通过广泛学习和在情境中相互交流，能听懂他人的日常活动安排，并能简单介绍自己的活动安排。又了解到有的国家是以 Sunday 为一周的第一天，我国及其他国家是以 Monday 为一周的第一天，从而开阔学生们的视野。

第二单元第四课时的内容是教师补充的语篇，正值国庆和中秋双节前夕，教师以思维导图的方式介绍了自己的假期计划，与学生们进行互动，给学生以文字和图像方面支持，让他们自己制作并介绍自己的假期活动。从而体现学习这一主题的完整性和逻辑性。同时，培养学生的合理规划意识和能力。

（三）设计合理多样的单元作业，提升学生英语核心素养

单元作业是单元教学过程的重要成分，也是主题单元教学的延伸和拓展。单元作业重点突出、形式多样，学生能够以一个主动学习者的身份在轻松、快乐的氛围下巩固知识、发展技能、培养情感和锻炼思维，从而成为全面发展的人。以北京版二年级上册第一单元和第二单元为例，笔者设计了如下单元作业。

（1）学习完第一单元 What day is today，老师以“Days of the week”为主题，布置了手绘报制作任务，巩固一周七天的表达。有的同学还制作了手工。以下是学生们的作业。

（2）学习完“星期几做什么”的表达，老师以“My week”为题，向同学们展示并朗读了老师一周活动的英文绘本。课后让同学们制作一本小书，介绍自己一周的活动，以下是个别学生的作品。

（3）第二单元单元作业，笔者布置的是“What do you do on National Day?”手绘报，以下是两位学生的作品。

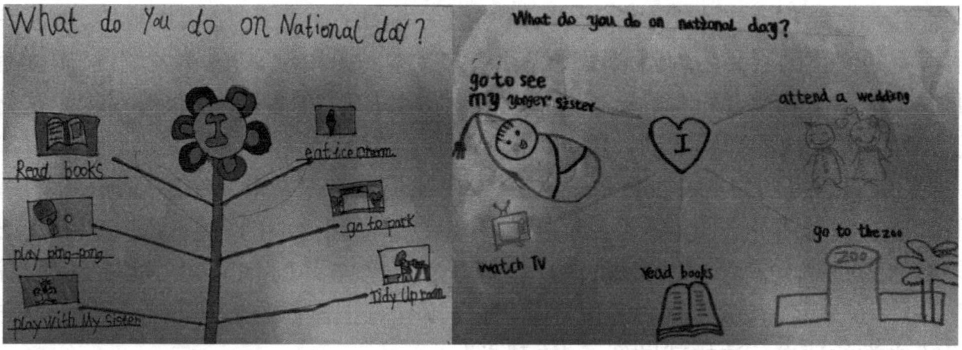

三、当前小学英语主题单元教学存在的问题

（1）教学内容碎片化，教师过于关注对每课中出现的单词、句子和语法的讲解，而忽略了整个单元主题意义的探究，没有深层挖掘单元内容的意义，这样往往呈现给学生的是一些碎片化的知识，很难构成完整的知识体系。

（2）教学方式表面化，缺乏对学科核心素养内涵的理解，片面地认为英语教学的目标就是传授英语学科知识，忽略了对学生思维品质、文化品格等方面的培养。

（3）语篇整合浅表化，教师在整合单元内容时，为了让单课内容丰富，补充了大量的相关语篇，但对语篇的处理十分浅表化，没有引导学生挖掘语篇内容的深层内涵。学生表面上似乎有了足够的语言输入，而实际上却对语篇内容没有产生深刻印象。

四、小学英语主题单元教学模式的策略

（一）深入学习，理解学科教育教学理念

鉴于对学生学科核心素养的培养要求，教师在小学英语主题单元教学实施过程中要融入新的教学理念。教师要加强对《课程标准》的精准把握，加强对学科核心素养内涵的深刻理解，加深对英语学科的本质和价值的认知，重视主题单元教学设计，将教学从知识教学和技能教学转变为对学科核心素养的培养。

（二）解读文本，优化教学设计

教材是核心素养的载体，而文本又是教材的灵魂。结合核心素养解读文本教材，能使学生获得更丰富的知识。所以说，解读文本是落实英语学科核心素养的第一步，具有重要意义。

王蔷教授指出：以学科育人为本的教师，拿到文本后首先关注主题意义、主要内容和作者观点及其背后所隐含的价值取向。其次才是服务于主题、内容和观点的结构和语言知识。

解读就是从文本中获得意义的一种认知活动，解读的核心是意义的提取。根据认知心理学和释义学的有关概念，文本的解读过程划分为3种境界：①语码解读，即读者运用语言

中的词汇和句法结构对文本进行解码,从而掌握文本的字面意义;②语用解读,即读者通过分析语言中的文化因素和心理因素而理解和获取文本的语用意义;③阐发解读,即读者通过已掌握的文本意义和读者原有的认识对照,相互作用,从而实现解读的最终目的。这就导致产生了3种不同层次的理解活动。例如,北京版小学英语四年级上册Lesson 10第二篇对话文本中,果果妈妈提到"I feel cold.",语码解读使我们获取"果果妈妈感到很冷"的字面意义。但解读过程并不止于此,更深一层探究语言的选择和语境的关系,深入理解其语用意义。果果的妈妈腿上盖着一件衣服,窗户也打开着。这样,"I feel cold."就不只对"我感到很冷"这样一个事实的表述,其中还包含着"你介不介意把窗户关上?"或者"帮我倒杯热水,可以吗?"之类的请求。这样就做到了"悟其义"。

这样的文本解读实现了对核心素养多个方面的培养。从文化品格方面看,培养了学生关心他人的品格。从语言能力方面看,学生学习了向他人求助或助人的交际用语。从思维品质方面看,培养了学生观图猜测的思维能力。

(三)搜集资源,拓宽教学设计思路

教师研读文本,确定单元教学内容后,搜集单元主题有关的各种资源,包括绘本、歌曲、动画等方式。经过筛选,教师选出内容和主题最贴合学生认知和本单元主题的资源进行拓展。以北京版小学英语二年级上册第二单元"Colourful weekend"主题为例,教师在第一课时导入环节,播放"Peppa Pig's Weedend"视频,介绍了Peppa pig一家周末丰富多彩的活动,从而引出本节新内容。

除了跟主题相关的视频,教师还可以搜集与单元主题密切的英文绘本和歌曲资源,丰富

学生的语言，培养学生的英语学习兴趣。

参考文献：

[1] 程晓棠，赵思奇. 英语学科核心素养的实质内涵[J]. 课程·教材·教法，2016，36(5)：79-86.

有效性提问提升小学英语课堂教学效果的研究

肖雪 ①

（北京市石景山区苹果园第二小学，北京 100041）

[摘要]本文分析了小学英语教学现状，认为教育课程改革与教师的关系最为直接和密切，为了提高课堂教学效率，教师提出的问题应具有时效性。然而，如何能提出有实效性的问题存在着诸多困难。本文阐述了有效性提问对提升课堂教学效果的研究：即教师应关注问题的层次性；教师提出的问题应关注不同层次的学生；教师应注意不同学科知识间的整合；通过拓展作业，突破课堂的局限性。将有效性提问应用于课堂教学中，不仅培养和激发了学生对英语的学习兴趣，还增强了学生对多学科知识的接收能力，提高了课堂教学效率。

[关键词]小学英语；有效提问；教学效果

随着改革开放的不断深入，我国与世界其他国家的交往日渐频繁，英语作为国际通用语言，变得越来越重要。小学英语教学作为基础教育的一部分，显得尤为重要，也越来越受到人们的重视。教学方法是英语教育中尤为重要的部分，如何既能够将知识按照要求全部传授给学生，又能够让学生乐于接受知识，是英语教学工作者必须思考的问题。《小学英语课程标准》明确指出："基础教育阶段英语课程的总体目标是培养学生的语言运用能力。"然而，传统的小学英语课堂教学模式强调知识的传授，容易导致教师的满堂灌输，学生无选择地被动接受，从而容易失去学习英语的兴趣。笔者进行小学英语教学时，结合北京市基础教育课程教材改革，提出了关于如何提升小学英语课堂教学效果的策略和方法。

一、小学英语教学的现状分析

（一）教师在教学中已经形成了固有的模式

长期以来，我国传统的小学英语对话教学一直强调学生对语言词汇、语法等知识的掌握，教学活动也就相应地一直采用"教师提问—听文章—教师提问—学习文章—学生背诵"的教学模式，这种模式确实能在很大程度上使学生理解知识的能力得到提高，但是这种"教师主导式"教学方法却隐含着不利于学生身心全面发展的因素，既容易使学生对英语学习

① [作者简介] 肖雪（1988— ），女，汉族，北京人，文学学士，教师，研究方向为小学英语学科教育教学。

产生厌倦，又不能有效提高学生的实际语言运用能力，而实际语言运用能力才是英语教学的最终目的之所在。

（二）教师提出的问题难以关注到不同层次学生的学习能力

学生的英语学习能力不同，因而在理解教师提出的问题时会存在较大的差异性。有的学生不理解教师提出的问题，有的学生理解教师的问题但是不能回答，而有的学生可以说出答案。对于会的学生缺少了学生用英语提出问题的过程。可见，在设计问题时，如果没有充分考虑到不同层次学生的特点，提高不同层次学生的学习能力的教学目标就很难实现。

（三）英语教学与不同学科的知识分离

英语学科是一门语言学科，学习英语是为了让学生能够通过这门语言作为掌握其他学科知识的工具。在课堂教学中，教师只是讲解语言所涉及的知识，而忽略了知识背后所承载的文化和教育意义。英语教学与不同学科知识的分离，导致提问内容很难做到准确，在活动中的任务不能激发学生的已有知识和思维，很难做到提升学生的学习能力。

（四）英语课堂存在局限性

目前的英语课程由于仅能依托课堂实施，学生很少有机会在生活中运用学到的语言去解决问题。教师在有限的时间内要让学生掌握本年段应掌握的知识，因此，英语教学活动受空间与时间的限制，在实施方式、趣味性及实效性方面均受到较大影响。

由于上述问题的存在，使得英语教学和生活脱离，很难发挥英语教学真正的教育作用。

二、有效性提问提升小学英语课堂教学效果的实践研究

在小学英语课堂上，有效性提问不仅要做到问题具有层次性，也要关注不同层次学生的能力、不同学科之间的融合和知识的实用性。

（一）关注问题的层次性与提问的句型

1. 问题设计的原则和要求

1）问题的层次性

小学英语课堂提问大致可分为 4 个层次的问题。第一级是机械类问题，即单纯地重复知识，不需要学生思考。第二级是单纯的记忆性问题，学生需要根据记忆的内容进行回答。第三级是理解性问题，学生需要在记忆的基础上理解问题并回答。第四级是运用类问题，学生需要将知识转化成运用语言的能力并解决问题。这 4 个层次的提出、发展、应用都是为了取得更好的教学效果，也都是与教学目标、教学内容、学生的需要相适应的。所以在一堂课中可能不会完全遵循这 4 个层次提出问题，但必然也是在层层递进的基础上根据课堂需要加以调整的。同时课堂提问还应照顾全体，针对学生的实际情况，提出不同梯度的问题。

善于提问的教师，在课堂教学的问题设计上要由易到难，层层递进，使学生对知识的理解层次不断深入，逐步实现由知识的理解到技能的运用，最后实现在生活中运用知识解决问题的。

2）问题运用的语言

教师要注意问题的表达方式，多用基础词汇，少用谚语、不定代词和省略定冠词等，避免学生由于上述词汇的出现所产生的错误。在英语的语言结构方面，问题的句子结构要完整、简短，少用从属句、条件句和被动语态等学生较难理解和接触较少的句型结构进行提问。提出问题后，当学生回答有困难时，教师应帮助并引导他们找到问题的答案。

2. 以 Unite 3 I like apple juice best 为例的教师提问记录数据分析

1）提问数据分析量表

教师提问类型分析

第二轮									
机械		记忆		理解		运用		无意义	
数量	比率(%)	数量	比率(%)	数量	比率(%)	数量	比率(%)	数量	比率(%)
9	23	13	33	7	18	9	23	1	3
第一轮									
机械		记忆		理解		运用		无意义	
数量	比率(%)	数量	比率(%)	数量	比率(%)	数量	比率(%)	数量	比率(%)
20	44	11	25	4	9	7	15	3	7

教师提问解决方式

第二轮			
集体	个体	讨论	探究
27	12	1	1
第一轮			
集体	个体	讨论	探究
29	14	1	1

2）教师问题设计分析

教师提出的问题分为机械、记忆、理解、运用四类，让学生通过个人和集体讨论和探究的方式来解决以上四类问题。教师在上课开始，为了回顾已学知识，提出了运用类型的问题来复习运用已学的知识，进入本节课的学习后每次学习新知识时都先提出机械性的问题，以个人的方式让学生去关注即将学习的内容。然后通过记忆类的问题，以集体和个人的方式帮助学生记忆新知识。接着通过理解性的问题让学生更深入地学习知识，明确学习内容。最后通过运用类的问题，让学生通过讨论和探究的方式运用所学语言，将这一节课上所学的内容和以前所学的内容整合。

这节课一共讲了两次，每次都是不同的班级。教师课堂的提问设计也是一次比一次设计得更为合理，课堂授课更为流畅。第一轮教学中教师问题的设计存在重复，无意义，有时一次提出多个问题，不同层次问题所占比率有偏差，虽然问题的设计也能引发学生的思考，但是给学生思考的时间很短，整节课教师都在催着孩子们快速向前奔跑，并且第一节课机械类问题所占比例为44%，比例较大，导致学生对知识的理解和运用活动较少。第二轮教学中问题的设计有了很大的改善，教师提出问题后留给学生充足的时间回答问题。本节课中问题解决方式多为集体回答和个体回答，有一次讨论和一次探究，通过集体的方式学习、复习和巩固知识，通过个体的回答来带动学生的积极性，通过小组的讨论和探究输出和提升语言，有的问题虽然是集体回答的方式，但设计的问题也能启发个体孩子的思考。总的来说教师第二轮的教学比第一轮的教学有了长足的进步，教师提问类型所占比例分布比较均匀合理，教师提问方式给了学生比较充足的时间思考、讨论、探究，课堂效果较好。但是本轮教学中仍然有一个问题是无意义的问题，教师提出问题后，学生没有回答，建议教师注意问题设计的细节，精确到问题的内容，这样课堂效果会更好。

因此，不论是什么科目，教师在上课的过程中所设计的问题都应该是有层次的、能激发学生思考的问题，而不同层次的问题应根据难易程度，让学生通过不同的方式去解决问题。首先通过浅显的问题让学生去关注知识，然后通过记忆、理解等问题让学生去深入学习知识，可以通过个人或小组的形式去帮助学生解决问题，在知其然后，知其所以然。最后通过运用类的问题让学生去将本节课和本学科或其他学科已掌握的知识联系起来，通过创设真实的语境去输出已知，真正达到学有所用。

（二）教师提出的问题关注到不同层次的学生

1. 问题的总体设计及要求

在小学英语课堂上，教师面向不同层次的学生提出不同层次的问题。教师提出的问题要使英语语言能力低、中、高的学生都有回答问题的机会。

因此，教师提问时要注意提问的面，要根据问题的难易程度有目的地选择不同层次的提问对象。如对学习基础较差的学生让他们回答机械类和记忆类的问题，这一类的问题涉及学生学过的英语知识或其他学科的知识，符合学生年龄阶段所掌握的生活知识等，而凡是涉及英语知识以外的内容都会激发学生交流的意愿；对于中等学习能力的学生，让他们回答理解类的问题，如涉及对话细节可以在文中找到的问题；对于学习能力高的学生，让他们回答运用类的问题，例如涉及语法知识的转化和对对话理解类的问题。教师可以根据所教班级的学生对知识的掌握情况和英语语言知识运用能力的提高情况，逐步进行调整，增加不同层次学生的问题的难度。对不同层次的学生进行不同层次的提问，可使各层次学生都能积极思考，在原有的基础上获得发展。

2. 以 Unit 4 What's the weather like? Lesson 14——Jim's plan to Kunming 为例的实践分析

本节课的导入部分，通过 13 课课文主题图的呈现，采用学生接龙问答的形式，复习关于电话用语和旅游所涉及的知识，激发学生的旧知的同时分化问题的难易度，让所有层次的学生参与进来，拓展学生的思维，为新知的学习做铺垫。

Lesson 13

Lesson 14

学习对话环节，学生观察主题图片用疑问词"what, when, how"提问并回答，预测对话主题内容。教师根据学生的提问"When will he go to Kunming? What's the weather like in Kunming? Is it summer like in Kunming? Who will he go with? How will he go there? How long will he stay in Kunming? Why will he go to Kunming?"，依照学生的思维发展导入本节课的学习，从对话中找到相应的答案。

本节课文本的学习是根据旅游计划的要素中的时间、人物、事件和起因来提出相应的问题，学习文本，最后到知识的运用。由于学生提出的问题不具有事件发生的系统性，因此在学生提完问题后，教师对问题进行了再次加工，将问题有层次、系统性地呈现给学生。其中理解性的问题"Why will Jim go to Kunming?"，学生在理解新知的基础上，联系13课的内容，从中提炼出答案；最后到运用阶段的问题是需要学生在理解和记忆知识后在情境中去自由运用所学语言。在这个环节中教师设计了两个任务，学生通过信件或打电话的方式用英语表达出自己的旅行计划，并邀请自己的朋友参加。是对课文内容学习的实际运用，每一个环节中教师所涉及的问题都是由简单到难，体现了问题设计的层次性。

通过以上活动，发展学生的提问能力和思维品质。本节课的设计依照学生的思维发展特点和规律来设计由易到难的教学活动，引导学生复习相关内容，拓展学生思维，引导学生提出相应的问题，教师对学生所提出的问题进行再处理，分清问题的层次性，在解决问题的过程中，教师再次提问，引发学生的深入思考，极大地激发了学生学习英语的兴趣。

（三）教师应关注不同学科间的整合

教师在开展学科间整合时，要与相应的教师进行沟通，确定学生需要完成任务的时间和应注意的问题，根据现实情况来决定任务完成的形式和具体注意事项。

1. 以 Unit 4 What's the weather like? Lesson 14——Jim's plan to Kunming 为例的实践分析

教师结合课文的学习，通过给学生观看昆明介绍的视频。让学生了解昆明的历史文化、地理知识、人文知识和名胜古迹。让学生直观地感知昆明悠久的文化底蕴、四季如春的优美景色、社会的快速发展，开拓视野，提高人文素养。

2. 以学习植物的组成部分为例的实践分析

学生在课上画植物的组成部分的示意图。教师要规定任务的完成时间为5分钟，让学生明确自己要画出或排列出正确的植物并进行英语标注。而学生课上只能用铅笔画图，如果有兴趣的学生,可以课下对自己的简笔画进行进一步的完善。虽然只是一个植物组成部分的英文名称的英语教学活动,但是通过这样的教学设计,让学生展示出了自己已有的绘画功底和科学知识。通过学生已有的知识,调动学生的英语学习兴趣,来巩固新知识。通过分享和交流,让大家感受到分享的快乐,提升学生英语学习的自信心。

(四)通过拓展作业,突破课堂的局限性

在 Unit 4 What's the weather like? Lesson14——Jim's plan to Kunming 一课中,教师通过让学生与家长交流自己的周末计划或暑假计划,促进了学生和家长间的交流。将课上所学融入生活中,让学生了解到旅游之前的计划准备和旅游中应注意的问题。学生对比自己和他人的旅游计划,从而丰富了自己的生活经验。以此鼓励学生自主学习,将课堂学习的内容延伸到课外,扩展学生思路,体现为用而学,从而给学生创设语言再实践的机会和空间。

三、有效性提问提升小学英语课堂教学效果

1. 有效性提问提高了教师的课堂教学效率

教师通过对课堂问题的层次化设计,将问题的难易度和问题的类别进行细化,根据不同层次的学生选择不同层次的问题,让每一位学生都能在德智体美劳方面全面发展。学生的学习效果得到了提高,为他们继续学习英语和未来发展创造有利条件的同时,提高了教学质量,持续不断地将英语教学水平提高一个新的台阶。

2. 有效性提问调高了学生的学习效率

小学生是教学活动中的主体,是教师设计和组织课堂教学活动的中心。有效性提问可以使学生真正地参与到语言学习过程中去;让学生在语境中接触、体验和理解真实语言,并在此基础上学习和运用语言;提高学生学习的成效。有效的课堂提问既能增强学生对多学科知识接收能力,培养和激发了学生对英语的学习兴趣和爱好,又能提高课堂教学效率。